北京大学光华管理学院编写组　编著

兼容并蓄终宽阔

厉以宁社会实践纪实

图书在版编目(CIP)数据

兼容并蓄终宽阔:厉以宁社会实践纪实/北京大学光华管理学院编写组编著.—北京:商务印书馆,2020
ISBN 978-7-100-18535-6

Ⅰ.①兼… Ⅱ.①北… Ⅲ.①厉以宁—纪念文集
Ⅳ.①K825.31-53

中国版本图书馆CIP数据核字(2020)第094667号

权利保留,侵权必究。

兼容并蓄终宽阔:厉以宁社会实践纪实
北京大学光华管理学院编写组　编著

商 务 印 书 馆 出 版
(北京王府井大街36号 邮政编码100710)
商 务 印 书 馆 发 行
北 京 通 州 皇 家 印 刷 厂 印 刷
ISBN 978-7-100-18535-6

2020年11月第1版　　　　开本 880×1230 1/32
2020年11月北京第1次印刷　印张 12 3/8
定价:88.00元

谨以此书献给
厉以宁教授九十周岁华诞
暨从教六十五周年

编委会成员

刘 俏　马化祥　周黎安　吴联生　张圣平
张 影　马 力　张 峥　王 辉　滕 飞

编辑组成员

鲍寿柏　车 耳　程志强　张 影　滕 飞
傅帅雄　张佳慧　侯丽军　晏 琴

总　序

中国近现代变革、转型与发展是伟大和辉煌的历史过程,北京大学始于中国近代变革,并始终与国家和民族的命运紧密相连。"北大是常为新的,改进的运动的先锋,要使中国向着好的,往上的道路走。"这是鲁迅先生对北大的评价。从来新路新人找,每一代北大人都肩负历史的使命,在中国的近现代史上书写华章。

北京大学光华管理学院的酝酿、成立和发展顺应着中国改革开放和经济发展的历程。自成立的第一天起,"创造管理知识,培养商界领袖,推动社会进步"就是每个光华人的使命,也是推动光华不断发展、创新的原动力。经过一代代北大人、光华人矢志不渝的奋斗,学院在学术创新、人才培养和贡献社会各方面做出了骄人成绩。

2020 年正值学院建院 35 周年,也是学院的创始院长厉以宁先生九十周岁华诞暨从教六十五周年。"化身红烛守书斋,照见窗前桃李已成材",厉先生诗词中的这句话,正是一代学人的情怀和写照。为了记录厉先生传道授业、教书育人的历程,叩问光华管理学院创业时期的初心使命和筚路蓝缕的奋斗历程,回顾厉先生作为中国经济改革的亲历者和参与者,为国家发展所做出的突出贡献，并以此勉励后学持续努力不断前行，光华管理学院编撰了两册文集以纪念。

《一生治学当如此：厉以宁经济理论述评》《兼容并蓄终宽阔：厉以宁社会实践纪实》两册书的书名取自厉以宁先生一首特别有纪念意义的诗词。厉先生在1955年大学毕业前夕写了一首七绝自勉诗："溪水清清下石沟，千弯百折不回头，一生治学当如此，只计耕耘莫问收。"到了1985年，在毕业30周年之际，厉先生根据自己在北大的经历与体验，把这首七绝扩展为《鹧鸪天》："溪水清清下石沟，千弯百折不回头，兼容并蓄终宽阔，若谷虚怀鱼自游。心寂寂，念休休，沉沙无意却成洲，一生治学当如此，只计耕耘莫问收。"

《一生治学当如此：厉以宁经济理论述评》以学者们的评述和解读为主线，力图全面介绍厉先生学术领域的各个方向，在更加纵深的维度诠释和研究厉先生从教65年来的学术思想。《兼容并蓄终宽阔：厉以宁社会实践纪实》则是透过历史亲历者的回忆和讲述，最大程度地回溯厉先生在教书育人、资政建言和政策实践多个领域的足迹，从创建学院到参政议政，从股份制到证券法，从"非公经济36条"到林权、农垦制度改革等，力图全面展现厉先生作为"经济体制改革的积极倡导者"的风采。

书籍编撰过程中，编委会多次召开会议，专题研讨全书的框架结构、内容范围等一系列问题。本书的组稿得到了原经济学院国民经济管理系、管理科学中心等学院前身机构，以及共同创建学院的荣休资深教授的大力支持。在此我们要对带给我们无穷感动的荣休教授表达敬意，感谢（按姓氏笔画排序）王其文、王恩涌、张国有、陈良焜、秦宛顺、曹凤岐、董文俊、靳云汇等。还要特别感谢专程从台湾赶来参与访谈的光华管理学院董事长尹衍樑先生。

中青年学者对我们的约稿也极其认真严谨,对厉先生学术思想的研究或评述文章,可以说涵盖了他从教 65 周年以来绝大多数学术领域,这些以学术研究为基础的诠释文章,是对厉先生的思想脉络和学术贡献非常全面深入的导引。

厉先生有着长期参政议政经历,并主持一系列的政策研究。我们邀请了亲历历史的全国人大、全国政协以及相关部委和地方的同志,他们为我们留下了很多珍贵的历史记录。

这两本书能够出版并与读者见面与各位老师和同仁的努力是分不开的。一年多来,大家通过各种方式密切沟通协调,在约稿、组稿、审校和编辑等方面一丝不苟。在这个过程中,鲍寿柏、车耳、于鸿君等老师付出了大量心血,商务印书馆陈小文、宋伟、金晔对全书进行了严谨细致的审读与编辑。大家的精诚合作和敬业精神令人称道,在此一并表示衷心感谢。

"因思想,而光华"是我们的信念,也是厉先生从教 65 周年来的真实写照。这两本书即将付梓,出版机缘虽是光华 35 周年以及厉先生诞辰和从教的时间节点,但相信书中众多作者的文字能够折射出一代学人家国天下的理想情怀和经世济民的艰卓求索。当然,编辑中的不足和错误在所难免,敬请读者批评指正。

序 一

一个知识分子,该怎样为推动社会进步做事情？已享九十高寿的厉以宁先生,用足够漫长、曲折、壮阔的学术生涯提交了一份答卷。本书中的每位作者,可以说都是这份答卷的认真读者。

我也有幸读到这份答卷,只是由于欠缺相应专业背景知识,无法像各位作者一样深度领会、评说厉先生的学术成就和影响。这是需要向厉先生致歉的。

有机会和厉先生相识相知,很大程度上是因为有民盟工作的机缘。从追慕民盟前辈的角度来接近、认识、理解厉先生,在前辈忧国忧民、节操卓然、鞠躬尽瘁的背景上去理解厉先生的学术志趣和社会担当,或是深度理解厉先生的更重要方面。我对这一点体验较深,这是需要向厉先生致敬的。

厉先生九十春秋伴随的这段中国史、世界史,变局之巨,周折之多,众所周知。他亲历并见证、思考并主张、推动并维护可能的社会进步。尤其是改革开放以来,他当仁不让,走上潮头,以精湛的学识修养、开阔的国际视野、出众的分析判断以及冲破桎梏的理论勇气,提出了享有广泛影响的许多真知灼见,体现了知识分子应有的历史担当。这方面,本书中有大量记录,读者自可博览。

我想说的是，厉先生能如此，需要学术基础，更需要风骨支撑。他站在经济全球化高度，密切关注国计民生，同步跟踪发展过程，独立思考、融会贯通，亮明观点、提出建议。尤为可贵的是，每当经济形势最困难、最复杂、最关键的时刻，厉先生都知难而上，无惧是非，有预见性地提出主张、方案和对策。即使有重大争论，也仍以民众福祉、国家利益为重，坚持一家之言，实事求是。

厉先生常讲，最直在气节，最贵在无私。他的学术实践证明了一个道理——因无私而客观，因客观而公正，因公正而得真知。我想，这是知识分子服务社会的应有特征、最大优势。有此优势，厉先生无论是在人大参与立法、在政协建言咨政，还是在北大教书育人，都有非凡建树。他无意当榜样，却成为一个知识分子服务于社会进步的标志性人物。他无意独占鳌头，却提交了一份非凡的答卷。

厉先生的答卷是提交给政学两界的，也是提交给人民和历史的。真正读懂他，理解他，需要这本书，也需要进一步的经济社会发展实践及民众福祉，需要历史延伸到他百岁诞辰乃至更长的时候。

张梅颖

2020 年 5 月 21 日

序 二

厉以宁先生是深受北大师生敬重的"老北大",从1951年考入北京大学经济学系,毕业后留校工作至今,已在北大学习工作近七十年。今年是厉先生九十周岁华诞,也是他从教六十五周年,三十余位亲历者详述了先生开创中国经管教育、倡导体制改革和讲述中国故事的求索历程,集结成《兼容并蓄终宽阔:厉以宁社会实践纪实》一书。

这本书可以说是一部"史",既记录了厉先生教书育人、参政议政的奋斗实践,也记载了改革开放以来中国经济社会发展,特别是经济改革和企业发展的探索历程。这本书也是北大人经世济民、家国情怀的集中展现。光华管理学院创立、发展的历程,浓缩了北大服务国家经济改革发展的生动实践。厉先生主持创办光华管理学院的时候,我正在北大中层管理岗位工作,见证了这段历史,也了解其中的一些人和事,深知改革发展之不易。在此机缘下,能为本书作序,我感到十分荣幸。

改革开放以来,厉先生等一批北大经济学家满怀赤子之心,为中国经济改革发展贡献了丰富的思想资源。厉先生多次说,他这一生主要是两个身份,一是经济学研究者,二是经济学教师,两者都是他所爱。朴实无华的话语中,透露着对立德树人和科研事业的情真意切。我想,这就是北大学者的精神魅力之所在。

厉先生一生研究经济,是经济学泰斗,是中国优秀知识分子的代表。他深切关注中国的经济问题,潜心研究和密切注视着现实经济的发展变化,不仅贡献了大量重要的改革思想,更亲历一线,直接参与、推动多项经济改革的进程。

1986年4月,在北大办公楼礼堂召开的校庆学术论坛上,厉先生提出了股份制改革理论,为我国逐步推动社会主义市场经济改革点燃了思想理论的"引线"。那时,我正在北大法律系念研究生,有幸接触了厉先生的许多思想火花。这对我在20世纪90年代到地方工作,参与推动一些重要的经济改革发展事业,是很有助益的。

在改革开放进程中,厉先生还主持起草证券法和证券投资基金法,参与推动集体林权制度、农垦制度改革,在民营经济、"三农"问题、低碳发展、国企改革等多个领域均有重要建树。他的经济学思想不仅是中国的宝贵财富,也是世界人民了解中国、提升中国经济学理论影响力的宝贵财富。

"经世济民"是厉先生的理想。他率性坦诚,一直提倡要"立足中国,用学术解决中国的实际问题",多次说过"任何经济学家都不可能是先知先觉者,必须跟着实践走""文章发表得再多,不联系中国实际对中国的改革没有用处"。他是这样想,也始终是这样做的。2018年庆祝改革开放四十周年大会上,党中央、国务院表彰了100名"改革先锋",厉先生被誉为"经济体制改革的积极倡导者"。这是来自党和国家的最高评价,厉先生实至名归。

厉先生也是德高望重的师者,数十载潜心育人,桃李满天下。他为我国经济理论的发展以及教育事业的开拓倾注了全部心血。年近九十之际,他仍然坚守讲台,坚持给本科生上课,是以德立身、以德立学、以德施教的典范。他开设的课程吸引了全校各个院系的学生,几十年来,慕名来听课的学生总是挤满课堂,成为北大一景。厉先生曾多次说,自己最大的心愿是"学生们能青出于蓝而胜于蓝"。他培养了许多行业领袖,为推动国家经济发展和社会进步做出了卓越贡献,为北京大学赢得了学术荣誉和社会赞许。

作为北大光华管理学院的创始院长,厉先生为学院的创立、为北大管理学、经济学教育事业以及学科建设做出了不可替代的贡献。1994年,北京大学与光华教育基金会签署合作协议,北京大学工商管理学院更名为北京大学光华管理学院。20世纪90年代初期的中国,思想解放的任务还远未完成。因光华基金会来自中国台湾,这给光华管理学院的更名和创办带来不少思想束缚和困扰。所幸,当时的校党委和行政人员与厉先生一起力排众议,才有了今天北大光华管理学院在经管学术界"因思想而光华"的地位。

1955年,厉先生大学毕业前夕曾写下一首《鹧鸪天》以自勉:"溪水清清下石沟,千弯百折不回头。兼容并蓄终宽阔,若谷虚怀鱼自由。心寂寂,念休休,沉沙无意却成洲。一生治学当如此,只计耕耘莫问收。"这是厉先生一生的真实写照,他"莫问收"的辛勤耕耘和学识德行,一直在默默照亮我们的前行之路。在先生九十寿辰之际,由衷祝愿先生健康长寿,学术生命常青。

邱水平
2020年9月

目　录

第一章　开创经管教育

兴办教育，培养经济管理人才 …………… 刘俏　马化祥　3

北京大学管理科学中心的创立与发展
………… 龚六堂　陈良焜　王恩涌　王其文　张世秋　40

第二章　追忆探索历程

剪影几幅　萦系我心 ………………………… 陈良焜　59

厉以宁——光华管理学院创始人 …………… 曹凤岐　65

思想光华育桃李 ……………………………… 王其文　76

与厉老师30年相处的往事 ………… 靳云汇　秦宛顺　85

逆境中的巧遇　愉快中的合作 ……………… 王恩涌　92

厉老师与北大商科的建设 …………………… 张国有　98

大师的襟怀 …………………………………… 刘力　107

理论的自信源于深厚的功力和强烈的责任心 … 刘伟　111

厉老奠定了北京大学管理学科的基础 ……… 龚六堂　118

管理学院转型：从经济学导向到管理学导向 … 王立彦　126

我心目中的老师 ……………………………… 张世秋　139

亦师亦友、大道长存 ……………………… 吴晓灵等　147

我是厉老师的崇拜者和追随者 ……………… 尹衍樑　155

第三章　倡导体制改革

关心、支持和参与集体林权制度改革 ……… 贾治邦　163

厉以宁教授对集体林权制度改革的理论贡献 … 黄建兴　172

黑龙江农垦改革的重要推动者 ……………… 王守聪　177

厉以宁农垦改革思想 ……………………	周业铮	182
厉以宁先生的农垦调研 ……………………	刘玉铭	200
股份制改革理论体系与我国证券资本市场规范发展 …………………………………………	黄湘平	214
厉以宁讲宏观经济调控、民营经济和"三农"问题 …………………………………………	刘焕性	237
耄耋之年的低碳情怀——厉以宁先生与中国低碳发展宏观战略研究项目 ……………………	田成川	268
厉以宁金融学思想述评及对发展中国金融改革与理论的贡献 ………………………… 周小全	白江涛	274
厉以宁经济理论与电力行业混合所有制改革发展 …………………………………………	童光毅	293

第四章 讲述中国故事

国际讲坛上的厉老师 ……………………	车耳	313
哪位经济学家为香港回归写了255篇文章？……	李旭鸿	342
洙泗濠濮，松柏桐椿——献给厉以宁先生九秩寿辰 ……………………………………	吴浩	354
张梅颖眼中的良师益友——厉以宁 …………	张梅颖	368

第一章 开创经管教育

「窗前桃李已成材」

兴办教育,培养经济管理人才

刘俏 马化祥

> "我们所做的是建立符合中国国情,又能适应世界潮流的现代工商管理的教育体系……到现在为止,我们总算前进了一大步,但是任务还是很重。"
>
> ——北京大学光华管理学院首任院长厉以宁在学院30周年院庆盛典上的讲话

此时的北京大学光华管理学院可以说正值华年,已过"而立",奔向"不惑",扛着思想先锋的大旗,冲在管理教育探索改革的前沿,志在建立"符合中国国情,又能适应世界潮流的现代工商管理的教育体系",像极了奔跑的追梦者。

但这并非一次轻松的"跑酷"。不少国内最优秀的一拨学子慕名而来,与她并肩而战,众多管理学者、商业精英以她为荣,从这里出发,希望去改变企业、生活、社会,甚至世界——在这近三万平方米的地方,承载着无数希冀。所以,准确来说,这更像是一场任重道远的马拉松,漫长、艰辛,闪着荣光。

如果追溯北京大学兴办商学教育的历史,你会发现,这场马拉松从1898年就已开始。这是中国近代史上不平凡的一年,6月11日,清光绪帝爱新觉罗·载湉颁布了《明定国是诏》宣布"变法",建立京师大学堂是其中的重要举措。诏书中强调:"京师大学堂为各行省之倡,尤应首先举办……以期人才辈出,共济时艰,不得敷衍因循,徇私援引,致负朝廷谆谆告诫之至意。"

不到一个月,7月3日,京师大学堂成立。按照"中学为体,西学为用"的办学方针,京师大学堂最初的课程设置包括十门"通学",即经学、理学、文学、体操等为必修课;英法俄德日五门外国语言,学生须各选一门;还有十门"专门学",如数学、矿学、农学、商学等,学生读完三年通学结业后,可选修一两门。

可惜,历经变法失败、义和团运动、八国联军侵占北京等变故,京师大学堂停办。直至1902年,清政府重建京师大学堂,设速成、预备两科,并在预备科所辖之政科内设立商学科,1909年正式设商科。三年后,京师大学堂改名国立北京大学,曾翻译经济学开山之作《国富论》的严复出任首任校长,开始建立经济学门。

1919年,是北京大学校长蔡元培任职的第三年,这年他改学门为学系,经济学门因此成经济学系,由留学美国、获得哥伦比亚大学经济学博士的马寅初任第一任系主任,最早在国内系介绍马克思主义的李大钊也在这里担任经济学教授。同年,北京大学成为"五四"运动的策源地,这一运动被视作旧民主主义革命和新民主主义革命的分水岭。

30年后中华人民共和国成立,标志着中国新民主主义革命的基本胜利。这年年底,一位19岁的青年来到湖南沅陵,在一家消费合作社当起了会计,他"很高兴自己能从此参加到祖国建设大军的行列中",他就是厉以宁。

厉以宁出生于南京,名字中的"宁"字便是南京的简称,4岁时举家迁往上海,后因太平洋战争爆发日军入侵上海租界,厉以宁一家于1943年又迁往位于湖南省的湘西边城沅陵,寄读于湖南省著名的雅礼中学(当时它由长沙迁到了沅陵)。那时的他醉心文学,曾熟读过《红楼梦》《三国演义》《水浒传》《西游记》《聊斋志异》等古典名著,很小的时候就能背诵出许多首古典诗词,爱读巴尔扎克、莫泊桑、托尔斯泰的作品,也"总把沈从文的小说当作枕边读物",还以"山外山"为笔名撰写小说,小说被连载于学校的壁报上。

没想到,这位文学青年却阴差阳错踏入了经济界,成为影响中国改革开放的先锋人物,并创办了北京大学光华管理学院,而这得从1951年厉以宁决定参加高考说起。为方便起见,当时厉以宁委托雅礼中学的同学、在北京大学历史系读书的赵辉杰代他报名。赵辉杰觉得厉以宁做过会计,又有文学功底,便替他做主将北京大学经济系作为他的第一报考志愿。这年的8月下旬,厉以宁接到了北京大学经济系的录取通知书,随即便乘火车由长沙至武汉再转北京。

"湘水自多情,欢腾送我行。无穷留恋意,伴逐霞云起。何处不逢春,春光不待人。"透过车窗看着湘江的平堤沙岸、山上的娇红艳紫,厉以宁不禁赋词一首《菩萨蛮·别长沙》。当时急忙奔向北京大学经济系的他或许并没有意识到,自己的命运自此便紧紧与北京大学交织在了一起。

一、暴风雨前的燕园经济系

20世纪50年代初的北京大学经济系可以说群星璀璨,汇集了陈岱孙、周炳琳、赵迺抟、罗志如、陈振汉等大师级人物,他们都是新中国成立前留学美、英,获得硕士、博士学位回国任教的知名教授。

但在厉以宁进入北京大学的第一年,几乎与这些大师无缘,因为"教授们几乎都随着土地改革工作队去了广西","大学一年级,实际上只上了一个学期的课,与经济学有关的只有三门课,即政治经济学(资本主义部分)、经济地理和会计学……当时,我和其他同学都以为浪费了时间,没有学到什么。抱怨是有的"。

这一情况在1952年8月北京大学迁到西郊燕园以后得以改变。

看着如今北京大学周遭的热闹景象恐怕很难想象,当时自燕园东去,几乎全是农田村舍,"篱外尽塘泥,院内枝头挂鸭梨。咯咯鸣声惊下蛋,柴鸡,啄土聊充腹内饥"。彼时的北京大学经济系因政府在1952年仿效苏联高等院校进行院系调整,在经济学领域独尊社会主义的计划经济学说,只剩下经济学专业(当时被称为政治经济学专业),主要讲授马克思主义的政治经济学理论,同时研修中外经济史、中外经济思想史(学说史),并进行西方经济学(当时称为当代资产阶级经济学)的介绍和批判。

"苏联作为国际社会主义运动的先驱,在经济学界,乃至整个中国学术界享有无上的权威。从理论界到政府官员,从学富五车的老教授到充满朝气的年轻学生,都多多少少将苏联学术界与理论界的主导观点视作正确无误的教义,俄语理所当然地成为当时大学生的外语必修课。"当时的厉以宁也不例外,大一时,他在香港的《经济导报》上发表了篇万字长文"波兰经济新面貌"。

和众多青年一样,铆足了建设社会主义事业的干劲,厉以宁也一心希望参与到历史发展的进程中去,成为新中国经济建设事业队伍中的一员。他在笔记本上写下:"每一代都有它自己要做的事;我们不必埋怨我们这一代:我们不但应该活到东方黎明的时候,而且还活到让我们的敌人看见了我们的黎明。生命中还有什么更多的东西要等待么?特别是当一个人可以拍拍胸脯,问心无愧地说:'我也曾参加了这一伟大的斗争,我也曾把微末的贡献给予了他。'"这是俄罗斯思想家赫尔岑的一段名言。

而对于一位学生来讲,自己当下能做的事莫过于学习;对于当时的厉以宁来讲,最能吸引学生的,除了在教室上课时能聆听名师授课外,还有一处,就是藏书丰富的北京大学图书馆。

因此,大学四年中的八个寒暑假,厉以宁都没有回家,而是泡在图书馆。旁人或许不知,他曾在这层层叠叠的书架中有过怎样的奇思妙想、心潮澎湃,但可以肯定的是,这里可以说已成为厉以宁青春、成长历程中一个"符号",以至于回忆大学生时期,他会感慨:其中包括了在北京大学图书馆度过的多少日子!

日子久了,连当时图书馆的"常客"赵迺抟先生也感到很奇怪,在座的都是教师,怎么这个20岁出头的学生一有空就来?也缘此,厉以宁和赵迺抟先生渐渐熟悉起来。北京大学迁到西郊燕园后,经赵迺抟先生推荐,厉以宁又认识了住在赵迺抟先生楼下的周炳琳先生。周炳琳先生专攻西方经济史,学识渊博,成为把厉以宁引进西方经济史领域的恩师,甚至影响了他毕业留校以后的治学方向。

再后来,厉以宁慢慢接触到陈岱孙、陈振汉、罗志如、张友仁等老师,他们指引着厉以宁在经济学说史、经济史、计划经济等方面的学习和积累。厉以宁曾在 1985 年写道:"随着年龄的增长,我越来越感到,如果说我今天多多少少在经济学方面有所收获的话,那么这一切都离不开在北京大学学习期间老师们的教诲……他们是我在经济学领域内从事探索的最初引路人。"至今厉以宁都认为,罗志如先生当时曾提到的 20 世纪 30 年代西方经济学家米塞斯、哈耶克和兰格围绕社会主义计划经济能否有效运行所展开的论战,对自己在 20 世纪 80 年代初讨论中国经济体制改革时仍十分有启示。"罗志如先生只是提出了问题,他自己没有对此评论,但我却从中发现了一个道理,即在传统的自由市场经济和社会主义计划经济之间是否存在着第三条道路。"

可以说,在燕园的这三年,是平静的。在厉以宁印象里,那时学习压倒一切,老师认真讲课,对学生重在启迪,也容许学生有不同意见或不同意教师的观点;同学们都爱挤在图书馆,一吃完晚饭,就到图书馆去抢座位。当时系里提出"不要让一个同学掉队",所以大家一起往图书馆走,做习题时相互帮助。当时的考试是口试为主……先考完的同学都聚在门外,一个同学一口试完,刚出考场就有一些同学马上围上来,问这问那,或安慰,或祝贺。

在此期间,厉以宁还参加了由学生组成的资本论、统计学等研究小组,并被推举为国民经济计划研究小组组长。同时,又忙着与赵辉杰合译费拉托娃著《赫尔岑和奥加略夫的经济观点》《车尔尼雪夫斯基选集(下卷)》,当时厉以宁曾用诗词这样形容那段时光:"花间里,舞影起,映南窗,依旧学生本色译书忙。"

像是暴风雨来临前的寂静,这三年过后,很难设想以后 20 多年内还能否有如此学习环境。

二、风云变幻 20 年

尽管被陈振汉先生称赞"成绩优异,名列前茅",厉以宁在大学毕业时被分配到经济系资料室工作,对这位一心想在经济学科研领域大施拳脚的年轻人来说,这并非理想岗位。不过,厉以宁 1955 年在《大学毕业自勉》中写道:"溪水清清下石沟,千弯百折不回头,一生治学当如此,只计耕耘莫问收。"

恐怕厉以宁当时也没想到,这份资料室的工作一做就是 20 年。

到了 1985 年,在毕业 30 周年之际,厉以宁把这首七绝扩展为《鹧鸪天·大学毕业自勉》:"溪水清清下石沟,千弯百折不回头。兼容并蓄终宽阔,若谷虚怀鱼自游。心寂寂,念休休,沉沙无意却成洲。一生治学当如此,只计耕耘莫问收。"

在此期间,厉以宁利用资料室的便利,大量阅读了当时经济系珍存的西方经济学著作和几十种国外经济学期刊,不仅接触到苏联、东欧的社会主义经济理论,也系统学习了当代西方经济学理论,渐渐掌握了当代经济学的发展脉络。

他常告诫学生,无论是专著,还是论文,尤其是英文论文,在看的过程中把它们转化成一篇篇读书笔记,多年积累会成为非常可观的学术资料。而且,写读书笔记要用自己的话来写,英文论文不要逐字逐句翻译,而是要用自己的话来概括作者的意思,这本身是一种重新创作的过程。而他自己每天清晨起来,写作三页(1200 字)左右,然后再干其他,已成习惯。

据了解,北京大学经济系曾办过一个内部的油印刊物《国外经济学动态》,介绍国外经济学理论的新发展、新动向,每期约三万字,共刊印了 30 多期,其中近 90%的稿件是由厉以宁编写。20 世纪 50 年代末至 60 年代初,厉以宁翻译了共约 200 多万字的经济史著作,有些译作后来得以出版,如波梁斯基的《外国经济史(封建主义时代)》(三联书店1958年出版)、惠勒的《美国自动化经济问题》(世界知识出版社1964年出版)、琼图洛夫的《外国经济史》(上海人民出版社1962年出版)、罗斯托夫采夫的《罗马帝国社会经济史》(与马雍合译,1964年译完,1985年由商务印书馆出版)等。

"我始终认为,研究学问必须有扎实的基础,我在资料室工作的这段经历,使我获益不少。可以说,它是我大学毕业后的又一个知识积累阶段,它使我在大学所学的东西得到了进一步充实,视野进一步拓宽。"厉以宁说。

不过更准确地说,资料室这20年光阴中,"不光包括知识的积累,还包括人生经历的积累"。

1957年之后,厉以宁去开山修渠、深翻土地,忍受过三年自然灾害带来的饥饿和浮肿,参加过农村社教,还先后在京郊海淀公社草场大队、昌平县太平庄农场及北京大学校园内进行三年"劳动改造"。"我的许多资料,包括妻子、家人的照片,都被损坏了,"厉以宁回忆,"仅参加劳动的时间加起来就有近十年的时光。但是,我经历的这一切,它磨炼了我的意志。"

1969年,为响应当时毛主席"五七指示"精神,包括厉以宁在内的北京大学1500多名老师被下放到江西鲤鱼洲农场,即"五七干校",进行农垦劳动与生活。"即使在刚到鲤鱼洲时,看见逃荒的农民生活穷困,孩子骨瘦如柴,我仍坚持认为这是政策出了问题。我没有提到体制的高度来分析这些现象。"但三年多后到离开鲤鱼洲时,厉以宁的思想已发生了转变,"从这时期,我已经感觉到,中国农村的贫困、中国经济的低效率和落后,不是干部的不称职或强迫命令作风的问题,也不是政策多变或政策决定者个人判断失误的问题,而是更具有根本性的体制问题。"

如果说，这是次思想觉醒的话，那从20世纪50年代后期持续至70年代中期的这段特殊国情，使厉以宁对中国的现实经济问题有了亲身的感受，这种感受是任何一个不曾亲自经历这段时期的经济工作者所不可能具有的："在大学阶段，我曾对波兰经济学家兰格提出的在计划经济和市场经济之间存在第三条道路的观点产生了兴趣，但'文革'中的经历使我看到了苏联模式给中国经济带来的种种弊端，也发现了兰格理论的局限性。这些感受可以说是在经历了那一系列磨难后的最大收获。多次下放，使我看到农村的贫困和城乡人民生活水平的低下。于是，对建国以来，尤其是'大跃进'以来的经济政策、方针、路线感到怀疑，发现自己在大学阶段所学的那套东西同现实的距离是那么的大。中国要富强，人民要过上好日子，看来不能再依靠计划经济的模式了。"当然，这些思考在当时是不能公开的。但就像当时的环境不能阻碍他思考一样，也不能阻止他作为一名老师进行"传道解惑"。

由于1966年"文化大革命"一开始就取消了全国高考，直到1970年大学实行群众推荐、领导批准和学校复审相结合重新开始招生，后来人们把这些从工农兵中选拔的学生称为"工农兵大学生"。其中，北京大学经济系1970、1974、1975级工农兵学员就曾由厉以宁带着，"边劳动边学习"。

用北京大学经济系1975级学生李深清的话来说，"学生们在困惑迷茫和莫名其妙的状态下学习，老师们在受歧视被管制的状态下教学"。他记得自己入学第三天，就被送到"教育革命基地"大兴分校——京郊大兴县"天堂河"农场。他所在的小组共12名学生，被从江西鲤鱼洲召到京郊大兴县继续"劳动改造"的厉以宁是该组的"包教"老师。

那时的厉以宁，在夏天常常一身搭配不太协调的短衣长裤，配一双不知穿了几年的塑料凉鞋;到了冬天,则是一件陈旧的灰色"人字呢"中长外衣、一条厚厚的棉裤。手中常年提着一个变质发硬的"人造革"提包,里面装着笔记本、眼镜、喝水用的玻璃瓶子。李深清对那件"人字呢"外套格外印象深刻,因为厉以宁常用衣袖擦黑板,那袖口就成了那件衣服最倒霉的部位,也是直接贡献于教学的用具。

有时是阴雨天不能下地干活,有时是在饭后的夜晚,厉以宁就在农家炕头上为学生讲授经济学课程,尽管当时牙痛、感冒不断,口腔经常溃疡起泡,尤其是在皮各庄那一个月里受尽了苦头。农舍里只有一个25瓦的电灯泡、一支蜡烛,供电时就用电灯照明,停电时就点蜡烛,十二个同学围着老师,有的坐在炕上,有的坐在土坯凳子上,"这种情景就像搞地下活动"。为了使资料数据准确,厉以宁常步行数公里,换乘多次公交车,到北大资料室查找核实,来回匆匆。

"我首先是一名教师。"厉以宁说。他曾把自己的经历简单地总结为"读书、教书、写书",且把"教书"当作一个最重要的中间环节。尽管日后他的社会活动越来越多,但直到近90岁还坚持给学生上课。

三、北大成为经济学教学的中心

的确,在成为一名知名经济学者之前,厉以宁首先已成为一位名师,一位影响了不计其数年轻学子的启蒙导师。如果说是"时势造英雄",那这就要从改革开放后说起。

1978年,党的十一届三中全会在北京举行,拉开了改革开放的大幕,并提出把全党的工作重点转移到经济建设上来。既然苏联式的计划经济道路已被证明行不通,国人又开始急切思考:国家未来经济发展的路径是什么?市场经济是否可行?……那是一个充盈着理想和探索的年代。

但也是个迷惑与彷徨弥漫的时间段。"当时的环境和条件在现在是不可想象的。"北京大学经济系1982级研究生屠光绍记得,刚入学时,"主要经济学的教材是沿袭多年的、反映计划经济体制原则和精神的政治经济学教程"。这也不奇怪,因为自1952年开始独尊"计划经济学说",加之20年间变革不断,受过现代经济学教育、系统了解西方经济学的学者凤毛麟角,国内许多高校在高考恢复后急需开设西方经济学课程,却没有师资。

北京大学经济系1980级学生张新华也曾在"老师的小册子"一文中回忆道,或许是禁锢太久的缘故,这几拨历尽千辛万苦、从天南地北迈进神圣殿堂的大学生的知识结构又是那么的"苍白"和"千篇一律",而他们对知识的渴望和"忧国忧民"之心显得既急且躁。或许是由于封闭得太久,或许是因为改革传统计划经济体制这扇大门才刚刚打开,面对社会思潮中"计划"和"市场",我们这些大学生思想上产生的更多是迷惑与彷徨……"文化大革命"后恢复高考第一代大学生需要重新"启蒙",需要一次现代化知识和现代经济学思想的"启蒙"。

现在来看,这场思想启蒙已于20世纪70年代末80年代初在北京大学经济系萌动。

当时的北京大学经济系有以陈岱孙为代表的老先生,又有以厉以宁为代表的中坚教师力量,已成为国内西方经济学教学的中心,不少高校送教师来此培训"现学现卖"。1979年的厉以宁已被评为副教授,加之这20年间一边在资料室潜心钻研西方经济学,一边在"劳动改造"中磨砺、思考,此时的他已经对西方经济学了如指掌,且对中国经济的改革发展有着自己系统的思考和见解,决心探索一条研究社会主义经济的新路——从1978年和恩师罗志如先生开始撰写《二十世纪的英国经济——"英国病"研究》起,厉以宁就把所有制问题放在了首要位置,意识到所有制改革对社会主义经济体制的转换具有关键意义,必须以新型所有制取代传统所有制。1980年,厉以宁在中央书记处研究室和国家劳动总局联合召开的劳动就业座谈会上首次提出"股份经济",认为可以号召大家集资,兴办一些企业,企业也可以通过发行股票扩大经营,以此来解决当时1700万"回城"青年和320万无业的"留城"青年的就业问题……

如果说当时的北大是经济学教学的中心,厉以宁无疑是中心的"焦点"。他关于经济学的讲解、对中国经济改革发展的思考和分析,像是在初醒的清晨中发出的巨响,对当时甚至改革开放后的中国知识界产生了巨大影响和冲击。

《西方经济学概论》是国内最早的西方经济学教材之一,也是一本很特殊的教材。看过的人会发现,教材中一部分章节是讲西方经济学概念,由厉以宁编写,"但如果你完全讲西方经济学概念那就不对了,所以他就'批判',这还是有当时的时代原因的。"秦宛顺回忆,"批判"完后紧接着的一章就是数学推导,由秦宛顺、靳云汇夫妇编写,如此循环。

这本书1983年由北京大学出版社出版,但在四年前已开始进行编写。1979年2月,秦宛顺、靳云汇夫妇从北京大学数学力学系调至经济系。几乎已经完成《西方经济学概论》初稿的厉以宁找到他们,希望他们能为这本书中的经济概念、理论写相应的数学推导。"厉老师特别敏锐,而且眼光很远大,他不保守,很开放。当时他就主张我们数学要和当时的经济结合,用数学工具、数学语言来描述经济,"秦宛顺说,当时的经济教材还是"苏联那一套东西","那时候如果谁要提数学和经济结合就是要受批判的……他能够勇敢地用数学来描述经济,这在当时别的学校是不可能发生的"。

但显然,那时北京大学的经济系已经悄然变革。1978年,北京大学成立国民经济管理教研室。"当时我们意识到光是经济政治学不能解决经济的一些问题,所以我们成立了这个教研室,把统计、会计、农业经济、工业经济等都囊括其中进行教研。"曹凤岐说。国民经济管理教研室建立后,相关领导提出以此为依托建立一个管理专业。

于是,从1978年开始筹备,到了1980年,当公众还在为计划经济、市场经济争论不休,当国内其他高校尚无专门的管理学科时,北京大学经济系已将目光投向在市场化经济中扮演重要角色的企业家,招收了第一批国民经济管理专业的学生,提前走进了经济管理教育领域,这是北京管理学科的首次尝试。尽管当时的国民经济管理专业并不受重视,但它已经开始萌芽、生长。

据秦宛顺回忆,在国民经济管理专业教学初期,他与靳云汇老师共开设了三门课,投入产出分析、数理经济、计量经济,在新的教学计划中开始将宏观经济、微观经济纳入,数学和经济完全交融在一起,这在当时以经济史为长的北京大学经济系,甚至在全国高校中还是件新鲜事,听数理经济的学生有时都排到了门外。

每次上课,厉以宁必定会提前10分钟到教室,在黑板上写下一堂课中主要涉及的几个问题,即课程的大纲,讲课时往往开门见山,"非常讲究逻辑和条理,同时又深入浅出,生动形象。他对一个问题的分析往往从大处着手,以逻辑和分析见长,条分缕析,抽丝剥茧,引人入胜"。在北京大学经济系1991级研究生武亚军看来,"看厉老师的著作、听厉老师讲课,都是一种享受"。有学生回忆,平时厉以宁的课,不提前用饭盒袋或书本占座,不提前赶到,那是抢不到位置的。更何况是"浓缩的都是精华""传播的都是思想"的讲座。

1984年12月某晚,北京大学经济系1983级本科生张一弛和几位同学吃完晚饭后,便向位于学校西门附近的办公楼礼堂走去,厉以宁老师的讲座7点钟开始,按计划他们会提前10分钟到达。办公楼礼堂分楼上楼下,约有千余个座位,张一弛心想:"礼堂那么大,我们出发这么早,一定能找到前排比较好的座位。"当他们一行人到达礼堂时,一下子被惊呆了——听讲座的人排队已经排到了二楼礼堂的门口外面,从前面的人头缝隙望过去,里面每个座位都坐上了人,邻近窗户的通道上大家或站或坐已经挤满了人,连座席区间隔的通道上也挤满了听众。刚才来的路上有说有笑的,现在你看看我,我看看你,一下子都愣住了。"显然,进去是不可能了,更不要说几个人一起在前排入座了。这时由于礼堂观众席已经水泄不通了,已经开始有听众从后台上了主席台上去找地方。这一颇具创新意义的举动启发了我们这些进不去只能在礼堂门外仰望别人后脑勺的听众。于是,我们几个同学开始各自为战,向后台入口拥去。当我随着人流赶到后台时,发现后台的地板上已经挤满了人。我费了很大的力气才在人缝中挤出一个可以下脚的地方,然后席地向下坐去,依靠身体的重力,依靠要坚决听到老师讲座的毅力,当然还要依靠我自己与邻近同学的人体的弹性,才终于拥有一个自己的一席之地。"

那次讲座,是关于如何用股份制思想来解决当时中国经济改革中的难题之一——国有企业改革问题,厉以宁一口气讲了两个多小时,和他一贯的风格一样,开门见山,没有一句多余的话,围绕股份制思想在国有企业改革中的作用讲了10个方面的问题,逻辑缜密,丝丝入扣。

张一弛至今仍然清晰记得很多片段,如利用股份制的融资机制为国有企业利用外资创造条件和渠道,来改善国有企业的高层管理人员的选拔和任命的质量,特别是厉以宁当时就强调在国有企业改革过程中,即使没有社会资金、外资进入企业,企业的股份100%仍为国有,那也要比原来的情况好,因为股份制后国有企业的管理要通过公司的董事会,并由董事会来任命和监督公司的高层管理者,这样能解决没有人对国有企业负责的问题等。在当时国家和学术界关于中国经济改革思路尚未明确之时,厉以宁这些听起来"很超前"的经济思想对台下的张一弛是一次深刻的震撼。25年后,厉以宁凭其这一发源于北京大学经济系课堂的国有企业股份制改革理论等贡献获"2009年中国经济理论创新奖"。

"曾有位师兄和我交流,厉老师真正塑造了那一代许多青年学子的基本经济思想和价值观念,包括北大的,北京的,各地的……"北京大学经济系国民经济计划与管理专业1983级学生孟万河在《如同漫漫冬夜里的火炬,既明亮,又温暖》一文中写道,"在众多学子的心目中,厉老师是那个时代里,在北大、在北京,乃至全国经济界、思想界、知识界的一面改革旗帜,一个思想先锋。"

四、成立经济管理系和管理科学中心

改革开放进行到1985年,我国工农业总产值已突破一万亿元,在1979年到1983年平均每年递增7.9%的基础上,1984年比上年增长14.2%。第六届全国人民代表大会第三次会议国务院政府工作报告中表明,当前我国经济发展的总形势很好,不是一年好,而是连续几年好,出现了持续、稳定、协调发展的新局面。国民经济实现良性循环的前景,已经开始展现在我们的面前:"从1979年开始,在农村展开了以实行家庭联产承包责任制为中心的一系列改革,从根本上改变了束缚农业生产力发展的旧体制……同时,我们在城市改革中也进行了许多试验和探索,取得了显著成效和重要经验。1984年,从正确解决国家与企业、企业与职工的关系入手,在国营企业实行利改税,进一步扩大企业自主权,改革建筑业体制、商业体制、外贸体制、金融体制、计划体制,以及在进一步发展城镇多种经济形式和经营方式等方面,采取了一系列措施,使城市经济开始出现多年未有的活跃局面。"

为适应经济形势的发展,1985年5月25日,北京大学经济系整合成为经济学院,下设经济学系、国际经济系,以及由"国民经济管理教研室"转变而来的经济管理系,"培养既懂宏观又懂微观的复合型管理人才"。与此同时,北京大学成立了管理科学中心,标志着学校恢复了商学院系科的建制,并在该中心内设立管理科学专业。厉以宁担任经济管理系主任、北京大学管理科学中心副主任。

说起管理科学中心,这是个学校直接领导的交叉学科学术研究型机构,当时学校强调在发展基础学科的同时要发展跟国家经济建设密切相关的应用学科,特别是前沿交叉学科。同一时期,北京大学还成立了信息科学中心、生命科学中心和材料科学中心。时任校长丁石孙回忆:"我当校长后成立这些中心的大目标,是想突破北大的框框,改变系里原来的传统。"管理科学中心主任为丁石孙,副主任有厉以宁、陈良焜、王恩涌。

在北京大学经济学院成立前一年10月,党的十二届三中全会批准了《关于经济体制改革的决定》,这是当时对经济改革最全面的阐述。它明确提出了"社会主义商品经济"的概念,也提出了为全面扩大市场铺路的改革措施。决定采纳了邓小平"有中国特色的社会主义"的说法,宣布社会主义和资本主义的根本区别不在于搞不搞计划经济,而在于是否实行公有制,社会主义的目标不是平均主义,而是共同富裕。这次会议既标志着中国改革从以农村为重点转向以城市为重点,也意味着思想上的一次重大突破。

同年,厉以宁在安徽马鞍山市作《关于城市经济学的几个问题》的报告,直接论述了中国所有制改革问题,包括企业发行股票、职工入股、组建公司集团、居民成为投资者和创业者等设想。报告记录整理稿在一个内部刊物上刊登后,不到一个月就在全国不胫而走,几乎被全国所有大中城市的媒体转载和刊登,并在经济界及社会其他各界引发热议。

与经济学系、国际经济系可以在原有的办公区域办公不同,新成立的经济管理系连独立的办公室都没有,老师们基本上在家里、图书馆或在各自所在的教研室办公;开会,则是在静园四院北侧的一间废弃的水房,最初不知是谁将水龙头砸掉,在屋子里放上一张长条桌,以及不知从哪里找来的一张沙发和几把椅子,便成了经济学院的会议室,后来变为了经济管理系的常用开会地点。

图 1　在"水房"会议室开会

有一张1986年于"水房"会议室拍摄的照片可以为我们重现当时的场景：一张长条桌几乎就占了一半的空间，五位老师围坐在桌子周围，中间的就是厉以宁。此时，若是坐在里面的人想要出来，其他人就必须要站起来侧身让路才行。当时经济管理系青年教师曹凤岐记得，那一年，学校为各个学院和系安装电话，这间办公室竟无处摆放，于是只好放在他家里。学校有什么通知，曹凤岐就骑着自行车到每一位老师家中通知，因为经济管理系的几位老师家中大都没有电话。直到1990年，曹凤岐在水房外面的杂物间里收拾出一间9平方米的办公室，招收了系里第一位行政办公人员范平，才终于有个像样的办公室。范平的第一件工作就是"装修"办公室，找来装修工人建了一面墙，安装了玻璃，购置了两张办公桌、几个柜子、一个保险箱和一个装文件的铁皮柜。然而，当时简陋拥挤的环境似乎并没影响他们。从照片中看，已经是系副主任的曹凤岐此时正在发言，一旁的厉以宁正微笑着侧望着他。如今已经无从得知他们当时具体在讨论什么，可以确定的是，北京大学光华管理学院便是从这处"水房"起步，厉以宁、陈良焜、曹凤岐、张国有等初创者恰如照片中挂在墙上的《奔马图》所示般，正昂扬迈向新的发展阶段。

经济管理系成立那天，系里10余位教师齐聚"水房"，厉以宁到场干净利索地宣布了系的组成结构，原来的国民经济教研室变为三个教研室，分别为国民经济管理教研室、数量经济教研室、经济核算教研室，并当场就宣布曹凤岐为系副主任，朱善利为系主任助理，以及三个教研室的负责人。

当听到厉以宁请自己任经济核算教研室负责人时，当时不到三十岁的王立彦吓了一跳。"厉老师我哪儿做得了这个？"王立彦记得厉以宁当时现场解释道："你大胆干，其他老师都会支持你的。经济管理系以后要讲效率，要讲新学科建设，要让年轻人多担当责任。"

在厉以宁的带领下,经济管理系在初创期大胆起用新人,逐步让一部分优秀本科、硕士毕业生(那时还没有博士)留校任教,并从校内其他系以及清华、人大、中国人民银行研究生部等地方引进新的教员。后来留在光华管理学院工作的骨干教员相当一部分是建系前后留下或引进的,包括朱善利、蔡曙涛、梁钧平、刘力、江明华、王立彦等人。

刚成立时的经济管理系只设立了一个专业,即国民经济管理专业,但真正的管理是对企业的管理,一群宏观经济研究者开办的管理系,并不为人所看好,甚至有人声称北京大学没有管理专业。于是在1986年,作为经济管理系副主任的曹凤岐上任的第一件事就是申报设立企业管理专业,1987年企业管理专业正式招生,再后来又增加了财务学专业。这三个专业分为全日制和在职制两个类别,分门别类进行培养。

这里的在职学生,便是指函授班学生。同样是自1986年始,由杨岳全教授牵头经济管理系开始办函授大专班。高中毕业且有实践经验的人均可报考,经过三年学习授予北大专科学历证书,后来又增加了专升本函授班,在全国十几个省市设立函授站,委托当地的大专院校代为招生,经济管理系派优秀教员前去授课。"当时我们的函授班很受欢迎,因为当时很多人高中毕业后没有上大学的机会,我们办学又很认真,全国各地对我们的函授都很认可,学员报名踊跃。"曹凤岐说。函授班在开办的十多年中,培养了几千名管理学学生。

除了师资、专业建设,厉以宁对教学质量抓得很紧,反复叮嘱大家备好课、讲好课,让有经验的老教师帮带年轻教师,让教师互相听课、共同商量教学方法等。张国有记得,当时厉以宁让各教研室修订专业培养计划,特别强调要考虑好各专业究竟培养什么样的人才,在制订培养计划时要考虑未来发展对人才知识结构的要求。

当时,十一届三中全会已过去六年多,对内搞活经济、对外开放已经成为基本方针。"那时还有个大问题,就是物价改革。我记得邓小平同志当时说,物价改革是个很大的难关,但这个关非过不可。今后即使出现风波,甚至出现大的风波,改革也必须坚持。厉老师已经看到了中国发展的趋势,并在思考和推动股份制改革的问题。厉老师特别强调在培养计划中要考虑未来发展对人才知识结构的要求。"张国有回忆。根据厉以宁的要求,三个专业的培养计划都进行了比较大的调整,各门课程都修订了教学大纲,配备相应的教师研讨课程及教学方法,到了20世纪90年代初,当时经济管理系的教材、课程内容和教学方式以及对中国问题的探讨等,"在全国都是新颖的、领先的"。

作为系里第一位行政人员,范平会列席每周一次的班子会议。厉老师、系副主任以及主任助理一起讨论系里的重大决策,而很多时候会议都是在厉老师的家里召开的。范平回忆说,厉老师通常不主持会议,而是提出一个讨论的话题,让大家平等地发言。他非常关心学院的发展和教师队伍的建设,但对于学院的事务总是在关键时刻把握方向,从不会在细节上做太多控制。厉老师"无为而治之"的理念奠定了学院的良好风气。系里的老师都非常敬佩厉老师,心里的纠结或是私事都愿意去找厉老师聊。

最让范平印象深刻的是,厉老师从不要求她去严格管理行政人员,而是营造氛围让大家自觉做好工作。即使是学院的教授做课题或者出国出访也会每次带上不同的行政人员,让大家都有机会成长进步。范平说:"厉老师在我心目中是最好的领导,和他一起工作非常舒服愉快。"

在经济管理系迅速成长的同时,另一端的管理科学中心也在不断发展。

管理科学中心致力于推动针对复杂问题的跨学科研究。在王其文看来,厉以宁与秦宛顺夫妇当年合著《西方经济学概论》便是学科结合的最好证明。管理科学中心也为学生提供了一个跨学科重新选择未来研究方向的可能性,一大批优秀的本科生即使在本科阶段没有机会接触经济类学科,也可以通过在管理科学中心读硕士研究生,从而顺利进入经济管理领域。从1985年到1993年,管理科学中心培养了近百名硕士生,其中不少已成为国内外学术界、商界乃至政界的佼佼者。而另一方面,中心汇集了很多学科背景不同的学生,又进一步促进了学科的交叉、对话和融合,进而也推动了教学相长。

与清华大学等工科院校侧重于系统工程管理不同,北京大学管理科学中心的管理科学建设更加侧重于工商管理和以经济学作为基础。"我们在开始建设管理学科的时候,除了工程的内容以外,更加偏重企业管理、企业发展战略、宏观经济政策这一块。"龚六堂说。这从管理科学中心所承担的国际、国内研究课题中也可略窥一二,包括联合国开发计划署、世界银行、国家自然科学基金、国家社会科学基金、中国环境与发展国际合作委员会、国家发展改革委、商务部、原农业部、原国家林业局等课题研究项目。

40多年来,以厉以宁为代表的光华学者围绕着改革开放的许多重大问题孜孜不倦开展研究,在他们的努力下,许多重大研究成果在管理科学中心酝酿、成形、落地。"这些研究为国家经济和社会发展做出了重要贡献,推动了社会的进步。"在龚六堂看来,扎根中国大地,把握中国国情,紧紧围绕中国经济和商业实践开展研究,是以厉以宁教授为代表的老一辈光华人留下来的宝贵传统。而这,也是光华管理学院未来能够继续在国内外商学界独树一帜、引领时代的至关重要的原因。直到 1993 年,北京大学成立了工商管理学院,管理科学中心便完成了它的使命,回归到纯粹的科研上来。

五、创立北京大学工商管理学院

在管理学科发展这条路上,北京大学虽说是"起了个大早",但却"赶了个晚集"。

以工科著名的清华大学在 1984 年就已经成立经济管理学院,到 20 世纪 80 年代末期,清华大学、西安交通大学、复旦大学、中国人民大学等院校都在探索培养工商管理硕士,即 MBA。而此时,北京大学的厉以宁等致力于发展管理学科的学者关于设立管理学院、申办 MBA 学位的提议,多次被质疑、搁置。

所谓 MBA 是指工商管理类硕士研究生学位,旨在培养能够胜任工商企业和经济管理部门高层管理工作需要的务实型、复合型和应用型高层次管理人才,如企业高管、职业经理人、创业者等。与经济领域其他类型的硕士研究生侧重于理论学习、学术研究不同,MBA 教育从本质上讲是一种专业教育,特别强调在掌握现代管理理论和方法的基础上,通过商业案例分析、实战观摩、分析与决策技能训练等培养学生的实际操作技能。因此,MBA 的招生对象一般为有工作实践经验的国家机关、事业单位干部和工商企业管理人员、技术人员等。

MBA 教育最早起源于美国。一般认为,美国最早的管理学院是 1881 年在美国宾夕法尼亚州立大学设立的 The Wharton School of Finance and Economics,而工商管理硕士培训计划(MBA Program)要晚些,诞生于哈佛大学。最初的管理教育并不受人重视,直到第二次世界大战结束后,才迎来蓬勃发展期。"二战"后的美国经过调整和恢复,迈进了经济发展的"黄金时代",市场广阔且活跃,企业对管理人员的需求也迅速膨胀。与市场相呼应的 MBA 在 20 世纪的六七十年代也成为美国教育的重点,每年授予的 MBA 学位数量超过授予硕士学位总数的 20%。据统计,美国 500 强公司的总经理、董事长等高层主管,绝大多数为 MBA。可以说,MBA 教育为美国培养了众多的优秀工商管理人才,创造了美国经济发展的神话和奇迹。

中国第一批 MBA 诞生于 1984 年美国总统里根访华期间。1984 年 4 月 27 日,美国总统里根在人民大会堂发表演说:"我很高兴地宣布,两国已一致同意成立一个新的特别训练班,毕业生将获得工商管理硕士学位(MBA)。这一学位将由纽约州立大学授予。"早些时候,邓小平同志访美期间,也曾表示,希望美国能为中国的现代化事业培养一批高级管理人才。

当年 7 月,中美合作培养 MBA 计划的招生在全国铺开;9 月,440 名精通外语、有三年实践经验的青年人才被选拔出来,获准应试;10 月,440 人中仅留下 40 人入学进行语言、管理知识培训等。通过 GMAT 考试后,39 人进入由美国人全程管理的 MBA 的学业训练,并于 1986 年夏天赴美实习一学期。这 39 人的出国培训经费,几乎用掉国家经委全年出国费用的一半;赴美实习,其所在单位还需为其提供二万元左右的学杂费,按照他们当时每月 55 元的工资来算,这相当于他们约 30 年的工资。这 39 人也被誉为"中国经济管理黄埔一期"学员。

然而次年 9 月,《中国青年报》收到了一封一位来自首批中美合作培养 MBA 计划学员的"呼救信"——"我们,38 名高级工商管理硕士,虽年纪轻轻,却无用武之地。报国无门,苦恼不堪","为培养我们,国家耗资百万,我们历尽艰辛。然而,培养与使用完全脱节"……这 39 名 MBA 有 2/3 的学员回到原单位后,有的转回原岗位继续搞课题研究,有的去厂里做翻译,所学知识毫无用武之地。不是没有人想另寻出路,但因原单位不同意调离,被户口、档案和党团关系等因素卡在原单位。据此,1987年12月,《中国青年报》发出了一篇报道"命运备忘录",首次披露这种人才浪费的现象。见报当天,时任国务院总理李鹏就过问了此事,不久国家教委、科委、人事部和经委下文要求对这批人能用就用,不能用就允许他们流动。

但中国需要MBA。1949年以后到改革开放初期,新中国成立前的企业家所剩无几,而且年事已高,难有作为。一批个体工商户、小业主最早在市场中摸爬滚打,挣得一份家业并由此扩大生产经营规模,逐年积累而形成第一批民营企业家。进入20世纪80年代,又在乡镇企业成长起一批农民企业家。他们当年都是乡镇企业的负责人或骨干,带着样品和订单,走遍城乡。在各种社会力量的共同努力下,一个处于计划经济体制之外的乡镇企业商品市场终于形成了,大一统的计划经济体制终于被打破了。

但这些自发成长起来的"草根"文化水平普遍不高,"命运备忘录"一文中提到,据1982年调查:我国县团级以上企业领导中,懂得管理的不到1/3,而具有科学管理知识的人员只占15.2%;另外有一次简单的考试摸底测定:我国工商贸等7个行业的520名厂长、经理,企业管理知识平均及格率只有60%,即使有大学学历的企业领导,也有20%不及格。

"中国需要一大批社会主义企业家,需要企业家精神,企业家应该有战略眼光,有创新与实干精神,有组织能力与经营管理能力。在经济改革过程中,要保护企业家,让他们充分施展才能。"厉以宁在20世纪80年代多次呼吁要重视、保护企业家,在他看来,"没有企业家,没有企业家精神,即使改革了所有制,建立了股份制的企业,建立公司财团,建立了新型的公有制企业,经济仍然缺乏生机。"

"改革开放后,人们逐渐认识到优秀企业家在经济发展中所起到的巨大作用。美国通过卓越的商科教育体系培养出了很多优秀的企业家,但当时中国没有 MBA 这样的学位机制,我们需要这样新的教育体系来摆脱人文学科的意识形态限制,不再使用各种学术标准来机械衡量商学教育。"曹凤岐说。因此,1990年前后,厉以宁、曹凤岐等开始呼吁设立管理学院,培养工商管理人才。然而就在厉以宁等在努力争取设立管理学院时,又一件事情发生了。1990 年,教育部审批通过 9 所高等院校开设试点 MBA 学位项目,这其中包括清华大学、复旦大学、南开大学、中国人民大学、西安交通大学等,没有北京大学。在此之前,这几所高校成立了一个 MBA 组织联络小组,在上海召开会议商量申报 MBA 学位的问题。曹凤岐得到这个消息,在没有接到邀请的情况下,独自带着经济学院和经济管理系的材料到上海参会。在众人瞠目之时,曹凤岐将复印的材料散发在了会场。

"为何不邀请北大参加会议?为何申报 MBA 项目不让北大参加?"曹凤岐问当时会议的联络小组有关领导。

然而对方一句话就让曹凤岐有些汗颜:"北大有管理系,却并无管理(他们理解的管理是理工科的管理科学、管理工程专业),你们宏观经济的学者如何开设卓越的管理学科?"

"我们有企业管理专业啊!"

"靠学术研究方式培养出来的学生缺乏实践经验,能成为企业家吗?"这些质疑虽刺耳,却让曹凤岐难以驳辩。

几乎同时,从 1989 年到 1991 年,中国经济体制改革有些"回潮",从思想和政治领域反对资产阶级自由化,扩大到经济改革领域,理论界对股份制理论的批判到了无以复加的地步,认为股份制是典型的私有制、私有经济,鼓吹股份制就是搞私有化,就是发展资本主义经济。有着"厉股份"之称的厉以宁首当其冲,一直追随厉以宁研究股份制改革的曹凤岐也不能幸免:申请教授资格不被通过,开设的股份经济课被迫停开,出版的《中国企业股份制的理论与实践》也被批判。也因此,厉以宁、曹凤岐设立管理学院和申办 MBA 的建议一度陷入僵局。

1992 年初,邓小平发表南方谈话。针对股份制相关问题,他指出:"证券、股市,这些东西究竟好不好,有没有危险,是不是资本主义独有的东西,社会主义能不能用? 要坚决地试。"这年春节前两天,厉以宁被广东省委、深圳市委请到广州、珠海、深圳作了 4 场学术报告,还在佛山、中山举行了两次以企业家为主的座谈会。股份制改革试点在各地普遍铺开。

1993 年 3 月初,厉以宁、曹凤岐等赴香港征求证券法第四稿的修改意见。而此时,包括北大校长吴树青、副校长罗豪才等在内的主要校领导都在香港,与李嘉诚沟通争取修建新图书馆的 1000 万美元捐赠事宜。厉以宁、曹凤岐心里一动,平时没有机会和这么多校领导同时沟通,此时不正是一个和校领导面谈建立管理学院、申报 MBA 学位的好机会吗? 二人商量后,由曹凤岐去面见校领导。曹凤岐回忆,次日晚,经过整整两个多小时的激烈讨论,让曹凤岐没想到的是,校领导们还真的被说通了。那晚,曹凤岐兴奋难眠。

回校后,就如何筹办工商管理学院,吴校长多次到经济管理系来同厉以宁、曹凤岐沟通,包括学院的中文名字和英文名字,就连中文名字是叫"北京大学管理学院"还是"北京大学工商管理学院"都是经过认真讨论的,英文翻译是用"business"还是"management"也是反复斟酌,最后定为"北京大学工商管理学院"以突出学院的特色,即培养复合型的工商管理人才。

1993年，国家教委又批准了11家MBA试点院校，全国共有24家院校可以招收MBA学员。第二批批准的试点院校中，北大名列第一。经过几个月的准备，于1994年招收了第一批MBA学员，共计50人。同年12月18日，北京大学电教中心，以原来的经济管理系和管理科学中心为基础，北京大学工商管理学院正式成立，厉以宁担任首任院长，曹凤岐、王其文、张国有、董文俊为副院长。巧合的是，这天恰为15年前党的十一届三中全会召开的日期。从改革开放初年成立国民经济管理教研室，到建立经济管理系和管理科学中心，再到成立工商管理学院，光华的开创者在15年间的坎坷曲折，怕是后来者难以想象。

香港著名企业家曾宪梓在成立大会上回想起自己当年艰难的创业经历，面对眼下新成立的管理学院，激动万分，在临近演讲结束，颤声高呼："我支持北京大学工商管理学院成立！"

观众席掌声雷动，担任会议主持人的曹凤岐说："好，感谢曾宪梓先生的动人演讲……"

"不行，我还没说完呢！"曾宪梓急忙打断，"我要资助办学，捐助北京大学工商管理学院100万港元！"

事后，厉以宁和曹凤岐开玩笑地说："你看你，人家没说完你就打断人家，你这一句话差点搞没100万啊！"

六、敢当！冠名光华管理学院

尽管有这100万港元，但对于一个新学院的建设来讲远远不够。

刚成立的工商管理学院，没有独立的办公楼，只能蜗居在法学楼四层的一部分房间，每个教研室一个小房间，每位教员一把折椅，一张办公桌共用。各个系也没有办公室，开会时只能临时找个地方围坐在一起。学校每年给他们下拨的经费才10万多元,根本无法维持学院的正常运转。前几年,世界银行捐赠给学院的 30 台电脑每年仅维修费、保养费用加起来就需要 10 多万元。

最令人心痛的是师资短缺,全院只有 50 名员工,因条件差已先后有 3 名教师下海经商去了,也有几位学成归国的博士慕名前来北大求职,他们的要求只有一个——有房子住。工商管理学院拿不出来,只能眼看着他们另寻他处。

但很快,工商管理学院迎来了一个划时代的转折点。

1994 年初,光华教育基金会总干事、台湾润泰集团董事长尹衍樑听说北京大学要办管理学院,便通过北大校方与厉以宁取得联系,探讨支持管理学院办学事宜。当时 44 岁尹衍樑在台湾已是一位传奇的商界领袖,将生意从其父创办的纺织、染织企业扩大到建筑、地产、零售、金融、生物医药等领域,润泰集团成长为台湾第九大企业集团,曾取代家乐福成为大陆零售百货业冠军的大润发便是隶属于润泰集团。到 1995 年时,尹衍樑在台湾 TOP100 富豪排名榜上已经名列第 20 位,但这位亿万富翁却志在医疗、教育,从台湾"中国文化大学"史学系毕业的他在 36 岁时又取得了台湾政治大学企业管理博士学位,在他的名片上印的是博士、台湾大学教授与俄罗斯外籍工程院院士。

1989 年,尹衍樑在目睹了当时大陆的办学条件后决定资助教育,在国学大师南怀瑾的建议下出资设立了"光华教育基金",旨在"光大中华文化",促进祖国教育事业发展。但在那个年代,一位来自台湾的商人在大陆资助办学并非易事。尹衍樑曾先后两次到北大商谈"光华奖学金",也因此,尹衍樑此前曾多次来北大参加奖学金颁发仪式,按照他的来说,从那时起,"彼此印象都很良好"。

厉以宁在接到尹衍樑的消息后,当即表示可以深入商讨合作办学事宜。很快,尹衍樑便带着台湾政治大学管理学7位教授来访。据尹衍樑回忆,第一次会谈比较不愉快,双方各坐一边:北京大学这边是经济学、经济史等经济类专家;台湾政治大学均为管理类专家,包括会计、营销、统计、营运管理等。结果,谈到后面双方基本上就是各抒己见。但当时尹衍樑就拍板,"相同的两个东西有合作的必要?没有合作的必要。就是因为不一样,互补性很强……如果能够结合得很好的话,我们就是整个华人地区,甚至是全球最好的管理学院"。3月底,双方就利用两岸的优势互补创办高水平商学院一事达成共识。当时厉以宁曾赋词《太常引》:"红楼旧影,未名新曲,桃李满园栽,携手育英才,岂不是悠哉悠哉!"

然而当时光华教育基金会也提出了一些条件,如学院需冠名为光华管理学院,在北京大学校内建设学院大楼,但大楼产权属于光华基金会,学院的院长、教授由基金会来聘任等。在大陆的体制下,这显然已经超出北京大学可以接受的范围。就此,双方的谈判持续了半年之久,"每一次谈都会回到原点。他们说尹先生你就出钱盖个楼就好了,剩下的他们自己搞,第一、第二、第三、第四次的结论都是这样",尹衍樑当时担心,"(北大)自己搞会回到原来那种老的经济学科思路上,所以我就坚决不同意"。

有次,尹衍樑很不客气拍了桌子:"每一次谈都回到原点,不谈了。"说完,起身要走。

这时候,吴树青校长拉住尹衍樑的手说不能走,"现在马上就要吃晚饭了,我们到勺园去吃个晚饭"。

也就是在这次席间,吴树青校长坦诚沟通了资助办学条件,提出"我们只能同意工商管理学院更名为光华管理学院以及学校建立双方人员共同参加的董事会,您可以出任董事长"。尹衍樑当时就同意了,他相信北京大学工商管理学院最符合他的资助条件、最具资助价值,也相信时任院长厉以宁,并发自内心地称自己是厉以宁的追随者和支持者。最终,他决定资助学院1000万美元。

图2 北京大学、光华教育基金会签署合作协议

1994年9月18日15点,在北京大学勺园宾馆,北京大学、光华教育基金会正式签署合作协议。照片中的签字者为吴树青(左)和尹衍樑先生。北京大学工商管理学院更名为光华管理学院,"旨在办成一所世界一流的管理学院"。这是新中国成立后海峡两岸首次联合办学,光华管理学院也是新中国公立大学中第一个成立董事会的学院。

这当时在国内可以算是一件吃螃蟹式的"新鲜事",也因"光华管理学院"这一名字闹出了不少尴尬和风波。

"光华管理学院? 这是所民办培训学校吗?""你们和北大什么关系?""是不是一个'野鸡'大学?"……在更名后进行招生时,不少考生、家长疑虑,以至于王其文和另一位招生老师不得不请学校出具材料证实它是北京大学下属学院,去一些著名中学游说优秀的中学生报考。和现在各省区市高考状元争相报考光华的境况相比,可以说有天壤之别。

当时,甚至有光华管理学院的老师都不太乐意在名片上加上"光华"二字。直到1997年,还有人就此事告到了中央高层,罗织了北京大学"卖牌""卖院""不坚持社会主义方向"等罪状。为此,北京大学特意提交了一份《关于我校光华管理学院的情况汇报》:

"学院更名为光华管理学院,是对光华教育基金会资助办教育的肯定,世界上许多学校以资助者的名义冠名是一个通例。而且,光华管理学院借用的是一个教育基金会的名字,不是人名。'光华'一词在光华教育基金会的简介中用以表明其宗旨是'光大中华文化'。我们认为这是可取的,所以,当时北京大学校长吴树青为学院题词'发展管理教育,光大中华文化'。"

"关于光华管理学院的教育主权和领导权问题。我们可以负责地说,光华管理学院的教育主权和领导权是牢牢地掌握在我校手中……在协议中明确规定光华管理学院是北京大学的二级学院。其含义是学院受北京大学的领导,学院的最终人事权任免与聘任权在北大校长;学院的行政、人事、教学、科研、外事、学生、保卫等工作直接受学校有关部门的领导;学院设中国共产党党委、共青团团委、工会,并正常开展工作。两年来也正是这样实践的。光华教育基金会及尹衍樑先生没有以任何形式和理由影响学校布置的各项工作在光华管理学院的落实……"

这份汇报由教育部随即递交中央,这场风波才渐渐平息下来。

事实上,虽说光华管理学院成立了董事会,但一次会议都没开过,尹衍樑表示自己充分尊重厉以宁的决策权,"我认识他以后就觉得他身上有一个道德的馨香之气,人的谈吐各方面都非常地好"。由光华教育基金会出资,从1994年开始建设的光华管理学院1号楼,从设计、规划到施工,尹衍樑也统统没有直接过问,"我只是接到厉老师的信,告诉我总计划多大、量体多大、需要多少钱、什么时候需要钱,我就按照工期和计划表提前把钱打进来,钱全部都是提前到位"。

一边建楼,一边建院。学院成立后,尹衍樑带了四个特大号的皮箱来北大,里面装的都是台湾的会计、统计、营销、工业管理等方面的教科书,因为那些教科书在北京找不到;此外,还聘请台湾大学的教授来为光华管理学院的学生授课,包括时任台湾大学会计学副教授朱立伦。1995年秋,朱立伦一进教室就吓了一跳:"原以为是几十个人,没想到来了一两百学生,全部挤在教室里面,同学们非常热情,也非常认真。我对北大同学留下了深刻的印象。"20年后,他在访问北京时,还特意来到光华管理学院看望当年的同事、朋友,并与学院师生进行了座谈,他说:"相信未来我们一定是整个世界最顶尖的管理学院。"

这也是尹衍樑最初资助这一学院的初衷——要办一所最好的管理学院,培养一流的人才,在各个领域发挥正向的影响力,带动中国社会的进步。有北大学生在一次座谈会上问他:"你是个商人,请问你办学的投资报酬率怎么算?"尹衍樑答道:"这是个很好的问题,在我个人来讲,我不会从北大拿一个子儿放进我的口袋里面,我只会源源不绝地支援,所以我个人的报酬率是负数,绝对不是正数。但是我有一个精神上的报酬率,这个报酬率是各位同学毕业以后对学校做出的贡献,对社会做出的贡献,我把它们当作是我的精神利益报酬率。这个报酬率是无限大的。"

1997年9月7日,光华管理学院1号楼正式落成,共6层,面积达11400平方米,学院每位教员都有了独立办公室,且每人配备了一台电脑、一部电话——后来,光华管理学院又建起了2号楼、两栋学生宿舍。如此待遇,在北大,甚至在全国都是首屈一指的——在竣工仪式上,"前来祝贺的人们欢聚在大楼西面的来宾席,席前盛开着迎宾的鲜花;光华学生身着新装,他们脸上的笑意春风显露出作为光华人的骄傲和自豪。"《光华管理通讯》上的一篇文章写道。

后来,1号楼前摆上了一块"敢当石"。"敢当!"尹衍樑看后感慨:"厉老师如果不'敢当',这个事情根本不能推,这不光是钱的问题。只有厉老师有这样的肩膀、有这样的眼光,他看到这些事情。我只是在后面支援他、跟随他、追随他,帮助他实现他的愿望。"如今,光华管理学院的成就可以说远超他的想象,他常说,"成立光华管理学院是他一生最得意、觉得最有成就感的一件事情"。

七、办世界一流的管理学院

但正如厉以宁在光华管理学院1号楼奠基仪式上所讲,大楼的建成将从根本上改善光华管理学院教学科研和其他条件,为学院全面提高教学质量、提高科研水平奠定重要的物质基础,也为学院全体师生员工提供良好的学习和环境。但是大楼的兴建并不意味着学院总水平的大幅度提高,更不意味着我们已经步入国内、国际一流管理学院的水平。在他看来,"衡量一个学院的水平,就要看能否培养出高质量的人才,出高水平的成果,这取决于教学、科研和应用几个方面水平的高低,其中起主导作用的是教师"。

尽管到1995年,光华管理学院现有在职教师中有教授12人、博士生导师8人、副教授10人,既有厉以宁、闵庆全、陈良焜等卓有成绩的教授,又有一批颇有建树的中青年学术带头人,但仅靠建院时期的教师自力更生是不可能在数量上或专业结构上满足国际一流商学院的要求的。因此建院伊始,厉以宁就把加强师资队伍建设作为工作的重点,"我们必须采取各种措施,建立并保持一支高水平、高效率的教师队伍"。

再次开风气之先,光华管理学院开始了大跨步的改革。一言以蔽之,就是"走出去,请进来"。

关于"走出去",光华管理学院利用美国西北大学凯洛格商学院的合作项目,在1998—2003年间共把30多位中青年教师送到该学院交流学习。他们当中的很多人,如刘力、梁均平、姚长辉、张一弛、刘学、张志学、江明华等,在学成归来后成为了学科发展和行政管理方面的中坚力量。

"请进来"则是从国内外聘任延揽优秀师资。当时的光华管理学院办公、教学条件的极大改善对很多教师形成了极大的吸引力,加上学院坚持"开放式"办学,吸引了不少来自海峡两岸高校的老师来授课,还有海归博士来学院任教。因此,当你在1998年及以后在国外许多著名管理学期刊或国际网站上看到光华管理学院的招聘广告就不必感到惊讶。

但这些海归人才的待遇,的确让当时的人们吃了一惊——自2000年光华管理学院实施"456"政策后,该学院全职海归助理教授、副教授、教授的年薪分别达到4万、5万、6万美元,甚至一位海归讲师的年薪就可达到32万元人民币,高出时任院长厉以宁的工资许多,并且不分职称,每人还可以拿到科研启动经费、住房补贴等共计50万元人民币的资金。那时,北大附近一套150平方米左右的房子约80多元万人民币,不少教师便趁此机会在北京买了房安了家。

即便新引进的海归教员与老职工的工资差距巨大,当时二者之间也没有产生巨大的矛盾。为什么这一政策在光华能推行?在王其文看来,首先以厉院长为首的教授,远见卓识地看到光华管理学院要想在新世纪再上大台阶应该吸引人才,而不是"过日子",普通人是不一定能看得见的,这个很重要。当时,有一则光华管理学院的"招聘工作计划书"中这样写道,仅仅靠北大的牌子和一座漂亮的大楼,并不能保证我们成为一流的商学院。如果我们不能在二三年内吸引到更多一流的新教师来学院任教,使管理学院的师资队伍有一个根本性的改变,我们将可能沦为国内第二流甚至第三流的管理学院,更不用说与国外一流的商学院相比了。而另一方面,王其文认为,这离不开尹衍樑先生的支持,"每招聘一位海归人才,厉老师签字,尹先生就打50万安家费。如果所有这些都需要通过学院创收的话,那时的财力也办不到"。

果然,此政策一出,即得到了众多海外人才的积极回应。不过与当时国内高校的传统招聘程序不同,光华管理学院按照国际通行的规则进行,先看申请人的推荐信,请国际上一流的同行进行评议;再把候选人请到学校来"路演",介绍自己最新的研究成果、学术贡献等,系里面的教员都会参加;此外,候选人还要与相关专业的教师单独面谈,但并不是只看应聘者的教学能力,更重要的是看对方是不是优秀的学者,能不能创造新知。在充分的讨论和分析后,招聘小组提出决策,然后提交学术委员会最后决定,全程公开透明。在1999年之后,招聘的讲师、副教授均采取合同聘任制,在职三年后若学校满意可续约,六年内不升即走。到了2004年,光华管理学院的老师中,超过一半是海外博士。10个系主任中,8个是国外毕业的博士,分别来自哈佛大学、芝加哥大学、加州大学伯克利分校等国际名校。

在进行师资改革的同时,光华管理学院开始大力发展应用型专业和方向。建院伊始,光华管理学院有国民经济管理、企业管理、财务学、会计学、市场营销等本科专业,有国民经济管理、企业管理、统计学、管理科学和MBA等硕士研究生专业及国民经济管理博士生专业。为适应市场经济发展和企业现代化管理的需要,1995年厉以宁在"勇于探索 开拓创新"一文中就提到,在未来几年内将重点增加和发展应用型专业和方向,准备设立经济信息管理、货币银行等本科和研究生专业与方向;将重点研究在国内和国际市场环境下,企业的机制变革、经营策略、财务、会计、产品开发、生产管理、市场营销,及相关的组织行为、企业文化等,同时继续进行与宏观、中观经济管理有关的研究,比如经济运行、金融、证券、期货等(转自《光华管理通讯》)。

到20世纪90年代末,全球化浪潮势不可挡,中国企业及企业家将与世界接轨,与国际市场上的大公司同台竞争、合作。此时的中国企业家尽管拥有相对较高的文化水平,但在对国际市场规则的理解、企业管理理念等多方面与国际存在很大差异,他们迫切需要弥补相关知识,接受现代化管理教育。

1999年,在厉以宁、张维迎等人的倡导、推动下,光华管理学院与凯洛格商学院在国内联合推出了EMBA(高级管理人员工商管理项目)及高级经理培训项目,旨在为大型企业和政府机构培养真正国际一流的高层管理人员,将西方最先进的管理理念与中国企业管理环境融为一体——这在当时的国内也是个大胆的尝试,EMBA项目在1999年的中国是不存在的,因为EMBA项目尚未得到教育部的批准。

"但是我们开始做了。为什么呢?是因为我们看到了中国的未来和世界的未来需要一大批受过一些系统的专业知识的训练的优秀的中国企业家,而在当时的情况下我们绝大多数高层管理没有这个训练,所以这是我们光华的使命,在那个时候我们启动这个项目非常艰难,但是我们坚持下来了,并且现在变成了全中国最有影响力的项目。EMBA在所有教育项目中的改革力度是最大的,它对未来教育的发展有重要的意义。"张维迎在光华管理学院EMBA十周年庆典暨新春论坛上致辞时讲道,"为什么我们能够成功?我们有理念,光华管理学院永远做正确的事情,因为我们相信任何正确的事情,只要我们坚持去做,我们就能够成功。"

2001年,中国加入WTO,国门正式向世界敞开。2002年,EMBA项目得到教育部的批准,被列为国家正式教育项目。因此光华管理学院EMBA项目前几期的学生也获得了"追加"的正式学位。至今,在光华管理学院还挂着一张于2006年拍摄的北京大学光华管理学院2006届EMBA毕业留念,里面有700多个学员,其中包括1999年至2002年入学的学员。目前,光华管理学院EMBA已经拥有了8000多名中国商界精英校友。

时至2020年,北京大学光华管理学院在成立35周年时,已成为中国首屈一指的商学院、一所真正意义上的国际化学院。创始院长厉以宁已年满九十,但仍坚持在给学生上课,他多年来的讲授和实践早已深深熔铸于光华的使命里。任凭世界喧嚣与浮华,光华人坚守"创造管理知识,培养商界领袖,推动社会进步"的使命,肩负着为国家改革做贡献的社会责任。正如厉以宁院长对学院的寄语:"中国改革已经取得了举世瞩目的成就,但是在我们面前,还有一系列改革正等待我们去完成。改革已经进行到了攻坚阶段,必须知难而进。光华管理学院应该、也能够在这个过程中发挥自己的作用。希望光华可以培养出更多的人才,为中国的现代化建设贡献自己的力量。"

(刘俏,北京大学光华管理学院;
马化祥,北京大学光华管理学院)

北京大学管理科学中心的创立与发展

龚六堂　陈良焜　王恩涌　王其文　张世秋

1985年,《经济科学》杂志第4期刊载了一则报道,记录了北京大学教学改革的一个重要步骤:经过3年的酝酿和准备,5月25日,北京大学经济学院与管理科学中心正式成立。

北京大学经济学院,是在原经济系的基础上建立的,下设经济学、国际经济、经济管理三个系。时任北大校长丁石孙任管理科学中心主任。时年55岁的厉以宁被任命为经济管理系主任,同时也担任北京大学管理科学中心副主任。

当天,在北京大学召开了"经济学院暨

管理科学中心成立大会"。大会由北京大学副校长沙健孙主持,校领导王学珍、丁石孙、张学书,经济学界著名人士及有关方面负责人于光远、季龙、许毅、房维中、马宾、宋涛、孙尚清、罗元铮、卫兴华、黄永鉴、胡企林等到会祝贺。

这是中国经济学界的一次盛会,但是没有人能够预料到,这仅仅是一个历史起点。经济管理系和管理科学中心的成立,标志着北京大学恢复了商学院系科的建制,标志着管理学科腾飞前的真正起步——一个将影响中国改革进程的管理学院就在这里启航了。

一、北京大学为何要发展管理科学学科

谈到北京大学管理科学学科,必须从北京大学管理科学中心建立说起。今天,光华管理学院已经是国内最有名的商学院之一。它的前身,就是1985年5月25日成立的北大经济管理系和北大管理科学中心。以此为基础,北大工商管理学院于1993年建立,并于1994年更名为光华管理学院。

北大管理科学中心副主任龚六堂说,在光华管理学院30周年院庆庆典上,厉以宁教授曾回忆光华创立30年来所经历的与国家建设有关的十件大事,其中之一就是"建立了符合中国国情,又能够适应世界潮流的现代工商管理的教育体系"。管理科学中心的成立,以及在此基础上创立光华管理学院,实际上是顺应了中国改革开放,以及中国经济和社会发展对管理科学研究的需求。

"当时中国社会正处在一个大的变革的过程中,作为光华管理学院的前身,北大管理科学中心在学校里来讲,是一个很重要的中心,这个中心在中国乃至世界都产生了重要影响。这其中,厉以宁教授发挥了非常重要的作用。"原管理科学中心副主任、

93岁高龄的北京大学城市与环境学院荣休教授王恩涌这样评价。

北大管理科学中心的成立跟丁石孙校长密不可分。在《有话可说——丁石孙访谈录》中,记述了这样一个细节:这个中心的办学方针,是在丁石孙家的小会客厅内决定的,当时在座的有丁石孙、厉以宁、陈良焜、王恩涌。

据时任管理科学中心副主任陈良焜回忆,20世纪80年代中期,就北大研究学科设置问题,汪永铨教务长向丁石孙校长提出:世界著名大学无不设立管理学科。

"本来各个工程专业都有现代企业管理的课程,由于国内市场经济体制尚未建立,商科课程因此难以引进。'二战'时期发展的运筹学,战后在西方企业和经济中得到广泛应用,有时被称为管理科学(以数理方法为特点,以计算机为主要工具),适于工科院校引入。当时,教育部高教二司提出必须用'工程'命名这一新学科,于是钱学森提倡系统工程。"陈良焜说。

当时国内工科院校抢占先机,若干学校设立了管理工程硕士和系统工程博士专业。"1984年,清华成立了经济管理学院。搞工科的院校都成立了管理学院,于是我们就呼吁北大成立管理学院。当时,文科意识形态太重,我们搞管理科学中心,就不存在意识形态问题。"光华管理学院荣休教授曹凤岐回忆。

1985年,北大在新成立的经济学院内设经济管理系,同时设立直属学校的管理科学中心,并申请在中心内设立管理科学专业。5月25日,成立大会上还宣布:条件成熟,将成立管理学院。

1985年成立管理科学中心,实际上是为北京大学发展管理学科做一个准备和探索。当时以清华大学、上海交通大学、同济大学为代表的工科院校,在管理学科建设方面更加侧重于系统工程,而北京大学的管理学科建设更加侧重于工商管理和以经济学作为基础。龚六堂表示:"我们在开始建设管理学科的时候,除了工程的内容以外,更加偏重企业管理、企业发展战略、研究宏观经济政策这一块。"

二、北大为何设立直属学校的管理科学中心

丁石孙校长曾就管理科学中心属于什么性质的机构做过简要阐述:

管理科学中心是学校领导的跨学科的学术性机构,跟系的地位类似。当时我有一个看法,成立系需要有比较成熟的条件,如教学计划要很清楚;但中心不需要,能搞研究就可以。这个中心的研究范围比较宽泛,包括管理、经济等各个领域。中心的人员来源也很广,各种人才都要。它成立不久就有了十几个人,中心的主任由我当;副主任有厉以宁、王恩涌、陈良焜。

"丁校长非常有眼光,当时他预感到中国的经济要发生一个大的变化,而厉以宁在经济系很难发挥作用,所以就想了一个办法,单独设立一个管理科学中心,中心不招收本科生,只招收硕士研究生。为了使中心的工作不遭受外界阻力,丁校长兼任管理科学中心主任一职,实际上他不管事,就是我们这三个人在这边管。我们三个人怎么分工呢?讲课方面,全部由厉以宁负责,课程安排由陈良焜负责,我就是搞一些课题研究。"王恩涌说。

除管理科学中心外,丁石孙当北大校长期间还成立了四个中心,其中包括人口中心、环境科学中心等。他在回忆录中说,成立这些中心的大目标,是想突破北大的框框,改变系里原来的传统。

"上(20)世纪80年代,北京大学开始思考自身在中国和全球的学术以及社会服务方面将可能发挥的作用,对建设现代大学的使命认同感日益增强。因此,丁石孙校长致力于推动跨学

科的研究范式,包括这种中心的建立。"北京大学环境科学与工程学院教授张世秋回忆。

谈到管理科学中心的使命,张世秋介绍了自己的理解:首先是要推动针对复杂问题的跨学科研究;第二,无论是经济问题、环境问题,还是社会主体行为的问题,都无法从一个视角去讨论,必须是从多个视角和多个主体的角度去研究和分析;第三,北大历来具有很强的使命意识,就是希望我们的研究和培养的学生,能够为未来国家和社会进步提供一种新生力量。

北京大学原管理科学中心副主任王其文说,从架构设计上,管理科学中心联合了学校的多个院系。

"校长做主任此前很少有,为什么校长要做主任呢?就是为了融合多个院系的力量。北大各个学科的特长不一样,经济系在经济理论、经济思想史、国际经济等方面力量很强,但在数量分析方面数学系更厉害;当时的中心副主任王恩涌原来是地理系的主任,对历史、人文、地理相当精通。这样,各个学科打通以后,管理学科就不只是局限于经济系和经济学院。"王其文说。

北京大学原副校长、光华管理学院组织与战略管理系教授张国有说,改革开放大潮之初,很大一个趋势就是国有企业改革,同时还有大批的民营企业涌现出来。企业在经营时必须面对生产、财务、管理信息等一系列的问题。北大如果不走这一步的话,很难在改革开放中发挥自己的作用,因为大势所趋,整个社会都在考虑微观方面的问题。

"厉老特别喜欢跟我们讲一句话,就是光华是出思想的地方。这个思想是与学院'创造管理知识,培养商界领袖,推动社会进步'的使命连在一起的。"龚六堂说,无论是学术的影响,还是学生的培养,都必须要和国家的经济社会发展联系在一起。只有扎根中国本土的学术研究,才是世界性的研究,才能产生广泛的国际影响。

在"经济学院暨管理科学中心成立大会"举办当天,著名经济学家陈岱孙教授,经济学院筹备小组负责人、原经济系主任胡代光,中国社会科学院顾问、著名经济学家于光远均在发言中阐述了成立经济学院暨管理科学中心的时代背景。

陈岱孙在大会发言中说:"现在我们社会迫切地需要一种具有更为均衡的、合理的知识结构和具有能全面地认识问题、分析问题、解决问题的工作能力的人才。"关于怎样培养这种人才,陈岱孙强调,"专才"与"通才"二者应该是统一的,相辅相成的。广厚的知识应该是深入研究的基础,而专深的知识应该是这基础某一方面的深入展伸。如果学院内各系间的关系是封闭式的,那么知识结构是否将变得更窄?这些问题,显然都是我们曾经遇到而必须解决好的带有方向性的问题。

胡代光在发言中说,当前,经济科学正朝着纵深和横向方面发展,无论经济学在基础理论还是应用理论方面,都出现了许多新兴学科、边缘学科,乃至交叉学科。分系建院可以从不同侧面加强理论经济学和应用经济学的教学和研究,以适应国家对各个方面的经济学科人才的需要。分系建院更有利于进一步加强理论联系实际,打破封闭型教学,实行对外开放,扩大横向网络。

于光远在发言中特别强调了北京大学作为一个综合性大学,推动学科交叉融合发展所具有的独特优势。他说,经济学教学和科研不是孤立的,经济科学与其他科学部门有着各式各样的联系。经济科学要和社会学、政治学、法学等建立联盟,这是社会科学范围内的联盟。经济科学还要和哲学和数学建立联盟,和自然科学以及工业科学、农业科学等实际上是自然科学和社会科学交叉的科学部门建立联盟。北京大学作为一个综合性大学,有许多和经济科学有关的科学部门,它拥有较大的教学和科研力量,这是在北京大学发展经济学教学的有利条件。

陈良焜回忆,当时国内普遍认为管理科学是一门交叉学科,比如,研究方法交叉(涵盖数学、计算机等多个学科),应用领域交叉(应用于经济、环境、人口、军事等多个领域)。此外,管理科学中心的组织架构也体现出跨学科的特点,比如丁石孙校长(曾任北京大学数学系教授)兼任主任,副主任由经济系的厉以宁、地理系的王恩涌和数学系毕业的陈良焜出任。

"应该说三十多年前,北京大学的这些改革和现在北京大学的学科建设是一脉相承的。现在北京大学的文科、理科都经历了重大的改革,就是建设大量的实践中心,这些实践中心是交叉整合的,吸纳了许多适应社会发展的新型学科;然后再以这些中心为基础,培育新的学科点。我想管理科学中心当时就是北京大学培育管理学科的出发点。"龚六堂说。

三、关于北大管理科学中心的早期运作

管理科学中心成立之初,采用的是半虚半实的体制。所谓"虚",主要体现在中心成立初期,没有专职教师,需要借用各系的师资力量,当时中心的兼职教师有厉以宁、陈良焜、秦宛顺、靳云汇、王其文、张国有、朱德威、汪仁官、孙善泽、闵维方、丁小浩等。所谓"实",主要体现在设置了管理科学与工程专业,开始招收硕士研究生;中心直属学校,有单独的财务账号、专业学号、人事编制、党务、行政事务,学生事务由高教所代管。

陈良焜回忆,中心刚成立时,学校给了两间办公室、几件家具。教育部支持了5万元,勉强购置了3台夏普 PC-1500 电脑,这在北大社科专业来说是首次。经济学院硕士、博士争相使用,北京大学原党委书记闵维方在斯坦福大学做博士论文时,曾在此处理数据,并首次带来 SPSS 软件;中国宏观经济研究院副院

长毕吉耀也曾在此完成博士论文。当时有一台电脑由从数学系过来的兼职教师王其文专用,他和另一位兼职教师张国有合作创新的成果"决策与竞争模拟"软件,于1986年春获得北京大学科研论文一等奖。

1990年,教育部通知北大,有世界银行社科专业建设的贷款机会。陈良焜负责申请建立电脑实验室。陈良焜和中心机房的工程师吴安等讨论并撰写申请报告,建议成立以厉以宁为主任的经济社会系统分析与模拟实验室,面向管理科学中心、经济学院、地理系、社会学系、人口所、中国经济研究中心的师生开放。经过多方活动,管理科学中心获得20万美元贷款,购得30台PC机、2台服务器、16个终端、一批软件。中心成为北大社科专业第一个大量拥有和使用电脑的单位,"开张"以后门庭若市,对管理科学专业及北大社科其他各专业的科研教学起到了重要的促进作用。

陈良焜介绍,管理科学中心成立初期没有专职教师,兼职教师分别来自经济学院、数学系、地理系、计算机系、力学系等。兼职的老师们在中心授课和带研究生,学校基本不给报酬。后来,中心陆续补充了少量专职教师,目前在校的有陈宝福、武亚军。科技部原副部长张来武当时从数学系获得博士学位后,也曾在管理科学中心任专职教师。

管理科学中心从1985年开始招收硕士研究生,随后为北京大学管理学科的人才培养作出重要贡献。那一年,管理科学中心设立管理科学与工程硕士点,后来整合进光华管理学院专业硕士项目,并发展为博士点。

据陈良焜回忆,管理科学中心面向北大校内各专业招生。中心确定了一批北大的相关硕士专业,考生可以选考其中任何专业的考题,只要达到该专业的录取资格,即等同于获得管理科学中心的面试资格。这些专业包括：管理科学专业、经济专业、计算机专业、数学专业、力学专业、物理专业、经济地理专业等。

"管理科学中心的成立为很多学生提供了一个跨学科重新选择未来研究方向的可能性。"张世秋说，当时中心接收了很多学科背景不同的学生，当他们聚集到一起时，就促进了学科的交叉、对话和融合，进而也推动了教学相长。

"当时从事跨学科研究的人，基本上都抱有一种去探究更大可能性的愿望。管理科学中心因为其跨学科的背景，吸引到很多优秀的生源。我印象里，当时如果谁能够到管理科学中心去读书，是很荣幸的一个事情。"张世秋说。

一大批优秀的本科生即使在本科阶段没有机会接触经济类学科，也可以通过在管理科学中心读硕士研究生，从而顺利进入经济管理领域。30多年后回头来看，他们之中许多人已经成为国内外学术界、商界乃至政界的佼佼者。例如前摩根大通亚太区董事总经理龚方雄、国务院发展研究中心副主任隆国强、北京大学国家发展研究院现任院长姚洋等。

龚六堂认为，在北京大学还没有设立管理学院的时候，管理科学中心的成立为学校搭建了一个孵化和培育管理科学的平台。1993年，北京大学成立了工商管理学院；1994年，北京大学工商管理学院更名为光华管理学院。据统计，从1985年到1993年，管理科学中心培养了近百名硕士生。"可以说，通过管理科学中心，第一，北京大学把管理科学的学科体系和学科建设发展起来了；第二，学科建设需要人才队伍，管理科学中心通过人才培养把这支队伍建好了。可以说，管理科学中心的建设和发展，为后来成立光华管理学院奠定了坚实的基础。"

四、关于管理科学中心承接课题和科研成果

厉以宁老师在为《王恩涌文化地理随笔》作序时,一方面重温了与王恩涌教授60多年的同学之谊,同时也回忆了管理科学中心创立后,同王恩涌、陈良焜两位教授合作开展科研项目的岁月:

在"文化大革命"中,我们都受到冲击。那时,我们俩都在昌平十三陵一个农村劳动。有一次,我们因要返校回家取粮票,请假获准。路上两人不仅回忆了高中时代的往事,而且更多地对眼下形势发表看法,彼此观点一致,也就成为了好友。到了1985年,北京大学成立了科学管理中心,丁石孙校长任主任,我们俩和陈良焜教授三人被任命为副主任,在一起合作了十多年。我们一起从事过环境保护、林业建设、草原承包制等科研项目的研究。

张国有介绍,20世纪90年代,面对改革开放的深化、各领域管理人才的需求增多、经济管理系的学生规模不断扩张,厉老师思考着越来越多的体制改革和学科管理问题。从发展情况看,迫切需要将经济管理系扩建为管理学院,必要性越来越迫切。经过各方研商,1993年6月9日,北大党委常委会同意成立北京大学工商管理学院。

1993年12月,在北京大学经济学院经济管理系和北京大学管理科学中心的基础上成立了北京大学工商管理学院,厉以宁任院长;1994年9月,北京大学与光华教育基金会签订合作办学协议,工商管理学院改名为光华管理学院。

光华管理学院成立后,北京大学管理科学中心由光华管理学院院长厉以宁教授担任主任(至今仍担任管理科学中心主任),朱善利教授担任常务副主任。2016年起,由龚六堂教授担

任常务副主任。龚六堂介绍,随着光华管理学院的正式成立,管理科学中心也完成了它培育、孵化一个学科,乃至一个学院的阶段性任务,工作重心也从人才培养、学科建设、学术队伍建设等方面,逐渐回归到纯粹的科学研究。"管理科学中心和光华管理学院是一体的,基本上学院所有的老师都可以称作中心的工作人员。厉以宁老师非常重视中心的工作,直到现在,他已经把其他所有的兼职和学术职务都卸去了,唯独还保留着管理科学中心主任的职务。"

"以厉老师为代表的老一辈光华人给我们留下的一个非常宝贵的财富,就是勤于调研、联系实际。原来厉老师每年有半年的时间在外面调研,从 2010 年到 2017 年,我有幸跟着厉老调研了很长时间,走了很多省份,收获很大,我希望深入调研能够成为光华的一个传统。无论是现在还是将来,光华的师生都需要了解中国实际,这是光华的核心竞争力所在。"龚六堂说。

管理科学中心成立至今,承担了多项国际、国内重要研究课题项目,包括联合国开发计划署、世界银行、国家自然科学基金、国家社会科学基金、中国环境与发展国际合作委员会、国家发展改革委、商务部、原农业部、原国家林业局等的课题研究项目。

中国环境与发展国际合作委员会(CCICED,简称"国合会")成立于 1992 年,是经中国政府批准的非营利、国际性高层政策咨询机构。历任国合会主席均由中国国家领导人担任,国家领导人每年出席国合会重大活动,当面听取政策建议;同时国合会政策建议以书面形式提交中国国务院和有关政府部门供决策参考。

厉以宁教授曾担任国合会的中方委员,并在其下设的从事中国环境经济理论与政策研究的国际合作专家小组担任中方专家组长。

"上(20)世纪80年代末90年代初,厉老师敏锐意识到,中国即将到来的经济飞速发展将给自然环境带来很大影响,所以他希望把环境和资源问题纳入到经济学的研究视野,希望在推动学科建设的同时,拓展和提炼出一些新的经济理论或政策建议。"张世秋说。

据张世秋回忆,专家小组当时旨在解决中国在环境与发展方面的研究缺失,并提供环境政策的决策咨询。在国合会举行年会期间,小组直接向相关政府部门和有关国家领导人汇报研究成果。

张世秋介绍,专家小组的第一项研究,是基于环境经济学的全社会成本定价,即如何通过恰当的政府干预,使市场上的产品和服务既能反映生产的成本,也能反映环境和资源退化的成本;第二项研究是关于资源核算方面的,就是如何把环境和自然资本纳入到国民经济核算体系;第三项研究是如何通过恰当的政策手段设计,反映和推动社会对自然和环境资源的有效管理,其中很重要的一块就是环境税的研究;后来又增加了企业的环境战略等内容。

2004年,由厉以宁和国合会政策研究专家、英国伦敦大学教授沃福德合著的《中国的环境与可持续发展:CCICED环境经济工作组研究成果概要》由经济科学出版社出版。

"从一个长期的角度来讲,厉老师相当于种下了一颗种子,这就使得后来中国在制定相关环境政策的时候,无论多么举步维艰,都意识到实现经济和环境平衡发展的重要性,这是厉老师非常重要的一个贡献,他借助国合会专家小组的一些基础研究,在学术界和决策者之间搭建了沟通的桥梁。"张世秋说。

从成立至今,管理科学中心的研究团队公开发表、出版数百项高质量的研究成果,涉及的领域包括管理科学与工程、环境与资源、宏观经济管理、企业管理、教育投资分析、房地产管理、企业发展战略规划、金融市场分析与投资策略规划、城乡一体化、中国低碳发展战略、林下经济与低碳发展等,其中许多研究成果被国家决策部门采纳,为国家制定相关的政策法规提供了重要的理论依据和思路建议。

2005 年,管理科学中心受湖南攸县人民政府委托,承接了"湖南攸县民营经济调研"课题;2007 年,受河南漯河市人民政府委托,承接了"漯河市农业产业化发展研究"课题;2007 年,受宁夏固原市人民政府委托,承接了"产业选择与农民利益"课题。

2008 年至 2015 年期间,中心承接了国家林业局系列课题,包括 2008 年 10 月"中国集体林权制度改革"、2009 年 3 月"集体林权制度改革公共财政问题"、2009 年 6 月"林改促进乡村劳动力研究报告"、2013 年 5 月"林下经济与低碳发展战略研究"课题、2013 年 11 月"浙江林地流转和林业金融"、2014 年"林权流转政策与城乡一体化"课题等,形成十余项研究成果,先后得到时任总理温家宝、时任副总理回良玉及李克强总理的批示。

2009 年,中心副主任朱善利教授和时任国家发改委地区经济司司长范恒山牵头,承接了国家社科基金重大项目"生产三要素市场统一构建与城乡经济社会一体化战略实施"。研究成果包括:(1)2011 年 3 月,"发达地区城乡一体化实践——以广东省中山市为例",载《中国城乡统筹发展报告(2011)》(城乡统筹蓝皮书);(2)2013 年 11 月,《中国城乡一体化之路——生产三要素市场统一构建与城乡经济社会一体化战略实施》由北京大学出版社出版。

2012 年,中心承接了国家发改委气候司"中国低碳发展宏观战略研究课题——低碳发展宏观经济理论框架研究"课题,研究成果包括:2016 年,《中国低碳政策系统构建研究——主体、工具与变迁》，由经济科学出版社出版；2016年，《低碳发展宏观经济理论框架研究》，由人民出版社出版；2017年，《中国煤炭清洁高效智慧利用研究——以煤炭清洁发电为例》，由经济科学出版社出版。

2015年，中心承接了农业部农垦局"新形势下农垦改革发展战略研究"课题。课题组完成了四项总报告，分别是《垦区集团化改革问题研究》《农垦混合所有制经济发展研究》《农垦土地资源优化利用研究》和《全面深化农垦改革背景下垦区新型城镇化发展研究》。经农业部农垦局批准，发结题函完成结题。

2017年，中心承接了广东金融发展研究会"广东金融改革研究"课题和"中国职业经理人制度研究"课题。

2018年，中心承接了国务院国有资产监督管理委员会研究中心和珠海华发国际会展管理有限公司"广东企业'一带一路'走出去行动报告2018"课题。

2012年以来，管理科学中心围绕中国低碳发展开展了扎实的研究。过去，中国经济增长方式比较粗放，高投入、高消耗、高污染的特征引发资源过度消耗、生态环境恶化、资源配置效率低下等诸多问题。厉以宁老师因此向国务院建议，中国要转变经济增长方式，要实现可持续增长，必须要走低碳发展的道路。当时，低碳经济学研究尚处于起步阶段，在很多问题上还没有成形的经济学理论。而对于中国的低碳经济发展，人们容易运用国外已有的理论见解来分析。但是，中国有自己的具体国情，寻找适合中国的低碳经济发展模式，必须构建适合中国国情的低碳经济学。

"后来，中心承接了国家发改委的一个重大项目。这个项目由厉老主持，光华管理学院的很多老师都参与了，包括朱善利教授、黄涛教授、雷明教授、周黎安教授、张一弛教授等,我们围绕着低碳发展下的经济增长、低碳发展下的就业、低碳发展下的进出口等问题进行了非常好的研究,每个子课题形成了一本报告。目前,总报告、子课题报告都已经交给了国家发改委。此外,我们还出版了专著。"龚六堂介绍。

"这些研究为国家经济和社会发展作出了重要贡献,推动了社会的进步。扎根中国大地,把握中国国情,紧紧围绕中国经济和商业实践开展研究,是以厉以宁教授为代表的老一辈光华人留下来的宝贵传统。这是光华管理学院未来能够继续在国内外商学界独树一帜、引领时代的非常重要的一点。"龚六堂说。

几十年来,以厉以宁为代表的光华学者围绕着改革开放的许多重大问题孜孜不倦开展研究,在他们的努力下,许多重大研究成果在管理科学中心酝酿、成形、落地。因此,管理科学中心在光华管理学院始终保有特殊的地位。

从1985年5月成立至今,北京大学管理科学中心已经走过了35年的历程,在引领北京大学管理科学研究和管理学科建设方面发挥了重要的作用。特别是1994年以来,以光华管理学院为依托,管理科学中心继续发挥北大综合学科的优势,组织各学科的专家从事管理科学研究,继续不断产生有影响力的研究成果,推动社会发展和进步。

"想想当初30平米的'水房',看看现在三栋教学科研大楼,恰似一座不断垒砌起来的管理学术殿堂。厉老师作为奠基者和带头人,带领着老师、学生、班子、办公室人员等,通过一砖一瓦、一点一滴的工作,将这座殿堂建设得越来越宏伟,越来越厚实。"张国有说,厉老师作为管理系、管理学院的奠基者、领导人,劳苦功高。

回顾北京大学管理科学中心和光华管理学院已经走过的历

程,曹凤岐等教授对"光华以国家为己任"的精神作出这样的阐释:光华管理学院不仅培养了大批优秀人才,而且在中国改革开放的理论和实践方面起了很大作用,作出了突出贡献,我们尽到了为社会服务的责任,为改革开放出谋划策、提供咨询服务的责任。以厉老师为代表的学者,提出的推动改革开放的若干理论中,有些已经变成了国家改革开放的政策和法律。

以厉以宁为代表的北京大学光华管理学院的师生们,为中国的改革作出了理论和实践方面的贡献。在继续深入改革的今天,光华管理学院师生们应当学习和发扬敢为天下先,以国家发展为己任的精神和责任感,继续坚持改革,继续高举改革的旗帜,创新理论,勇于实践,为中国的改革和发展作出更大的贡献!

(龚六堂、陈良焜、王恩涌、王其文、张世秋)

第二章 追忆探索历程

『只计耕耘莫问收』

剪影几幅 萦系我心

陈良焜

　　二十年前在祝贺厉先生七十寿辰的会议上,在接着许多厉先生的学生发言后,已故高程德老师和我在发言中都提到我们也是他的学生。厉先生连忙说我们是同事,这样说不敢当。高老师年长于厉先生,我则略少于他,也的确是他的同事,但是我们自称是他的学生绝非溢美的捧场,也不是自抬身价,而的确是发自肺腑的由衷之言。

　　我和厉先生相识于1979年我调到经济系之后。那时我已年近半百,回首过去20多年在学术上一事无成。来到经济系并无什么远大志向,就是想教教书安静地度过后半生。20世纪80年代初我参加了厉先生主持的"六五"国家教育科学重点项目"教育经费在国民收入中的合理比例与教育投资经济效益分析",这个项目成果是我国教育经济学的开山之作,也成为后来国家制定教育经费占GDP的比例4%的政策的理论和学术基础,多次获国家级、部委级奖项长达20年。这之后,作为厉先生的学术助手,跟随他在教育经济学、宏观经济模型、社会保障等领域做出了若干有意义的成果。

参与厉先生研究团队,我的直接感受是,厉先生希望:(1)尽可能发挥我的优势,分配我承担数量分析和统计学方面的课题;(2)能够敏锐地帮助我寻找到有价值的问题,或者善于挖掘出我所做出成果的价值所在;(3)使我树立学术信心,使自己后半生取得一些成果,汇流入北大学术历史的长河之中。这就是我自认为是厉老师的学生的道理,尽管不是优秀的学生。

也正如二十年前的祝寿会上,已故北大副校长何芳川教授所说:当过北大老师的人很多,但是若干年后只有少数人会被人们记住,厉以宁先生就在这少数之列,他还谦虚地说他本人属于多数人。我们还常常听到北大青年学子的一句励志的话:今天我以北大一员而自豪,他日北大将以我而骄傲。这第二句话就是何芳川副校长所说的青史留名者。厉先生今天就是北大的骄傲,我则以属于同一历史时期的他所领导的团队的一员而自豪。

厉以宁先生的巨大学术贡献有目共睹,不必我在此多说。厉先生的诗词又体现了他的深厚的文学造诣和清丽婉约的丰富内心世界。但是我还是在今天这个欣喜的日子,步各位师弟师妹后尘,谈一些我所接触到的体现厉先生的某些风格和特点的若干"小事",反映厉先生风貌的片段,称之为剪影几幅,希望给各界乃至后世一些不完全是学术著作上的厉以宁的印象。

厉先生写书编书

厉先生的作品恐怕不是"著作等身"所能刻画的。很多作品是不是挂名呢？就我所接触的由他主编我参与的有影响的五六种专著来看，他都是实实在在做了主编和主要执笔人的。以前文提到的"六五"国家教育科学重点项目"教育经费在国民收入中的合理比例与教育投资经济效益分析"为例，由于种种原因由全国二十多个单位三四十人协作，由北大厉以宁牵头，其中一项成果是出版专著《教育经济学研究》，由上海人民出版社出版。记得1985年在桂林召开子课题成果答辩会议，由于参与单位众多，成果水平参差不齐，有些成果未被接受或者主动退出，被接受的稿件体例风格也是各行其是，攒成专著困难极大。出版社联系该书出版事宜的一位老编辑甚至觉得，这么一堆"披头散发"的稿件能否出版很成问题。会后厉先生把我们几个副主编召集开会，把原始稿件按照书稿大纲分类，分别给副主编审查（分给我的是有关"教育经费合理比例计量分析"部分），是否有原则错误并加以改正，然后将稿件交给厉先生本人整理。过了十几天，完整的书稿出现了，原件剪刀加糨糊贴在稿纸中央，周边或之间密密麻麻穿插着他用毛笔加的批语，做了结构性、标题性乃至实质性的补充和修改。除了他本人承担的章节外，还增加了概括全书最主要结论的前言，章节之间的逻辑关系清晰，文字顺畅。这是我第一次和他合作编书，看到这个结果真有"化杂乱为神奇"的感叹。后来又有几次类似的合作经历。

很自然，合作者往往希望由他牵头主编，因为容易被出版社接受；出版社也愿意他主编，因为畅销。根据我的经历，但凡他在其中无重大实质性贡献的，则拒绝担任主编，反而有为了提携后进由他担任副主编的情况。

他还有一个特点,往往同时思考着几个重大问题。一个成果出来了,另一个也考虑得差不多了。有一次在外地也是撰写一本专著,休息时他和我谈起除了市场调节和政府调节之外,还有道德调节,我意识到他又在思考重大理论问题了。才过了几个月就见到他关于道德调节的专著已经出版。厉先生的高产固然来自他超常的勤奋,也来自他超常的天赋。据我所知他从青年时代就是学生和年轻教师中的才俊。我见过他的一些手稿,第一次用钢笔写初稿,再用毛笔改一次基本就完成了。不像我们这些人,写篇稿子写了改,改了再写,要重复好多遍才勉强定稿,过几天再看又有许多错误或不顺之处,其效率是无法和厉先生相比拟的。有一则我听说的关于厉先生的小故事,"文化大革命"在江西干校劳动期间要文艺演出,他曾经一夜之间写出一个脚本。后来从一起劳动的朋友处证实写的是一个相声。所以不相信天才是不行的。

厉先生坚持自己的学术观点

厉先生最大的学术贡献之一是提出中国经济体制改革必须实行所有制改革,并且改革应该走股份制的道路。提出这种观点面对的其实是一条充满荆棘之路,他本人也的确为此历经各种风浪。"极左"思潮常常借反私有化之名发文,点名、不点名地大批股份制改革。有些曾经支持股份制改革者则改口说"宜包则包,宜股则股"之类模棱两可的话。记得当时他对我说过:"要问我的观点,还是走股份制的路,不听我的意见我就教我的书。"厉先生此时顶着巨大压力,表现出来不畏权势淡定从容的气概,坚持在各种场合继续阐述自己的观点,显示出一位真正学者为国、为民、为学术不计个人利害得失的品格。

真金不怕火炼,经过40年风风雨雨。2018年12月18日,在庆祝改革开放40周年大会上,厉先生以经济体制改革的积极倡导者身份,被党中央、国务院授予"改革先锋"荣誉称号。

和厉先生一起出差

20世纪八九十年代和他一起外出开会出差机会比较多,当时他声望日隆,但是却保持着平常心。有时因为课题需要出差,他尽量不用课题费用,另找旅费来源,例如为出差地做讲座提供咨询,往往大受对方欢迎。凡是确需从课题出旅费时,他拒绝特殊照顾,和大家一起火车坐硬卧,飞机坐经济舱,轮船坐三等舱。有一次他牵头承担的环境经济学课题组到贵阳开会,居住饭店餐饮性价比太差,于是厉先生决定不当冤大头,去街上找吃的。看见一个卖腊肉等地方风味的小饭馆就决定进去,我这人比较讲卫生,看着苍蝇满屋飞提议换地方,他却照样吃得津津有味。

和厉先生通电话

有过和厉先生通电话经历的人可能都知道,他从来都是单刀直入:什么事情,如何处理,完!每次通话几乎不超过三五分钟,绝无问候寒暄之类。我逐渐有了经验,但凡有事给他打电话,事前想清楚,用简洁的语言直接切入主题。如果的确有复杂的情况难以在几分钟内谈清楚,就另辟蹊径。例如,有重要谈判或接待采访,就准备一个1—2页的大字备忘录,写明要点和重要的数据提供给他。好在厉先生头脑灵活,洞察力深刻,在活动中一边看备忘录一边思考,加上陪同者的帮衬搭讪,都能圆满甚至超额完成任务,而且有的即兴应答之精彩令在座者叫绝。

也有的年轻朋友对我说"不敢给厉老师打电话","电话里还没有说清楚事情厉老师就回答完了"。我就建议他们打电话时,简单自报家门,立刻用简洁语言进入主题。厉先生答应的事情他一定做到,他拒绝的事情一定事出有因,绝非看不起你,或者轻视所提问题,不要纠缠。

其实不只是电话和面谈,厉先生讲课讲演写文章也同样开宗明义,直接进入主题。听他讲演一般不超过一小时,不戴帽穿靴,没有空话套话。论文专著能够通俗简练表述的,绝不说长篇大论深奥莫测的话,言简意赅已经成为他的一种风格。我想如果不是这样,他也不可能有时间写出那么多高质量的作品,也就不成其为厉以宁了。

以上是几十年来我和厉先生断断续续接触中的一些片段回忆,多数是些小事,有的可能厉先生都忘记了,有些由于年代久远我记忆上可能有变形失真。虽然这仅限于我个人的所见所闻,远远不能全面刻画出一位大学者的胸怀和风采,但确实都是长期萦系于我心的生动而难以忘怀的影像。

祝愿厉先生学术寿命长青!

(陈良焜,北京大学光华管理学院)

厉以宁——光华管理学院创始人

曹凤岐

厉以宁是光华管理学院创始人,对光华管理学院的建立和发展做出了杰出贡献。

前进路上厉老师是我的引领者,工作上我是他的助手,科研上我们是合作者。我同他是亦师亦友的关系。

一、初建经济管理系,创业维艰

1978年,为了适应改革开放的需要,北大经济系设立了国民经济管理教研室。这个教研室集中了农业经济、工业经济、统计、会计等庞杂科目。国民经济管理教研室建立后,相关领导提出以此为依托建立一个管理专业。于是从1978年开始筹备,1980年招收了第一批国民经济管理专业学生。当时其他学校尚没有设立专门的管理学科,北京大学的经济学研究者提前走进了管理学教育领域。

历史的节点在1985年。为了适应经济发展的需要,这一年5月25日,北京大学隆重召开了经济学院成立大会。新成立的经济学院下设经济系、国际经济系、经济管理系。我记得当时学校任命陈德华为经济系主任,洪君彦为国际经济系主任,厉以宁从经济系转到经济管理系任主任。在经济管理系成立前不久的一天晚上,厉老师把我叫到他家里,对我说:"凤岐,你来做经济管理系副主任吧,协助我工作。"我涨红了脸说道:"我可能不行,让原来的国民经济管理专业主任王老师协助你工作吧。"厉老师说:"我不要合作者,而是要助手,我看你行,你就来干吧。"我没有想到厉老师这样信任我,于是我诚惶诚恐地答应了。厉老师在给我主编的《中国企业股份制的理论与实践》(第一版)序言中提到了此事,他说:"1985年4月,北京大学筹建经济管理系,我之所以提名曹凤岐同志为副系主任,作为我的主要助手,除了考虑他的为人、作风和能力外,也考虑到我们在学术观点上的接近。"1985年学校正式任命下达了,厉以宁为经济管理系主任,我为系副主任(当时我是唯一的副主任)。

当时经济管理系下只设立一个专业:国民经济管理专业。但真正的管理是对企业的管理,一群宏观经济研究者开办的管理系,并不为人看好,甚至有人声称北大没有管理。于是在1986年,我们第一件事就是申报设立企业管理专业,1987年企业管理专业正式招生。这个刚刚成立的管理系通过一系列动作迅速成长。

第二件事就是留校和引进新的教员。因为当时国民经济管理教研室的教员只有十几个人,根本满足不了管理专业发展的需要。我们采取留校优秀的本科生和研究生做教员的措施(那时还没有博士),从经济系经济学专业和国民经济管理专业毕业的学生中留下一些同学,也从校内其他系引进一些优秀人,还从校外,如清华大学、中国人民大学、中国人民银行研究生部引进一些人当教员。当然,有人或出国或调到其他单位。

后来在光华工作的骨干教员相当部分是建系前后留下或引进的,包括后来一直在系里和光华学院工作的朱善利(已离世)、蔡曙涛、梁钧平、刘力、江明华、王立彦等都是那时留校或引进的教员。

管理系在创办初期,经历了今日的光华人难以想象的艰难历程。作为一个刚刚成立的系,经济管理系没有一间像样的办公室,系里教员在四院楼梯间的一个小水房里开会、办公。相比于其他的原有的系,比如国际经济系、经济系都有着专门的办公室,管理系的艰苦程度不言而喻。学院分配给管理系办公室一部电话都无处安放。直到1990年,我在水房外面的杂物间里隔了一间九平米的办公室,招收了一名办公人员,就是范平(已退休)。我们非常兴奋!经济管理系终于有一个办公的地方了!

当年的艰辛,如今的笑谈。一阵回味过后却也是不胜唏嘘感叹。我们这一代有主见、有追求的学者,带着那最简单、最真实的梦想,毅然从经济系走出来,在一个前所未有的艰苦环境下,执着地支撑中国管理学的成长。

二、几经波折,创建工商管理学院

厉以宁支持建立北京大学工商管理学院。

在管理学科发展这条路上北大是起了个大早,却赶了个晚集。我们在1980年就建立了管理专业并招了本科生,但管理学科的发展却发生了很大波折。

20世纪80年代末期,清华大学、西安交通大学、复旦大学、中国人民大学等院校都在探索培养工商管理硕士的工作,即MBA(工商管理硕士学位),有的学校已经试点招生。鉴于此,1990年前后,我多次在院务会上提出单独设立管理学院,招收MBA学员。我的提议遭到了学院领导的一致反对。大家质疑,管理系教员短缺、地方紧张、基础薄弱,如何能办起学院?

80年代末90年代初,一个尴尬的政治氛围让厉以宁和我设立管理学院的建议陷入了僵局。

这段历史发展的峰回路转就在1993年3月初。我随同厉老师一同赴香港征求证券法修改意见稿第四稿的意见。而与此同时,包括北京大学校长吴树青、副校长罗豪才等在内的主要校领导都在香港,在与李嘉诚沟通争取修建新图书馆的1000万美元捐赠的事宜。我得知此消息后心底一动:平时没有机会和这么多校领导同时沟通,此时不正是一个和校领导面谈建立管理学院的绝好时机吗?在和厉以宁老师商量后,得到了厉老师的授权,3月9日晚上我联系到了住在希尔顿酒店的吴树青校长,我说我要见校领导谈建立工商管理学院之事,吴校长说实在没时间,明天晚上12点以后才会回到宾馆,后天就要回学校了,我们回校后再谈吧。我说,回校后很难把校领导都找到一起谈此事,就在香港谈吧,你们12点之后回来我也等!吴校长说那好吧,你明天晚上过来吧。

第二天(3月10日)晚间11点,我离开湾仔的新世纪花园酒店,来到位于中环的希尔顿酒店。我在酒店大厅苦等到12点多,才看到吴校长一行人走入酒店。我起身迎上去,吴校长诧异了,他说:"你还在等啊!"我笑着说:"怎么能不等?必须要等!"吴校长挥挥手:"来吧,咱们都别睡觉了,来房间里谈!"

这里是1993年3月的一个香港深夜,面对一群北京大学的核心领导,我侃侃而谈。"北大不能没有管理学科!北大必须成立管理学院!没错,我们缺少人才,但是只有先搭起庙,才能引来远方的僧人!想要发展,没有退路,这是我们必须坚持的原则!"我列举了我校计算机系从数学系分出来才得到了发展,才有了方正激光照排的实例,也谈到清华是理工科竟在1984年就建立了管理学院,也谈到了复旦大学郑绍廉等人都是学数学的也发展了管理学院,我们有很好的人文管理基础,为什么不能建立管理学院?北大再不建立管理学院,就会让别的院校远远甩在后面。整整两个小时的激烈讨论,我没有想到,校领导们还真的被我说通了。吴树青大手一挥:"管理学院,我们回北京就开始筹备设立!"

那一夜,我辗转反侧、兴奋难眠。

回校后,吴校长让我代学校起草给教委关于建立北京大学工商管理学院的报告(我是把申请建立工商管理学院和申办MBA作为一个报告打给教委的)。当时我还不会用计算机打字,夜以继日地起草报告,经字斟句酌、反复修改后交给了吴校长,经学校讨论后正式报教委批准。大约在1993年10月份教委批复,同意北京大学建立工商管理学院。

就如何筹办管理学院的事,吴校长多次到管理系来,同厉以宁老师和我商量。包括中文名字和英文名字,都是我们一起商量的。中文名字是叫"北京大学管理学院"还是叫"北京大学工商管理学院"也是经过认真讨论的。我认为"管理学院"中的"管理"比较泛泛,行政管理、政府管理都是管理而"工商管理"则是突出了学院的特点,就是搞工商管理,培养复合型工商管理人才。吴校长和厉老师都同意学院名称叫"北京大学工商管理学院"。学院名称的英文翻译是用"business"还是"management"也是经过认真斟酌,最后定为用"business",专指工商管理。关于学院成立时间,我们定在12月份,吴树青校长质疑,今年建立管理学院会不会太过仓促,准备不够充分?明年初再成立也不迟。我坚持:"今年是今年,明年是明年,管理学院必须尽早成立!"

1993年12月18日,在电教中心召开了北京大学工商管理学院的成立大会。学校领导、厉以宁和全系师生参加了成立大会,香港著名企业家曾宪梓也出席了大会。会上学校领导宣布在经济管理系和管理科学中心基础上成立北京大学工商管理学院。宣布了学院领导班子,院长厉以宁,副院长曹凤岐、王其文、张国有、董文俊。

成立大会由我主持,由于我激动、紧张,差点闹出大笑话。

曾宪梓先生在成立大会上致辞。这位经历无数人生波折的企业家在台上讲起自己当年艰难的创业经历,面对管理学院所能提供如此的教育环境,激动万分又无限感慨。曾先生在临近演讲结束,颤声高呼:"我支持北京大学工商管理学院成立!"观众席掌声雷动,我作为主持人串联过场:"好,感谢曾宪梓先生的动人演讲……"

"不行,我还没说完呢!"曾宪梓先生急忙打断,"我要资助办学,捐助北京大学工商管理学院100万港元!"

现场一时瞠目,随后掌声雷动。

事后,厉老师跟我开玩笑说:"你看你,人家没说完你就打断人家,你这一句话差点搞没了100万啊!"

工商管理学院成立后,我们开始招收工商管理硕士(MBA)学位学生。

三、更名光华管理学院

1994年，注定是北京大学管理学院历史上划时代的一年。

这一年，光华教育基金会干事长、台湾润泰集团董事长尹衍樑先生，有意资助大陆管理学发展办学。在尹先生考察了大陆的三所名校北京大学、清华大学、复旦大学的管理学院之后，他认为北京大学管理学院在办真正的管理学院，有资助意向。

接着就是持续了半年之久的双方谈判。北大方面由副校长罗豪才和学院的几位副院长——我、王其文、董文俊参加（厉老师授权），同尹先生谈。光华教育基金会方面提出了相对严苛的条件：学院改名光华管理学院，在北京大学校内建设学院大楼但产权属于光华教育基金会，学院的院长、教授由基金会来聘任。学院大楼的产权和学院人员的聘任权限，这两项的放权要求已经超出了一所社会主义大学可以接受的范围。双方谈判在六个月内几度破裂，尹衍樑先生本人几次一怒之下拂袖而去。但尹先生本人确乎诚心资助，过些天又回到谈判桌，一番寒暄道歉，谈判继续。

在一次谈判濒于破裂之时，吴树青校长说："这样吧，我请客，咱们一起吃顿饭，谈一谈。"勺园设宴，厉老师参加了宴会。席间，吴树青仔细沟通资助条件，并坦诚表达："我们感谢您对大陆教学做出的贡献，但是目前大陆就是这个条件，你的要求太高，我们也没法合作啊！""我们只能同意工商管理学院更名为光华管理学院，和学院建立台方和我方人员共同参加的董事会，你可以出任董事长。"尹衍樑先生略略沉吟，朗声道："好，好，吴校长有这句话就成了，我决定资助了！"尹衍樑先生之所以资助学院，也是因为他对时任院长厉以宁教授的文化、道德、文章都十分钦慕。他相信北大工商管理学院最符合他的资助条件、最具资助价值，他决定资助北京大学工商管理学院1000万美元（当时折合8600万元人民币）。

于是双方开始探讨签署协议的事宜。协议是我和王其文教授共同起草的，协议中的每一项条款都是精心拟定的。签字仪式在1994年9月18日下午举行，在9月18日举行签字仪式，是我提出的，寓意是光华管理学院"就要发"。当日上午，我和王其文教授还在计算机房逐字推敲协议书，其中涉及学院大楼建设、学生宿舍建设、院长教授的聘任等诸多问题。下午3时，在北京大学勺园宾馆，双方正式签署协议。签字仪式所挂的横幅上写着"北京大学光华教育基金会合办北京大学光华管理学院签字仪式"，校长吴树青和尹衍樑先生在协议上签了字。自此北京大学工商管理学院开始用北京大学光华管理学院的名称。我参加了签字仪式，非常兴奋，心想，光华管理学院新的时代开始了！

光华管理学院更名后，学院成立了董事会，尹衍樑为董事长，厉以宁仍任院长，我仍为副院长，主持学院日常工作。

这是全国第一个在社会主义大学成立董事会的学院，董事长同时是台湾商人。可以说这是一次吃螃蟹式的尝试。光华管理学院即将开始新世纪的成长。这群从未放弃追求的学者，感受到了无穷阻力，却也看到了前方的曙光。

此刻想来难以理解的事情在于，学院更名后还掀起一场风波。

首先，《北京青年报》记者写了一篇报道，题目竟定为"北大工商管理学院'卖牌'记"，我看到了这篇文章的清样，不仅题目有问题，内容也有问题，好像我们为了钱，卖了北大的牌子，不惜"丧权辱国"。我看到清样后把作者叫到我的办公室，对他大发雷霆，我说，我们用台湾资金，用台湾商人做社会主义大学的董事长本来就有争议，你作这样的报道不是添乱吗！吓得作者不知所措，说，我来改还不行吗，改到你满意为止，后来他改了稿子，对建立光华管理学院之事作了正面报道，经我审定后才发表，就是发表在《北京青年报》上的报道"北大工商管理学院'脱胎换骨'"，该报道的副标题是"光华教育基金会出资1000万美元支持北大教育"。

还有一件事是有人将此事告到中央高层，并冠以"卖牌""卖院""被台湾势力控制""不坚持社会主义方向"等罪名。中央对北大很不满意。这种"罪状"让学校领导十分紧张，但我们却深刻认识到，这1000万美元的资助款项可以给管理学院带来怎样的实质性改变。我草拟了一份办学总结报告，经王其文修改定稿，交给学校，学校形成正式报告，由校领导签署。我同王其文、董文俊一起到教委（教育部）作了汇报，提交了报告。报告说明学院坚持社会主义方向，校长聘任院长和教授，董事会对学院教学和科研活动根本不干预。教委随即将报告递交中央。风波渐渐平息。

学院更名后，在厉以宁院长的带领下，光华管理学院得以迅速发展的大事如下。

我们用尹衍樑先生1000万美元，盖了一座办公楼（光华1号楼）。大楼施工时，我几乎天天来到工地，看它又抬高了几层。经过3年的建设，1997年大楼竣工。大楼11400平米。大楼的竣工对光华管理学院的发展起了基础性、关键性的作用。我们每个教员都有了一个办公的房间，每个房间都配备了计算机。这在全国管理院校中是首屈一指的。我们还利用这些款项购买了教学设备，修建了两栋学生宿舍（33、34楼，这两栋宿舍在当时的标准是比较高的，后来北大对老学生宿舍的改造，都是以这两栋楼为标准）。后来尹先生又陆续给予了我们一些资助，包括光华2号楼的建设，对从国外引进优秀人才给予补贴。尹先生的资助,大大改善了我们的办学条件,为光华的进一步发展提供了必不可少的物质基础。

加强学科建设。和经济学院分院后,管理学院没有货币银行专业,也就是没有金融专业,我找到了校学位办,要求增加货币银行专业,但学校说教委给北大只有78个本科专业,现在已经用完,你们必须停掉一个本科专业,于是我们停掉了国民经济管理本科专业(硕士专业仍保留),增设货币银行专业,后来变成金融专业,几年后变成金融专业博士点。金融专业的增设,对管理学院的发展具有标志性意义。本科专业除了原来的企业管理专业外,增设了财务会计、市场营销、人力资源管理等专业,硕士研究生专业设有国民经济管理、企业管理、统计学、管理科学、工商管理(MBA)等五个专业。20世纪90年代末,我们获得了应用经济学和工商管理一级学科博士授予权,设立了应用经济学和工商管理博士后流动站。国民经济管理和企业管理专业成为全国重点学科。现在光华管理学院已经成为包括应用经济、金融、企业管理、市场营销、财务会计等学科齐全的国内外知名的综合性管理学院。已经形成光华品牌,光华已经成为可以代表北大形象的一张名片。

值得一提的是,光华管理学院在国内商学院中率先设立"高级管理人员工商管理硕士"(EMBA)学位项目。

四、光华管理学院的人才培育

光华的成立正好是踏着改革的步伐前进的,适应了改革的需要。厉以宁很熟悉外国经济思想史,对于国内外的历史经验和国内的发展历程都清楚。另外,我们并不是像财经院校或者理工科院校专门研究具体的工程和项目,我们是宏微观相结合的。可以说我们是宽口径、厚基础,我们做的一些事情,比他们视野要宽阔,而且我们的判断能力、决策能力要比其他的商学院强,我们做的并不完全是商学院的事情,我们做的带有宏观管理的一些事情。在培养人上,我们首先培养他们的决策能力、判断能力、综合能力,培育复合型的管理人才。我这样说,北大的管理、光华的管理更是真正的管理。我们有我们的特点,我们一开始培养的就是宏微观相结合的复合型管理人才,所以这是我们的优势。

光华管理学院不仅培养了大批的优秀人才,而且在中国经济改革的理论和实践方面起了很大作用,做了突出的贡献,我们尽到了为社会服务的责任,为改革开放出力献策,提供资金服务的责任。以厉老师为代表的学者,提出了改革开放的若干理论,这些理论已经变成了国家改革开放的政策和法律。光华精神,就是以国家为己任,坚持改革,坚持创新。企业家精神也是一种创新精神,当然也是一种冒险精神,就是敢于实践的精神。

以厉以宁为代表的北大光华管理学院的师生们为中国改革作出了理论和实践方面的贡献,在改革继续深入发展的今天,光华管理学院师生们应学习和发扬,以敢为天下先、以国家发展为己任的精神和责任感,继续坚持改革,高举改革的旗帜,创新理论,勇于实践,为中国改革和发展作出重大的贡献。

(曹凤岐,北京大学光华管理学院)

思想光华育桃李

王其文

在迎来厉以宁教授 90 寿辰的日子里，拙就一首七律，以表达对多年来对我言传身教的厉老师的敬仰和感佩之情。

七　律
贺厉以宁教授九十寿辰

云开日丽九十春，燕园面壁满经纶。
倡导股份排众议，改革二元济黎民。
诗词连珠意境美，著作等身见解新。
思想光华育桃李，参天林木柱乾坤。

下面，想顺着诗中的八句，整理一下多

年来在厉老师带领下创立和建设光华管理学院的思绪,摘取其中几片花瓣,与大家分享。

云开日丽九十春

厉老师走过的 90 年并非一帆风顺。且不说在少年时代曾因日本入侵颠沛流离,1955 年在北京大学毕业留校后,也坐了二十多年的冷板凳。1978 年以来,改革开放的大背景和相对宽松的学术环境,给他提供了发表改革主张的机会,但是,也仍有一段时间遭到压制和非议。1993 年中共十四届三中全会提出建立社会主义市场经济体制,厉老师提出的以"股份制"为标志的关于经济体制改革的建议得到肯定,迎来云开日丽的日子。

燕园面壁满经纶

十年前,有两位管理科学硕士毕业生来访。在交谈中,我说:"厉老师 1955 年是作为教师留校,而且是很有才气的青年。因为政治运动的原因,他被'剥夺'了教课的权利,在资料室做资料员。他没有因此而颓废,而是利用时间阅读国内外经济学期刊和书籍。我猜想,厉老师不会想到二三十年以后能成为全国人大常委、全国政协常委。"我问他们:"假若是你,面对那种不公正待遇,能坚持努力多少年?"他们俩认为:坚持两三年还可以。我也问自己,答案是不过十年。厉老师毕业之后的二十多年,相当两个"十年面壁"。二十多年中,他在陈岱孙、罗志如、陈振汉等多位老一辈经济学家的指导下,利用在资料室工作的机会,打下了深厚的经济学理论基础。加上他原有的中国文化功底,可以说学贯中西、融汇古今、满腹经纶。

我也曾设想:假如(只是假如而已)厉老师留校以后,事业生涯顺利,得到重用,会不会有现在的经济学家厉以宁?我想,可能不会。因为即便厉老师的才华可以更早显露,但是,对中国计划经济体制的问题不一定有如此深刻的认识。从个人来说,我们希望厉老师一生经历更加平顺;但是,既然历史不可更改,我们会珍视厉老师那段时间的人生经历留给我们的精神财富。

倡导股份排众议

虽然厉老师一直说股份制是 20 世纪 80 年代初他与多位经济学家提出的经济改革主张,也没有论谁先谁后,但是"厉股份"这个称号是公众送给他的。

除非是为了讨论相关问题,我不愿意说"厉股份"这个词。这并不是小看股份制主张在中国经济改革中的作用,而是担心人们庸俗地理解这个词,而忽略了厉老师在多个方面对经济学的发展和对经济改革做出的贡献。股份制在刚提出的时候,并没有得到多数人的赞同,毕竟多年来计划经济下形成的思维定式让许多人难以突破禁区,更不要说有一段时间对股份制开展的批判了。曹凤岐老师的文章在这方面有详细的论述,在此不作赘述。

改革二元济黎民

多年来,厉老师在多次演讲中强调"城乡二元体制的改革是继国有企业体制改革之后另一项带有根本性质的经济体制改革"。他提出的改革主张,其出发点和关注点是经世济民。他说:"让农民和城市居民一样享有同等的权利,拥有同等的机会。这才是城乡二元体制改革过程中要认真解决的问题。"多年来,厉老师每年都到西部贫困地区调查研究,从经济政策的角度探索西部贫困地区发展的思路。在厉老师带领下，光华管理学院多位老师到贵州毕节地区支教，为贵州毕节地区的干部提供多期免费培训。厉老师身体力行带头捐助贵州和其他地区的希望小学、中学，他为解决中国贫困地区的发展问题付出了心力。厉老师创立了北京大学贫困地区发展战略研究院，在全国贫困地区开展了多项调研活动，为国家解决贫困地区发展问题出谋划策。

厉老师的成就来自大智、大勇，根基还是大仁、大爱。爱国家、爱民众，尤其关心贫困地区和普通民众的生活。记得1994年12月厉老师带队到美国多所大学考察，学习他们的办学经验，包括商学院教学楼设计和实验室建设。在空余时间，厉老师曾给哈佛大学和麻省理工学院的中国留学生做了一次报告。其中，他讲到"失业问题比通货膨胀更严重"，虽然通货膨胀对群众生活会有影响，但一家人有一个下岗，甚至两个下岗，可能就生活不下去。厉老师考虑问题的出发点出自他的大仁、大爱。

诗词连珠意境美

厉老师的诗词造诣在经济学家中是少有的。如果厉老师当年学习中文，那一定是一位出色的诗人和文学大家，但那就可能少了现在诗意人生的经济学家。对于厉老师的诗词，我只有学习和欣赏的资格，没有评论的水平。难忘的是一次厉老师帮我改诗。2000年一次学校干部会在京郊某宾馆召开，厉老师和我都参加了会议，中午休息的时候，我拿出写的一首七律，请厉老师指正。在拿给厉老师看之前，我也是经过反复推敲的，自以为不错了。但是，厉老师给我改了五六个字，让那首诗生出了灵性。向厉老师学诗，就像一个没有入段的围棋爱好者，向一位九段大师讨教。从那次当面讨教，再读厉老师的诗词，更佩服他的诗词清新美妙的意境。

著作等身见解新

因为我不是学习经济学出身的，对厉老师的等身著作，没有评价的资格。不妨说说我听厉老师讲课。虽然我从1963年就来北大读书，但不是在经济系，而是在数学力学系。直到1978年，我并不认识厉老师。1978年9月，我作为一名高等数学课程助教到经济系工作，先后配合主讲大课的靳云汇、范培华老师上习题课和课后辅导。当时，已经认识到要将数学应用于经济问题的研究，所以利用一切机会听经济系老师的讲座和讲课。

最近翻阅了当时的听课笔记，其中有17页活页是1979年6月听厉老师"资产阶级国民收入统计资料分析"专题讲座的笔记。现在的年轻人可能听到这个题目感觉奇怪，其实，内容就是西方经济学国民收入统计专题。如果这也觉得奇怪，那1978年北京大学经济系招收"当代资产阶级经济学说批判"专业研究生就更不可理解了。其实，大家从这些课上学到的是当代经济学的基本原理，就像柳红[1]说的："这是1949年以后，在中国第一次系统地介绍、传播非马克思主义经济学，既是为改革提供思想资源的学习班、培训班，又是西方经济学的扫盲班、普及班，也是思想解放运动的重要实践。"我基本同意柳红的这段话，只是"马克思主义经济学"应该加上引号，指的是被教条化的马克思主义经济学，马克思主义理论依然是我们经济学研究和实践的指南。

第一次听厉老师讲课，会感受到他与许多老师不一样的风格，那就是视野宽、见解新，深入浅出，条理异常清晰。我还记得

---

[1] 柳红："开讲西方经济学"，经济观察网，http://www.eeo.com.cn/observer/special/2009/11/04/154717.shtml。

1985年底前后，厉老师在办公楼礼堂举办的关于中国经济改革和经济学教育改革的两次讲座。前后28点，系统总结和阐述了他的改革主张。虽然现在我不能细数28点了，但厉老师演讲时表现出的睿智、胆识、探索和创新精神一直留在我的脑海里。

思想光华育桃李

厉老师的经济改革思想结出了硕果，举世公认。这里想说些厉老师为创建光华管理学院、带领学院教师、培育万千学子的历史片段。关于1985年成立经济管理系和管理科学中心时的情况，陈良焜教授、曹凤岐教授等的文章中都有介绍，我想说的是1993年成立工商管理学院以后的片段。

自从1993年12月，我在厉老师的领导下作为学院副院长参与了学院的工作，也经历了与光华教育基金会协商更名光华管理学院的全过程。当时，主要资助提供者是台湾润泰集团董事长尹衍樑博士。尹先生从众多可能的选择中最后选择我们，其中最重要的是厉老师的人格魅力受到尹先生的敬重。作为在经济学研究和经济改革方面很有成就的著名经济学家，厉老师平时待人接物没有任何架子，平易近人，而且为对方考虑细微。比如，每次尹先生来京，厉老师和夫人何老师总会准备一件礼物。有时是自己制作的泡菜，有时是秋天的大柿子。礼物并不贵重，但承载心意真切。情谊沟通，投桃报李，经过大半年的努力，于1994年9月18日签署了合作办学协议。

从1993年起，厉老师担任院长，又是全国人大常委，还兼职多项社会工作。对于学院的具体工作，他充分授权几位副院长。同时，通过党政联席会研究关系学院发展的大事。他曾说过"大事研办，小事不办，急事缓办"的原则。对于学院发展战略、制度、人事等大事要集体研究，具体工作的小事由分管领导去办。

一开始,我对"急事缓办"不太理解,好像应该急事急办啊。有了一段工作经历后,才体会到"急事缓办"的道理。有些急事可能是对于事情缺乏全面了解,若操之过急,可能一事未了,又生他事。有些急事,可能是外部施加的压力,如果自己乱了阵脚,急上加急,将会变得不可收拾。

厉老师直接指导论文的学生(本科、硕士、博士、博士后)即使过百,也可以统计。但听过厉老师讲课并从内心愿意尊他为师的难以计数,真可谓桃李满天下。我愿意尊厉老师为师,不仅因为他的诗文清新、学问深厚、见地高远,更佩服他的宽阔胸襟和慈爱心怀。

在2000年蓝旗营小区建成时,厉老师以北京大学资深教授的身份,从70平米的居室搬进140平米的住房,当时算很大的了。可没过几年,许多老师搬进面积更大的居室甚至住别墅了,厉老师却一直住在原来的居所。室内满满的书架更使得居室显得狭窄。

大家还记得1995年开始,学院制定了工作量统计和奖励制度。此制度实施多年,其他学院或学校也想学习。我对他们讲:"你们想学,愿意院长得到的比普通老师少吗?"光华管理学院能做,因为院长以身作则,想学院,不想自己。开始实行的几年,厉老师得到的工作量津贴低于平均水平。比如,1995—1996学年,厉老师的工作量津贴,第一学期占平均水平的58%,占最高的27%;第二学期占平均水平的46%,占最高的26%。几年之后,我提议做了一点改变,院长、副院长工作量津贴如果不到平均水平,则补到平均水平。

在庆贺厉老师90寿辰的时候说这些事,实在是太小了,而且厉老师是从来不在意这些小事的。但是,作为一个当时的亲历者,我想把这些细微小事告诉光华的年轻老师,告诉我们的学生,甚至是院外和社会上的人们,从小事中看到厉老师的为人,看到光华的力量所在。光华管理学院的和谐是由多方面决定的,厉院长的带头作用和老教授的风范是很重要的因素。比如,教授、副教授、讲师的津贴等级分是按1.3∶1.2∶1.1计算的,许多年轻老师得到的工作量津贴比正教授多。但是,从来没有一位正教授埋怨过。我也曾在与外校老师见面聊天时说到这类的事,他们很佩服光华能够做到这些看来难以做到的事。

参天林木柱乾坤

厉老师的学生已经在全国各地、各种工作岗位发挥着重要作用,有些还成为国家和省市、部委的领导干部。有些学生仍然工作在基层,或在商场上拼搏,也是国家社会经济发展的中坚力量。他们只要能将从厉老师和北大、光华多位老师那里学到的知识应用于实践,坚持在实践中探索创新,特别是要学习厉老师"先天下之忧而忧,后天下之乐而乐"的高尚品德,不管职务高低,甚至无论贡献大小,都是建设和谐社会、实现中华振兴的栋梁。

张洁老师珍藏了厉老师2008年为学院新年联欢会题写的对联,在此引用:

二十三年历经风风雨雨,艰苦奋斗,终赢得海内外不绝赞声,盼今后更上层楼,戒骄戒躁,须知学无止境;
数千师生来自天南海北,有缘相聚,莫辜负全社会殷切期望,当时刻牢记院训,团结博采,志在实践创新。
横批:和谐光华。

再读厉老师题写的对联,如清泉流淌,情深意长;如鼓响钟鸣，振聋发聩。光华管理学院的创始人，现在的名誉院长，厉老师对学院师生的谆谆教诲、殷切期望，当牢记心头。

有一次我请教厉老师："中国传统文化的精髓是什么？"厉老师略加思索，说："和为贵。"从"和为贵"到"和谐光华"的横批，语重心长。厉老师将建设"和谐光华"的责任，放在了每个光华人的肩上。

建设和谐光华，建设和谐社会，为国家富强、人民富裕出谋划策、培养人才，是我们给厉老师90寿辰的献礼！

（王其文，北京大学光华管理学院）

与厉老师30年相处的往事

靳云汇 秦宛顺

一、厉老师眼光敏锐,推动数学与经济的结合

我们原来在数学力学系任教,1979年2月,我们调到了当时的经济系,我们认识厉老师是在1980年。厉老师和一些老教授眼光敏锐,具有远见卓识,他不保守,很开放,主张数学要和经济学结合,用数学语言和模型描述经济,而且要在教学计划中引入数学课程。他的这一主张源于他的教育背景。厉老师高考的数学成绩很棒,但

是他选择了学习经济,在后来的经济学教学中他能够用语言讲出用数学表达的概念,而且描述得特别准确,因此他讲授的经济学课程西方经济学特别受欢迎和关注,课堂上人山人海。

厉老师能够勇敢地用数学描述经济,这在当时其他学校很少见。数学系的老师到经济系来讲高等数学,这在历史上也是罕见的。靳云汇回忆说,我讲课的时候发现学生来自各个文科系,经济系的人听,哲学系的人听,中文系甚至都来听。我问中文系的学生,你为什么来学? 他们回答说要用计算机必须懂数学,所以来学。因为历史的原因,1977、1978 级学生很多是没有上过正规高中的,但是都非常努力,很好学,特别积极主动,学习的劲头特别足。

2018 年校庆,学校把 1977、1978 级学生请回来聚会,我对他们说,入学时你们大多数同学数学只有小学水平,当时白天讲高等数学,晚上补初等数学,下课不休息做数学题,经过师生们共同努力,最后你们的数学达到了教学计划的要求。这一批学生太努力了,太优秀了,前无古人,后无来者,是中国的栋梁。

20 世纪 80 年代初厉老师在讲授西方经济学的基础上,准备出版《西方经济学概论》,已经完成了初稿,他找到我们俩商量对每一章经济学内容写出相应的数学推导和数学模型。我们欣然接受了这个任务,但是因为我们刚到经济系不久,厉老师给我们提供了很多资料,让我们了解西方经济学。那时时间非常紧,我们接班干活,秦宛顺晚上开始写初稿,半夜之后靳云汇再进行推导整理,每一章数学推导完成后厉老师就将数学推导和他的经济理论进行联系对应。那一段时间的工作特别紧张,同时也是我们学习的好机会。《西方经济学概论》这本书在学生当中影响还是比较大的,很多学生都是读这本书成长起来的。

后来厉老师筹建经济管理系,他非常勇敢,把我们所有在经济系的数学老师都引入到经济管理系中,而且他主张把一些数学和经济学、管理学结合的课程引入到教学计划中。在经济管理系教学初期,秦宛顺开了三门课:投入产出分析、数理经济学和计量经济学。靳云汇讲运筹学,特别是规划论。这些课程是用数学的语言、数学的工具来描述经济学和管理学,在国内经济管理系院校当中我们是较早的,所以在当时受到欢迎。通过这件事情可以看到厉老师眼光非常敏锐,他看到了只讲原来苏联的传统经济学是不够的,要把它现代化、科学化。

二、厉老师带领我们申请国家项目,促进数学为国家经济发展服务

厉老师特别有包容精神,能包容不同意见和不同学派的人。光华后来引进很多外国培养出来的中国海归派,厉老师都非常欢迎他们。虽然他不是数学专业,但是他非常愿意让经济学家和我们数学老师一起搞研究,在申请国家项目的时候,也主张经济学和数学结合。厉老师会推荐我们申请项目,鼓励我们去写申请书。项目研究过程中,大都由厉老师来定框架,一旦理论框架定好之后,具体操作就顺畅了。我们往往把一个大的项目分成子课题,在我们的指导下同学做子课题,最后形成一本学术著作。这个过程既发展了理论,又带动了学生的学习和科研。我们跟厉老师一共合作过六个国家级和省部级项目。

其中一个是教育科学"七五"规划重点研究项目,受到国家社会科学基金资助。厉老师推荐并指导我们去申请这个项目,申请成功后分成子课题,指导师生团队去做。课题完成后出了本书《教育投资决策研究》,厉老师让秦宛顺做主编,他做副主编。这是他为了支持我们唯一一次做副主编。这本《教育投资决策研究》著作出版以后,获得了两个国家级奖项,一个是社科基金优秀成果奖,另一个是国家教育优秀奖,还得了很多省部级的奖,一共得了

六个奖。另外一个项目,国家基金委邀请厉老师和秦宛顺申请数理学部的项目,厉老师是主持人,申请的项目名称是"我国社会主义经济增长理论及数学模式"。这个课题是 1992 年完成的,出版了专著《中国经济增长与波动》,获得了省部级一等奖。厉老师一些重要的经济观点就表达在这本书里,如非均衡思想等。

厉老师作为著名的经济学家,愿意和数学老师合作研究一些重大项目,并能够获得一些重要的成果,他的视野和包容精神在我们看来是非常不简单的。在整个过程当中厉老师是一个规划师,项目的远景规划、要求、设计由他做,我们作为具体执行人完成理论规划、技术路线,而且能够带动教学,最后形成学术著作。这无论对国家来讲,还是对学生来讲,都是非常有意义的。

三、厉老师引领教学为企业发展服务

我们和厉老师合作的另一重要领域就是为企业发展出谋划策。为了让学生能将理论与实践紧密结合,厉老师充分发挥了自己的优势,与大企业合作设立了多个研究项目。从 20 世纪 80 年代中期到 90 年代,一共做了 13 个重大企业项目,包括宝钢、大庆油田、辽河油田、盐业总公司、航天科技等,这都是我们企业项目中比较大的,也都是针对大企业。项目组厉老师任组长,我们俩作副组长。我们把企业作为研究对象,采用定量分析方法,利用数据建立模型,研究企业的发展战略和实施策略,企业发展中会遇到什么困难、如何解决等问题。

宝钢为什么找厉老师做项目?宝钢要到国际市场上去开拓,我们把课题定为"宝钢国际市场开发研究"。我们搜集了国际钢企和宝钢自己的数据建立数据库,并在此基础上,建立数学模型,研究宝钢的出口策略和实施措施。这个项目为宝钢出口策略设计了一套软件系统和一本专著。该项目得到了宝钢领导

的重视,组织各方对项目进行了评审,得到了好评。再如对大庆油田的发展战略进行了研究。大庆油田是个资源性企业,虽然开始的时候每年有5000万吨开采量,但是资源总是有限的,总是要枯竭的,从长远来看,当资源枯竭时大庆怎么办?一方面从技术上进行革新,如何能够尽量把资源开发出来,另一方面研究如何做好未来战略转型。另外如辽河油田,其油质特别黏稠,我们研究这样的企业如何发展以及战略规划的问题。盐业总公司课题也是转型的重大问题,过去盐业总公司跟烟草一样是国家专营,既是企业又是管理者,做转型就是要把盐业业务和管理分开。

为什么我们能做这类的企业项目呢?首先是因为厉老师的威望非常高,企业都愿意和厉老师合作。更重要的是,厉老师调查研究能力特别强,由于他有经济学家的学识基础,所以他能看到事情和问题的本质,对实际情况进行科学的总结,用他的思路很通俗地把问题和解决问题的思路说清楚,并提供很好的政策建议。跟他开过会的人都知道,会上讨论之后,他总能概括得很准确精练,他提出的几句话就是这次会议的总结。

与企业合作对于学生而言也有非常大的好处。学生通过参与企业课题能够将学习的理论和实践结合起来,一方面通过做企业项目进行社会调研了解社会,提高了研究能力;另一方面,是很好的实践锻炼。在调研中要搜集大量的国内外数据,建立数学模型,比如说要开拓国际市场就得用数据说话,分析行业各国的情况,比如石油价格天天都在变化,要找出价格变化的规律,一般都要建模型,给企业提出未来的长远战略问题,分析企业的优势是什么,劣势是什么,战略是什么等。

四、在厉老师的鼓励下作环境问题的研究

1992年,国家成立中国环境与发展国际合作委员会,由时任

总理李鹏负责,厉老师担任委员。我们从委员会承担了一些国际环境项目,其中一项是厉老师负责的环境经济学,这个研究是国家的重大项目。1995年厉老师让靳云汇和刘学参与研究环境与国际贸易组,主要承担关于温室气体排放的研究,当时国际上,二氧化碳排放量较多的主要是中国和美国,中国的压力很大,必须要减少二氧化碳排放量。国内一部分人认为减少排放就限制了GDP增长,但是也知道环境方面确实有问题。后来排除了阴谋论的干扰,我们根据事实、数据、模型来做研究,最后的研究成果应该是实事求是的,也是有远见的。

我所在的组有很多国家参与,加拿大、美国、英国、墨西哥、日本等,项目主席是加拿大人。我们在加拿大卡尔加里做的报告,提出"共同但有区别的责任",报告结束后主席就接受了,他说:"你们做得非常好,实事求是。"这个研究得到了国际的认可。后来我们又继续做了四个课题,主要研究的内容有:减少二氧化碳排放必须要有清洁煤技术,涉及技术转让问题和清洁发展机制问题,西方先进的清洁煤技术怎么向落后发展中国家转移,以及怎么建立市场配额、碳交易权排放制度等。厉老师站得很高,很早就接触到这些比较重要的环境和气候问题,他既指导我们做研究,又给我们以鼓励。在上层国际委员会讨论时,他对我说:"靳云汇、刘学你们做得不错。"

五、厉老师善良乐观,生活作风非常朴实

厉老师对老教师特别尊重和关心。这里举一个例子。1990年,厉老师任"新华指数"项目组组长。当时有30家企业已经上市了,需要分析这30家企业的股票,把每天股票的价格通过算法设计一个计算公式,得出一个价格指数。开始做这个项目的时候,厉老师特别叮嘱:"靳云汇,你要请陈岱(孙)老先生当咱们的

顾问。"他说,咱们现在除了工资之外,有工作量补贴、项目补贴,但是你知道吗,陈岱老虽然是北大一级教授(月工资330元),但是他年龄大了,90岁了,不上课了,就没有任何补贴。收入远远落后于咱们,你请他来当咱们的项目顾问,咱们一定要照顾这些老教授。我去请陈岱老先生当顾问,他非常高兴,欣然接受了。陈岱老非常谦虚,平易近人。有一次去新华社开会,我们为他专门租了个小车,但是他说:"我跟你一样,和学生一起坐面包车去,我不坐这个小车。"陈岱老先生非常实事求是地向我们询问:现在搞这个指数是不是成熟?因为股票太少,上市公司太少,样本太少,恐怕作出来的东西不够成熟,数据量需要很大,现在才三十,差太远了……今后肯定要不断改,进行修正。在他的建议下,我们编指数的时候就留了一个口,上市公司个数不断更新,这指数依然能用,有连续效应。

厉老师的生活作风非常朴实。有一次我们在大庆做项目考察,有一件事我们印象很深。厉老师很反对大吃大喝,反对上海参、鲍鱼。他一开始就告诉大庆那边接待的人说,别弄那些东西,弄那些东西不吃。他说:"当地最普通的,土豆炖茄子这些我最爱吃。"

厉老师为人善良乐观、乐于助人,不论遇到什么难题都很淡定,在我们面前没有发过火,总是笑呵呵的。有时候我们在一块儿的时候,他总说,别老说不高兴的事,咱说点高兴的事,然后就开起玩笑来。

(靳云汇,北京大学光华管理学院;
秦宛顺,北京大学光华管理学院)

逆境中的巧遇　愉快中的合作

王恩涌

光华管理学院在学校是一个很重要的单位,在中国甚至在世界上都起到了很重要的作用。特别是厉以宁在中国社会的大的进程当中,起到了很重要的作用。

一、逆境中的巧遇——昌平北太平庄农村"劳改"

我认识厉以宁是在20世纪50年代中后期,我们共同在北京大学工作,他在经济系,我在地质地理系。1953年,我毕业后就在系里从事党政工作,还参加了一些教学工作。因为在系里担任领导职务,"文化大革命"期间,我被安排去昌平的北太平庄,处于昌平县城西北、居庸关东南的一个小村庄,受锻炼受教育。厉以宁当时也被安排到那里。

在那里劳动,每月可以有一次机会请假回北大,从家里取粮票与买饭票的钱以及日常的必需品。为防止请假回北大后借机做些"非法活动",规定回校的人两人一组,一起回去,一起回来,其目的在于相互监督。我和厉以宁两个互不熟识,又不在一个单位的被安排在了一起。我们两人从北太平庄步行到昌平,去坐郊区公共汽车。北太平庄到昌平有十多里,开始两人只是低头走路,一言不发。后来,两人开始互问在哪个单位工作。为避免政治问题,遂又问中学在哪里念书。这无意的一问,却听到彼此惊人的回答。原来我们俩都是南京金陵中学高中毕业的同学。虽然是同级却在不同的班,所以彼此不相识。这一发现把彼此的隔阂打破了。再谈到相互认识的同学、共同受教的老师,一下子把两人拉回到二十多年前那种充满想象与激情的学生生活。可是,上了汽车,回到北大,两人又立即回到一言不发、形同路人的状态。第二天,我们俩又从北大坐车去昌平。在回北太平庄的路上,两人就立刻迫不及待地交谈起来,拘束与顾虑少了,交谈的范围也广了,也谈到些自己的思想与认识。

当时,我因为是基层干部,受到批判,又荒了业务,对前途信心不大,内心相当消极。相比之下,我感到厉以宁比我情绪要积极一些。这种感觉,其后我在他的《厉以宁诗词全集》中得到验证。他写的《破阵子》对北太平庄的环境描述是"乱石堆前野草,雄关影里荒滩"那样沉重,可是他内心却是"不信孤村独自寒,花开转瞬间"那样充满企望。后来,我们在工宣队进驻学校后回到北大。在学校里,环境条件比在北太平庄时有了改善,但是,在偶然相遇时,也只能用眼神来传递一种学友的祝愿。特别是,在

1974年我又受到批判,在十分孤立与消极之时,与他偶见时,那种从眼神传递来的同情与鼓励的信息,使我久久难忘。

二、地理学与经济管理交叉学科的变迁

历史上,我们有一个经济地理专业,这个专业是1955年按照苏联的模式建立起来的。学生念到第五年毕业,分配就出了一个新问题。照理来讲应归国家经济部门来分配他们的工作,可是他们是地理系出来的,结果那一年地理系的经济地理专业的学生没办法分配。所以"文化大革命"时就有大字报,要取消地理系,认为地理系是浪费青春。

1972年学校教改组主任让我到系里当教改组主任,我就想要把这个问题解决了。我们去中科院地理研究所调研,请他们介绍1966年以来的六七年里地理学有什么新的变化、新的东西,我们可以学习并找好路子来培养新的学生。黄秉维所长邀请我当天晚上去家里详细沟通。黄所长转告了中国科学院竺可桢副院长的建议,说北大地理系学生出路不好,能不能去搞环境保护呢,可以试一试啊。我当时就问,环境保护是什么样的出路呢?他就告诉,美国的每一个州、每一个城市都要设立环境监测,每天的大气指标都要采样记录,经过化学分析然后再记录。河水、地下水,每天也要采水记录,每天都要分析。垃圾的分布情况,每天也都要记。他说每三个月做一个总结分析报告。我一听高兴了,假设每个省每个城市都要的话,地理系的学生就有出路了。

回来后我就发动大家查英文的杂志,凡是跟地理、环境污染等有关的都要梳理。后来有一个美国搞环境的专家团到北京来,正好也到了北大,我就去请教他们开什么课,用什么教科书。他们回去就给我寄材料回来,我们把这些翻译出来,有这些资料

就知道讲什么了。

北大的地理学科就改变了，我们把环境专业建立起来了。后来全国高校的地理系也开始学习我们：自然地理的搞环境，经济地理的搞规划，这样就完全变了。后来在做管理科学中心的时候，承接的那些项目也就都用到了。

三、愉快的合作——管理科学中心的共事

20 世纪 80 年代中期，北京大学成立管理科学中心，主任由校长丁石孙兼任。副主任为厉以宁、陈良焜和我。当时管理科学学科在国内刚开始引进，基于认为该学科属于新兴的交叉学科，所以开始阶段师资都是由经济系、数学系、物理系、计算机系、地理系、力学系等相关的系所的教师兼职。厉以宁是经济学出身，陈良焜来自经济系但是有数学、统计学背景，我则有地理学和区域经济学的背景，三位副主任的构成也体现了交叉学科的特点。正是基于这种认识，厉以宁、陈良焜和我商定并报请学校批准，中心唯一的硕士点管理科学专业招生，面向一批理科和社科专业的学生广开大门。这些专业的本科毕业生只要达到本专业硕士招生考试录取分数线，等同于获得管理科学专业的录取资格。于是，相当多的非经济专业的社科与理科的优秀学生，通过这个渠道进入经济和管理学科。二十多年后回头来看，他们之中许多人已经成为国内外学术界、商界乃至政界的佼佼者，正是管理科学中心这个渠道，促使他们走上了经济管理这一专业道路。

在管理科学中心，我们三人合作得十分融洽，心理上没有隔阂。在北大，搞过几次运动后，大家的关系很紧张，后来即使表面上好像很好也是不交心的。但是我们三个人是可以互相信任的，大家不防着，愿意说什么就说什么。具体分工方面，论文和

教学主要是厉以宁负责;陈良焜讲一部分课程,比如统计学;我搞一些"杂事",包括组织学生实践。虽然厉以宁在经济管理系责任重,来中心的时间不多,但是在工作与业务上,我从他那里学到很多有益的知识与经验。

四、两件印象深刻的事

在合作中,有两件事给我印象颇深。20世纪90年代初,我参加厉以宁任组长的"中国环境与发展国际合作委员会环境经济组",任中方专家。该项目是一个国际合作项目,有几位国外著名学者参加。项目每年举行一次专家会议,研讨一年的工作与成果。在一次研讨会上,大家对某一资源的价格的变化进行分析,发现这种价格变化似乎出现一些异常,引起对数据的来源及分析方法的质疑并进行重新核查。但是,当时并没有查出原因。就在研讨会的参与者处于困惑之际,厉以宁在思考之后,很快指出这种变化可能是由汇率的变化引起的。在厉以宁发言之后,各位专家突然有了拨云见日、豁然开朗的感觉,紧锁的眉头舒展,露出笑容,并深深钦佩厉以宁的学识渊博与思维敏捷。

另外一件,记得有一次几个人随便聊天,不知什么原因谈到康熙皇帝对沙俄在东北的一场战争。在战争中,清兵两次出兵围雅克萨城,迫使沙俄签订《尼布楚条约》。在谈到这场战争时,厉以宁称,这是一场清初与欧陆国家的国际战争。特别是这场战争中,清朝是以刀箭武装的步骑为主,配有火枪等武器。俄方当时守城不但以火枪为主,还配有当时西方的大炮。为克服武器上的劣势并吸取攻城对付大炮的经验,康熙帝遂调福建与台湾兵参加战斗,因为郑成功在收复台湾时与用大炮据城防守的荷兰人作过战。后来清廷收复台湾又与曾继承荷兰武器、战术的郑成功之孙作过战。所以,为吸取其攻城中有效对付大炮的经验,才调福建、台湾兵参战。从这件事可以看出厉以宁知识深厚、兴趣广泛。

附厉以宁词:

破阵子
昌平北太平庄
(一九八六年)

乱石堆前野草,雄关影里荒滩。千嶂沉云昏白日,百里狂沙隐碧山,此心依旧丹。

隔世浑然容易,忘情我却为难。既是三江春汛到,不信孤村独自寒,花开转瞬间。

(王恩涌,北京大学城市与环境学院、北京大学管理科学中心)

厉老师与北大商科的建设

张国有

厉以宁教授在我们院系的教师圈里,一般称"厉老师",也有称厉老师"厉先生"的,但一般不称"厉教授""厉院长"。在和厉老师相处的时光里,师生及同事之间从不生分。我作学生时,随厉老师下乡调研,吃喝在一起,常听厉老师讲故事、讲笑话。

一、厉老师出任北大经济管理系系主任

厉老师从上大学开始,1955年毕业留校任教,长期在北大经济系工作。中华人民共和国成立30年,北大有经济系科,在

经济系中有会计核算、统计,有工业、农业、商业课程,但没有成建制的商学学科。北大的商学学科在1952年全国院校学科调整时多数教师转移到了当时的中央财经学院。改革开放以后,1980年经济系设置国民经济管理专业,并开始招生。这是北大经济学领域分化出的第一个管理专业。

1985年4月9日,校党委常委会决定成立经济学院,下设经济系、国际经济系、经济管理系。决定任命陈德华为经济系主任,洪君彦为国际经济系主任,厉以宁为经济管理系主任,并由胡代光、陈德华、洪君彦、厉以宁、陈为民、董文俊等人组成筹备组进行筹备。[1] 1985年5月,教育部批复同意北大设立经济学院[2],这时,经济管理系也随即正式成立。厉老师成为北大成建制恢复管理系及商学系科后的第一位掌门人。

经济学院的"官邸"在北大四院。经济管理系建立后,学院将四院过去有水管可接水的"水房"分给了管理系,成了管理系的"官邸"。系里教师聚会、研讨就在这个地方。"水房"大概有28平方米,分里外间。里间的墙上挂着黑板,上面经常会有通知、告示等信息。当时,厉老师担任系主任,曹凤岐老师为副主任,带领大家经常在"水房"研讨系里的各种事情。我记得有一张照片,上面是厉老师、曹老师、杨岳全老师、孙来祥老师、宁陆香老师等商议专修科教学的事情。照片上,厉老师年轻,但比现在瘦。那时,和"水房"相关的照片太少了,印象比较深的就这一张。这张照片成了经济管理系的"文物"。

---

[1] 王学珍、王效挺、黄文一、郭建荣:《北京大学纪事(1898—1997)》,北京大学出版社,2008年4月第2版,第1063页。

[2] 同上,第1067页。

二、厉老师对教学质量非常关注抓得很紧

厉老师特别重视教学质量,反复叮嘱大家,备好课、讲好课,让有经验的老教师帮带年轻教师,相互听课,共同商量教学方法等。当时,经济管理系设置了三个专业,国民经济管理与计划专业、企业管理专业、财务学专业,分为全日制和在职制两个类别,分门别类进行培养。三个专业分了三个教研室,教师分别在三个教研室开展教学活动。我记得,厉老师让各教研室修订专业培养计划,特别要考虑好各专业究竟培养什么样的人才。当时,十一届三中全会已经过去六年多时间,对内搞活经济、对外开放已经成为基本方针,农村正在改革农产品统购派购制度,中央在研究和推动增强大中型国营工业企业活力的问题。当时,还有个大问题,就是物价改革。我记得邓小平同志当时说,物价改革是个很大的难关,但这个关非过不可。今后即使出现风波,甚至出现大的风波,改革也必须坚持。厉老师已经看到了中国发展的趋势,并在思考和推动股份制改革的问题。厉老师特别强调在培养计划中要考虑未来发展对人才知识结构的要求。根据厉老师的要求,三个专业的培养计划都做了比较大的调整,各门课修订教学大纲,配备相应的教师研讨课程及教学方法。当时,厉老师担心课讲不好,学生有意见,所以对课程质量抓得很紧。

1993年上半年,经济学院由四院搬迁到了逸夫一楼(俗称法学楼)。经济管理系的办公面积大大扩展,每个教研室都有了自己的办公室。这时,距厉老师提出"股份制"改革思想及建议已有六年的时间,已经成为国家的改革政策,影响越来越大。之前,考虑到管理系的任务和学生的增多,1987年学校学院让我做了管理系的系副主任,协助厉老师、曹老师专责教学工作。一开始,对如何做好整体的教学工作,并不在行。约有半年时间,在

厉老师、曹老师的指导下,在前辈老师的帮助下,逐渐上道。从这时开始,和厉老师在工作上的接触更多了,更多地体会到厉老师在学生知识结构、能力结构上,在教材、教学方法上,立足中国、借鉴国外的想法。我的印象,20世纪90年代初,当时经济管理系的教材、课程内容和教学方式,对中国问题的探讨等,在全国都是新颖的、领先的。

三、厉老师出任管理学院院长并调整系科结构

厉老师面对改革开放的深化、各领域管理人才的需求增多、经济管理系的学生规模不断扩张的趋势,思考着越来越多的体制改革和学科管理问题。从发展情况看,迫切需要将经济管理系扩建为管理学院,必要性越来越迫切。厉老师请示学校并和学院各方研商,1993年6月9日,北大校党委常委会原则同意经济学院分为两个学院:经济学院和工商管理学院。[1] 1993年9月11日,校长办公会开会,决定在经济管理系基础上,联合北大管理科学中心,共同组建北大工商管理学院,厉以宁任院长。[2] 1993年12月18日,举行工商管理学院成立大会。厉老师发表演讲,说明了管理学院的宗旨及发展设想。后来,光华教育基金会总干事尹衍樑先生提议合作兴办管理学院,并捐款1000万美元进行学科建设并筹建工商管理学院大楼。厉老师、曹老师等随即与学校领导一起,与上级磋商此事。1994年3月26日,国家教委批复同意北大与光华教育基金会合作兴办管理学院。同年4月3日,北京大学与光华教育基金会签署合作兴办《北京大

---

[1] 王学珍、王效挺、黄文一、郭建荣:《北京大学纪事(1898—1997)》,北京大学出版社,2008年4月第2版,第1213页。

[2] 同上,第1218页。

学光华管理学院意向书》。1994年11月14日,学校发文通知,根据国家教委的批复,经校长办公会研究决定,北京大学与光华教育基金会合作,成立北京大学光华管理学院。学院设董事会。第一届董事会董事长由光华教育基金会总干事尹衍樑博士担任。董事会成员有罗豪才、李安模、厉以宁、陈良焜、林英峰、林煜宗、司徒达贤、杜俊元。董事会秘书张秀环。并任命厉以宁教授为学院院长,曹凤岐、张国有、王其文、董文俊为学院副院长。[1] 至此,工商管理学院名称存在了一年的时间,就更名为光华管理学院,厉老师出任了前后两个管理学院的院长。

在管理学院建立之后,厉老师和管理班子就着手调整、设置了新的系科结构。当时有经济管理系、国际企业管理系、会计学系、市场营销系、财务金融系、管理科学与信息管理系等六个系科。除了本科以外,硕士研究生层次由原来的三个专业四个方向,增加到五个专业十五个方向。五个专业是:国民经济管理、企业管理、统计学、管理科学、工商管理硕士(MBA)等。十五个研究方向包括国际企业管理、公司组织与管理、财务、会计、审计、市场营销管理、人力资源管理、管理科学、管理信息系统、管理统计、宏观经济管理、金融与证券、财政、银行、工商管理(MBA)等。[2] 学院还有一个国民经济管理博士研究生专业,专门培养博士研究生。1995年,光华管理学院成立的第二年,学院有教师43人,其中有教授14人,副教授11人,讲师15人,助教3人。根据1995年9月新生入校后的统计,学院有在校面授学生636人。其中,全日制本科生408人,硕士研究生205人(包括

---

[1] 王学珍、王效挺、黄文一、郭建荣:《北京大学纪事(1898—1997)》,北京大学出版社,2008年4月第2版,第1257页。

[2] 张国有:"调整方向,适应需要",《光华管理通讯》,1995年第1期(总第1期),第3页。

102 名 MBA 研究生），博士研究生 19 人，博士后研究人员 4 人。还有本专科函授生 2000 余人。[1] 共计 2600 多名学生。学生规模扩展很快。

1997 年，学院从逸夫一楼搬迁到了光华管理学院 1 号楼，从此，管理及商科有了专门的大楼。当时北大除了理工某些院系有自己专属的大楼以外，在北大人文社科院系中，可能就管理学院一家有了 12000 平方米的教学楼，与国外一流商学院在硬件设施上一下子拉近了距离。因为在北大比较显眼，厉老师一再叮嘱大家：低调，谦虚谨慎。

四、厉老师着力推动教师队伍建设，请进来，走出去，扎实有效

系科增多，学生增多、专业增多、课程增多，管理及商科需求快速增长，以及新的知识新方法的出现，对管理学院的教师队伍数量、质量形成很大的压力。当时的教师队伍中，相当一部分是经济学背景。厉老师已经感觉到必须增加商科背景的教师，或者通过出外培训、进修来增加原有教师新的知识构成，对一些马上要上课的、来不及补充新教师的课程，可聘请国外、境外大学的教师来临时过渡。根据这个思路，管理学院一方面不断选拔招聘新教师进入教师队伍，同时不断安排原有教师到校外、国外进修。还有就是聘请境外大学、国外大学的教师来学院直接为学生授课。从 1995 年开始，几年之中，在光华教育基金会的支持下，厉老师规划方案，领导班子积极落实，学院先后聘请了美国夏威夷大学教授杨济华，台湾大学翁景民、柯承恩、黄崇兴、谢清

---

[1] "一所新型的管理学院"，《光华管理通讯》，1995 年第 1 期（总第 1 期），第 6 页。

佳、徐景亮等教授,台湾政治大学林英峰、司徒达贤、周玲台、汪泱若等教授,台湾中山大学马黛教授、台湾中兴大学李祖培教授等许多教授来学院上课,并和管理学院的教师进行交流。有些外来的教授我记不起来了。他们为研究生和本科生讲授国际会计、会计学、市场经营、财务管理[1]、中级会计、决策支持系统、生产与作业管理、[2]战略管理等多门课程。

厉老师对凡是新来管理学院上课的外来的教授,都给予热情的欢迎和诚挚的谢意,有的还请到家里吃饭,交流系科建设的看法和办法。厉老师还专门带队去国外大学访问,去港台大学访问,吸取经验,感觉世界商科的发展趋势,把有些好的思路、好的经验带回来,进一步改进管理学院的教学和科研。走出去,请进来,扎扎实实地工作,全面改善师资结构和教学结构,这是20世纪90年代厉老师带领大家着力进行的基础性建设。那些到管理学院来交叉任教的国外境外大学的教授,那些在资金、关系、办法、规则等方面给予关顾的人,在管理学院诞生之后特别需要帮助的时候给予了我们许多帮助,对学院学科的发展非常及时、非常重要。厉老师要大家记着帮助过我们的人,要感谢帮助过我们的人。

五、厉老师作为管理系、管理学院的奠基者、领导人,劳苦功高

从厉老师出任经济管理系主任至今,已经过去35年了。当初不到30平米的"水房",现在已扩展为三栋教学科研大楼,恰似一座不断垒砌起来的管理学术殿堂。当初奠基者,厉老师

---

[1] 学术交流,《光华管理通讯》,1995年第1期(总第1期),第18页。
[2] 学术交流,《光华管理通讯》,1996年第2期(总第4期),第31页。

作为带头人，带领着老师、学生、班子、办公室人员等，一砖一瓦、一点一滴地工作，这座殿堂越来越宏伟，越来越厚实。

从当初"水房"时代的十几位教师发展到现在的110多位全职教师，从当初的一个系三个专业发展到现在的会计学系、应用经济学系、商务统计与经济计量系、金融学系、管理科学与信息系统系、市场营销系、组织与战略管理系等7个学系。各类学生在校规模已有3806名（截止到2019年9月）。在32个国家和地区与120多所院校有国际合作关系。三十多年来，学院迅速发展，成为中国、亚洲领先的商学院。因学术，而思想；因思想，而光华。这种独特的精神气质，使学院成为中国商学教育的一面旗帜。

从管理学院的渊源看，120年前，1898年12月31日京师大学堂开学。1902年8月光绪皇帝批准颁布第二部京师大学堂章程，这个章程将大学堂分为七科：政治科、文学科、格致科（理科）、农学科、工艺科（工科）、商务科、医术科等七科。商务科类似于我们现在的商学系。商务科列有六门课程：簿计学、产业制造学、商业语言学、商法学、商业史学、商业地理学。

到了1904年1月，清朝政府颁布第三部京师大学堂章程，规定"大学堂内分设分科大学堂"；"大学堂分为八科"，其中第八科为"商科大学"，类似于我们现在的商学院。这里的商科大学分三个学门，类似于三个学系：银行与保险学门，有17门课；贸易及贩运学门，有20门课；关税学门，有15门课。中央政府有意在国立大学中集中培养金融、贸易、关税及经营管理方面的人才。实际上，由于师资和经费问题，京师大学堂的"商科"一直拖延到1909年才开始招生，进行商科领域的教学活动。

从渊源看，如果从1902年算起，北大商科至2020年已有渊源118年；如果从实际招生、开始培养活动的1909年算起，至

2020年也已有渊源111年。无论从哪年算起,经济管理系、管理学院都是北大商科的承继者,是中国国立大学最早商科从京师大学堂延续至今的承继者,也是当今中国商科、商学、商德的引领者和中国商学的世界传播者。这后一个责任,十分的重大,且百分的谨慎,需千分的努力。厉老师总是要各位同仁认清自己的责任。

35年来,管理学院历经厉老师、吴志攀、张维迎、蔡洪滨、刘俏等五位院长,历经王其文、陆正飞、冒大卫、马化祥等四位党委书记。但厉老师作为管理系、管理学院的奠基者、领导人,一直在关注和操劳着北大商科的发展,无论对北大还是对中国都是劳苦功高。

(张国有,北京大学光华管理学院)

大师的襟怀

刘力

今年(2020年)是厉以宁老师90寿诞的年度。我1985年底蒙厉老师垂青,来到光华管理学院的前身,当时的北京大学经济学院经济管理系任教,在厉老师的领导下工作教书,迄今几乎整整35年了。

在来到北大经济管理系之前,对厉老师的学识崇拜有加,但从未见过厉老师本人。来到北大经济管理系之后,虽然一直在厉老师的领导下工作,也在各种场合耳濡目染地接受过厉老师的众多教诲,但遗憾的是,却没能真正拜在厉老师的门下读过书(硕士或博士)。因此,在外面人们知道我是光华管理学院的老师时,往往会说我是厉老师的学生,虽然听着心下窃喜,但却从不敢自称自己是厉老师的学生,怕有攀龙附凤之嫌。其实,来到北大经济管理系之前,是认认真真读过厉老师的书的,来到北大经济管理系之后,是认认真真地上过厉老师的课的,又一直在厉老师的关怀和指导下工作多年。从这个角度说,是厉老师的学生也是合情合理的。在我心中,厉老师一直是我最敬重的老师。在厉老师90寿诞这个特殊的日子里,作为光华管理学院工作多年的一名教师和厉老师的一名编外的学生,谨祝厉老师和厉师母何老师健康长寿!

作为光华管理学院的创院院长,从创建北京大学经济管理系、后来的工商管理学院、光华管理学院至今,厉老师领导光华管理学院走过了35年的历程。厉老师渊博的学识、敏锐的思维和在经济学研究,特别是在中国经济体制改革中做出的重要贡献,是有目共睹的。而厉老师宽厚的为人、广阔的胸怀和高超的领导艺术,不但给我留下了深刻的印象,对光华管理学院的发展也是至关重要的,是光华管理学院能够在短短三十几年的时间内由一个普通的经济管理系,发展成中国最优秀的、同时也具有一定世界影响力的商学院(管理学院)的重要原因。

早在北京大学经济管理系组建之时,厉老师就以超前的眼光和博大的胸怀,招揽了来自清华大学、人民大学、西南财大、北大数学系等多个院校和学科的教师[我本人也是在北京大学物理系毕业后,在当时的北京钢铁学院(现在的北京科技大学)物理系工作时被厉老师调入经济管理系工作的]。在一个仅仅20人左右的系里面,有来自那么多学校、那么多不同学科、不同毕业背景的教师,在当时中国的高校中,是不多见的。厉老师不仅根据经济学、管理学学科发展的需要招聘了各种人才,而且对来自各方面的教师不分亲疏、一视同仁,这些都体现了他宽厚的胸怀和高超的领导艺术。正是在厉老师这种胸怀和领导之下,当时的经济管理系非常团结。尽管收入不高、工作条件艰苦,系里唯一的办公室是由北大四院的一间十几平方米的鲜见阳光的水房改造而成,但大家不计得失、不讲"价钱"、努力工作,共同的目标就是建设好经济管理系,为中国的经济学和管理学科研、教育和实践做出一点菲薄的贡献。也正是在这一共同愿景和厉老师的领导下,小小的经济管理系很快发展起来了,成立了北京大学工商管理学院和光华管理学院。在这一发展过程中,厉老师一如既往地展现了他那广阔的胸怀和对经济学、管理学教育未来发展的敏锐判断,不断引进包括海外留学归国人才在内的各种人才。目前在光华管理学院工作的资深和年轻的海外留学归国人员,很多是厉老师亲自引进的。与一些学校的教师来源构成相对集中不同,光华管理学院教师的来源极为广泛,在中国管理学院中首屈一指。人员多了,如何发挥每个教师的积极性,创造一个既有适度竞争,又能和谐相处、共同发展的工作环境就显得非常重要。厉老师在担任院长期间,较好地解决了这一问题,使得光华管理学院能够迅速有序地发展。在厉老师卸任光华管理学院院长、担任学院的名誉院长之后,他依然为光华管理学院的每一步发展倾注着自己的心血,充分展示了其"海纳百川、有容乃大"的大师胸怀。

  兼收并蓄是北大的优良传统。只有兼收并蓄,才能博采众长,才能团结和吸纳各种优秀人才,才能不断创新和发展。北京大学百年来的发展实践证明了这一点。要做到兼收并蓄,就必须有博大的胸怀,这样才能收得了,蓄得到,才能给各种人才创造宽松的环境、和谐的气氛和发展的机遇。厉老师以其大师的风范和广阔的胸襟在引领光华管理学院发展的实践中很好地体现了北京大学这一优良的传统,创造了光华管理学院辉煌的今天。

　　再一次祝愿厉老师健康长寿！祝愿厉老师以其博大的胸襟创造的兼收并蓄、和谐发展的光华管理学院传统能够永远发扬光大下去！

（刘力，北京大学光华管理学院）

理论的自信源于深厚的功力和强烈的责任心

刘伟

厉老师有扎实的经济史和经济思想史基础,所以他对于市场化、工业化的产生、发育和转型的历史脉络有很深刻的理解,特别关注的是市场发育中市场主体秩序和价格秩序的关系。也正是由于他对经济史和思想史的深刻认识,所以才特别强调从中国实际出发,尤其需要树立自身的理论创造和自信。

一、厉以宁教授股份制改革观点的形成脉络

（一）基于对市场内在机制的历史逻辑和理论逻辑的深刻认识

市场主体秩序和价格秩序的关系中，主体是企业产权，价格是交易条件。市场内在机制主要包含两个内容：一是回答谁在竞争，二是回答怎样竞争。谁在竞争是对进入市场的竞争主体的制度界定，谁能进去、谁不能进去，进去有什么条件和权利，什么情况下要退出，核心是产权制度。怎样竞争是一种市场机制，实现竞争和交易的核心是价格，市场竞争的公平、有序和有效的核心在于等价交换。市场经济内在竞争机制的核心是企业产权制度、市场价格制度。中国从传统计划经济向社会主义市场经济制度转型时，这两方面制度都不具备，要同时发育，那么在逻辑上就存在以谁为先的问题：先培育市场主体，还是先培育市场价格？厉老师对市场内在竞争机制的逻辑关系把握是很清楚的，他提出交易主体秩序决定交易条件秩序。

（二）从中国的非均衡现实出发

厉老师之所以能够清晰把握这一逻辑，是因为他清楚资本主义发生和发展的历史，既清楚原生资本主义产生的历史过程，也深入研究过一些非原生态的资本主义，同时他很好地把握了中国自身特点。厉老师强调所有的改革设计和政策设计要从中国的现实出发，不能理想化。当时的中国经济现实是短缺经济，生产力水平低。这既是因为生产力落后，更是一个体制现象。从关于短缺现象的经济学分析来看，当时的经济体制是黑洞或预算软约束时，不要钱的东西应该是短缺的，会形成需求的膨胀或黑洞，把所有的资源全部吸纳光，形成长期短缺。面对这一传

统计划经济体制的突出特点，改革面临的选择是：从非均衡的现实出发进行改革，还是等均衡情况得到缓解之后再改革？价格改革的前提是失衡不能太严重，否则通货膨胀的风险很大；但如果等到均衡情况缓解，就等于永远都不要改革。改革必须从承认非均衡的实际出发，也即从中国当时经济失衡的特点和现实出发。

所以在当年价格改革和股份制改革的争论当中，他首先基于对市场内在竞争机制的企业产权制度和市场价格制度两方面逻辑的关切，结合他对于历史的把握，从当时中国短缺经济的现实而非理想化的条件出发，用很清楚的理论逻辑和很深邃的历史透视，得出了比较有说服力的观点。

（三）对中国社会风险和改革风险高度负责

厉老师改革思路的确定是经过改革风险分析的，这个分析不仅是对改革政策能否推出负责，而且要对中国社会的发展负责、对改革政策的效果负责。关于价格改革和企业改革，西方正统的学者主张"休克疗法"，反对企业改革。因为企业改革可以进行局部的试点，可以退回去，改革就可能会夭折。而价格改革一旦放开之后就没有机会主义了，改革窗口一旦打开就不能关闭，因为价格是全面的，不是局部的。这是西方正统的一般均衡理论提出的逻辑，避免改革的倒退和机会主义，看起来这是对改革的负责，实际上恰恰是对一个国家改革实际效果的不负责。

厉老师有一句名言："经济改革失败的原因可能是源于价格改革失败。"价格改革的风险大到这个程度，但收益却不对称。价格改革的成功不决定经济改革的成功，因为它是交易条件，不是交易主体，但是价格改革的失败就能导致经济改革的失败。这是他对两种改革思路和风险的原则性的把握。这个把握是对社会负责任的一个考虑,而不是简单的对改革本身有没有影响的考虑。

我印象中,20世纪80年代中期在北京大学办公楼主楼礼堂举行过一次论坛,以"中国改革向何处去"为主要议题。在这次论坛上,他第一次阐述了"价格改革和企业所有制改革会不会导致经济改革的失败"。正是他对中国社会风险、改革风险的高度负责,才会提出这些改革主张。

二、《社会主义政治经济学》的背景及影响

厉老师在80年代出版了40万字的《社会主义政治经济学》一书,包含他的一些基本理念和对社会主义经济制度的基本认识,具有相当的影响力。这本书由商务印书馆出版,责任编辑从头到尾听了厉老师社会主义政治经济学的课,对书的内容理解比较透彻,出版的要求也很严格。我和孙来祥是这门课的助教,我们为这本书写过一个两万字的长篇书评,发表在1988年《中国社会科学》第一期,对这本书的基本观点、基本方法、基本政策倾向做了一个比较系统的评论。后来,我和孙来祥为这本书编写了一本将近20万字的简要读本,由北京大学出版社出版。1987—1988年的暑假,厉老师到全国各地演讲,介绍他的主要观点,我和孙来祥、朱善利、彭松健,还有海淀职工大学校长刘天申都跟随着厉老师,去过哈尔滨、青岛等地。

厉老师的社会主义政治经济学从体系和基本观点上,和传统的政治经济学完全不一样。厉老师的《社会主义政治经济学》一书把政治经济学分为规范和实证两个部分来谈基本制度层面的问题,涉及经济体制是怎样的、为实现经济体制所要选择的目标是什么和人的发展的关系等,有很强的历史性质、人文性质和科学性质。

三、中国经济体制改革的短期、中期、长期报告的研究思路

1988年,国家体改委开展起草《中国经济体制改革的总体方案》的工作,做三年、五年、八年(简称"358"),分别对应短期、中期、长期的改革方案设计,全国有近10个单位参与,北京大学是参与单位之一,由厉老师牵头。其他参与单位有:中国人民大学、中央党校、中国社会科学院、国务院发展研究中心、沈阳市人民政府等。

"358"方案是由每个单位各自提出的,总的来看形成了两大思路。其一是强调企业改革,包括企业所有制改革、国有企业改革等,如中央党校王珏先生、中国社科院董辅礽先生、厉老师等持这样的观点;其二是价格改革,中国社科院刘国光老师较早提出了以社会主义市场经济为改革目标,要进行市场化的培育。在这一观点里,有的强调系统性地培育市场机制,如中国人民大学吴树青先生等;有的强调突出市场价格改革主线,如国务院发展研究中心吴敬琏先生等。我参加了厉老师的课题组,主要依据厉老师的观点和方法,由我、平新乔和孙来祥执笔,和厉老师反复讨论编写而成,这个课题后来得了孙冶方奖。

四、厉老师的学术兴趣:从经济史到中国经济

20世纪70年代末80年代初,厉老师主要研究西方经济史,早期推出的著作有《二十世纪的英国经济——"英国病"研究》《工业区位论》。我们最早接触厉老师并引起我们对他敬重的,不是他的著作,而是大学期间的讲座。这个讲座由于光远主持,他请大家认领讲座主题,胡代光先生讲过货币主义,范家骧先生讲过国家贸易理论,谭崇台先生讲过发展经济学,国内的老一辈

研究西方经济思想史和西方经济学的著名人物基本上都聚集在这个讲座里,承担了不同的任务。但是厉老师承担得最多,所讲授的题目最大。当时开出一系列讲题,由国内各位大家认领,据说于光远先生曾说,没有人认领的都是厉以宁的。因为于先生知道厉老师的研究面宽,有着长期的积累,这也是他对厉老师的信任。厉老师的讲座不仅题目多,而且知识的跨度大,涉及西方古典经济学、新古典主义经济学、环境经济学等,有很多专题。我报考大学的时候都不知道大学里有经济系,我选的是图书馆学,可能因为考得不好,被调剂到经济系。拿到通知书的时候,我都不知道经济学是什么,更谈不上对这些学者的了解,尤其是西方经济学。进入大学以后我才开始接触,听过这些讲座后,发现厉老师的学术视野很开阔,而且他的文章通俗易懂,条理很清楚,对他肃然起敬。这套讲座后来还集成了四本册子。在当时,我们的课堂上没有关于西方经济学的教材,可以说,1977、1978年成长起来的那一代学生开始比较系统、集中接触到西方经济学,大都是通过这套丛书,很多人受益匪浅。

80年代以后,特别是80年代中期,厉老师的主要精力和兴趣从思想史、西方经济学和经济史方面转到中国问题上来,开始研究改革。那段时期他关于中国问题的研究出版了很多著作,例如《体制·目标·人——经济学面临的挑战》《社会主义政治经济学》《非均衡的中国经济》等,这些著作分别从政治经济学基础理论角度、经济发展的角度、宏观经济、经济运行的角度、改革的角度以及方法的角度分析问题,表达了他对中国改革和现实问题的看法。

前不久,厉老师的学术精力又回到了经济史,出版了大量古希腊经济史、古罗马经济史、资本主义的产生史等方面书籍。他曾说过,改革是热点问题,等到将来不再研究改革的现实问题了,回到书斋以后,就把经济史做进一步的整理。

厉老师是著名的、对社会有贡献和影响力的学者和社会活动家,我特别佩服厉老师的思想的深邃、视野的开阔,把厉老师作为我在学术上和思想上学习的榜样。

(刘伟,中国人民大学)

厉老奠定了北京大学管理学科的基础

龚六堂

一、建设管理学科

改革开放之初,北京大学没有独立的管理科学与工程学科,当时在数学系有一点,工学院有一点,没有形成体系。后来成立了管理科学中心,尤其是成立光华管理学院以后,才把管理科学与工程学科联起来。我们的管理科学和清华大学、上海交通大学、同济大学这些工科为主的院校的侧重点不同。我们的管理科学还是侧重于工商管理,侧重于以经济学为基础的体系,不是纯粹的管理科学和工程。所以我们的管理学科开始建立的时候，除了一部分管理科学与工程外，更多的是企业管理、企业战略、企业组织、宏观经济政策等，不是单纯工科院校的管理科学工程。

1985年，管理科学中心开始招收研究生，这是北京大学管理学科人才培养的重要探索。经过九年的培育，又和经济学院的经济管理系一起，成立了工商管理学院。从1985年开始招收管理科学方面的硕士生一直到1993年，每年有十多个研究生。通过研究生的培养，一是把学科体系、管理学科建设起来了，二是把人才队伍建成了，培养了很多著名的有影响力的优秀学生。人才培养过程中取得的丰硕成果，也为光华管理学院的建设打好了非常重要的基础。

在师资建设方面，在原有较强力量的基础上持续培养和引进新人。光华管理学院建设初期的时候，主要有经济类和数学系的人才。厉老师这一批老经济学家有深厚的经济学、经济史、经济思想史方面的背景。经济和管理本身就是连在一起的，很多管理学问题也是和经济学分不开的。比如金融学实际上是从经济学发展出来的，是经济学的一个分支。比如厉老师产权制度改革一系列的思想就已经是把现代的西方产权理论这些新的东西，与中国实际相结合了。然而，学院刚开始办MBA、EMBA的时候，需要一些管理学专业的师资，以及对企业实际运行有了解的人，当时光华管理学院非常缺乏。尹衍樑先生就从台湾的大学请一流的华人教授，来帮助光华管理学院成长。此外我们派大量的老师到国外去，到美国西北大学凯洛格商学院等。后来还派了大量的老师到哈佛大学学习案例教学，一直坚持到现在。

20世纪90年代后期学院开始大量引进人才，在整个北京大学、中国的经济学界,或者说经济金融管理学院引进人才方面,光华管理学院应该是走在前列的。光华实行 Tenure 制和薪酬体系改革是全国最早的,这是只针对后引进的青年教师的双轨制政策。对老一辈人来讲,整个学院是他们参与创建的,却比后来的年轻人待遇要低,但他们也能够认同,真的是做了非常大的牺牲。这是光华管理学院发展到今天,老一辈的光华人对光华管理学院的发展做出的巨大的贡献。我们引进的有一些资深的教授,更重要的是还有大量的刚从国外毕业的博士生,这些博士生可能还不资深,在各自的领域可能还没有崭露头角,但后来慢慢成长为现在光华管理学院的中坚力量。现在来看,我们光华管理学院的选择方向是正确的,引进大量的年轻学者进来,后来成长起来,这种成长和对光华的认知度、对光华后来的发展起到了非常重要的作用。

二、厉老师对于培育商界领袖是有贡献的

1978 年改革开放之前我们是计划经济体制,采用苏联的模式。从 1978 年开始,我们要进行市场经济改革,开始进行一系列的市场化的改革,刚开始是农村的联产承包责任制,后来乡镇企业的改革,这些改革中出现了乡镇企业家、农民企业家,他们对中国改革开放初期的经济增长起到了很大的推动作用。但是这些企业家的管理学知识不足,改革的动力不可能持续下去。改革开放初期中国的经济是大起大落的,特别是到 1989 年一系列事情以后,中国经济出现了非常大的困难。后来邓小平南方谈话开始新一轮的企业改革,以现代产权制度改革为主推动国有企业改革,还催生了大量的民营企业。国有企业改革、民营企业的诞生,都亟需现代企业制度的建立:第一需要有现代企业制度理论方面的研究,第二需要培养懂现代企业制度的企业家。所

以,90年代很多企业家都到国外去学习经济理论和现代企业制度。市场经济体制催生了工商管理和MBA教育,我们就开始了MBA教学。

90年代中后期,随着中国改革开放的深入,中国企业的影响越来越大,不再是原来的"万元户",可能是一个跨国的、具有国际竞争力的企业。企业家对于管理学的知识需求更加强烈,我们光华管理学院首先推出了EMBA。刚开这个项目的时候,教育部是没有认可的,学位都是在教育部通过以后补发的学位证书。除了EMBA以外,还推出了各种各样的模块型课程,比如EDP(Executive Development Program)项目课程。这些课程极大地丰富了商学培养的教育体系,满足了整个商学教育的需求。

我们培养的商界领袖有两类:一类是学术性的人才,我们大量的学术性人才开始在国内的高校任职,包括清华大学、中国人民大学、南开大学等,2008年开始我们培养的博士生陆续输出到国外的高校直接任职,这是一个非常具有标志性的事情。第二类是我们培养的MBA学生,越来越多地得到业界的认可,我们的竞争力和在市场上的认可度越来越高。随着中国经济越来越国际化,中国经济越来越走向世界舞台的中心,未来的商学教育需求会更加旺盛。

三、扎根中国大地办大学,"光华是出思想的地方"

中国改革开放40年来,中国GDP从3000多亿变成90万亿,占了全世界GDP的16%,原来只有百分之一点几,创造了奇迹,这个背后有非常非常多的中国故事。比如说华为的故事、海尔的故事等。这些故事不是西方经济学的理论能解释的,有很多中国的因素在这个地方。如果按照西方的理论,任何一个国家不可能保持6%以上的增长4年以上,而这就是有中国特色的东西。中国特色的东西不仅要告诉我们的企业家,还要告诉国外的企业家,让国外的企业家到中国、来了解中国。光华管理学院要做世界一流的商学院,就是要让中国懂世界、让我们的企业家懂世界,让世界懂中国,扎根中国大地办大学,这才是中国一流、世界一流的商学院应该做的事情。

厉老师任何时候都跟我们讲一句话:"光华是出思想的地方。"这个思想是和我们光华管理学院的使命连在一起的,和"创造管理知识,培养商界领袖,推动社会进步"这18个字连在一起的。这是一个商学院,特别是北京大学的商学院,非常重要的三个方面。一个商学院你要想发展得好,首先必须要有影响力,尤其要有学术影响力,老师和学生在学术界要有地位;第二,培养的学生必须受业界的认可;第三,要能为国家的经济社会服务。无论是学术的影响,还是学生的培养,都必须要和国家的经济社会连在一起,只有把中国的问题研究清楚、研究透,就中国问题做出来的学术研究才是世界性的研究,才是独一无二、有国际影响的。而且好的研究做好以后就会成为非常好的思想,能够诠释给学生,能够培养学生。通过这种方法培养的学生才可能成长好。另外,这些研究本身对经济社会都是有贡献的,最后推动社会进步。所以这18个字是一脉相承的。我觉得这是厉老师和老一辈光华人留下来的一个传统。厉老说光华管理学院是出思想的地方,出思想意味着要出学术上的思想,出影响经济政策的思想。这是光华管理学院未来能够在国内的商学界独树一帜、能够引领的非常重要的一点,必须要突出思想的重要性。

光华管理学院,特别是这一届班子做了一件很重要的事情,就是光华思想力。光华思想力就是讲中国故事,把中国故事讲得让人家懂,比如说供给侧结构性改革是什么,国家发展战略为什么有"十一五"规划、"十二五"规划、"十三五"规划,这些规划是中国特有的,但是这些规划在经济发展过程中怎么实施,这些规划的作用是什么。这些是国外的经济都没有的,我们把这些东西讲透,对于企业、对于国家的发展、对于了解中国经济是非常重要的事情。光华思想力接了非常多类似的课题,以这些课题为基础研究对中国经济是很有帮助的。

四、厉老师围绕中国改革开放重大问题进行研究

1993年光华成立以后,管理科学中心退到幕后,回归研究的功能。学校曾想把管理科学中心更名为管理科学研究中心,但我们要保持历史的全貌。厉老师把所有的兼职、所有的学术职务都辞掉,但现在还是管理科学中心的主任,因为管理科学中心在光华管理学院是有着特殊的地位的,是培育孵化了光华管理学院的。完成阶段性任务后,管理科学中心又重新定位到科学研究,而且科学研究现在一直在持续下去,围绕着中国的改革开放的很多重大问题研究,都是在管理科学中心完成的。

中心2017年完成了中国低碳问题的研究。中国的改革开放这么多年来,过去的经济增长是高耗能高污染的,2010年开始单位GDP能耗、单位GDP的排放已经成为全世界最大的,这种经济是不可持续的。所以厉老师当时就向国务院建议:中国要转变经济增长方式,要可持续增长必须要走低碳发展的道路。后来承接了国家发改委的重大项目"低碳发展中国经济研究",由厉老师主持,学院的很多老师都参与了,包括朱善利教授、黄涛教授、雷明教授、周黎安教授、张一弛教授和我都参与进来了。课题围绕低碳下的经济增长、低碳下的就业、低碳下的进出口等低碳下的一系列问题进行了非常好的研究。低碳问题的改革已经形成了几个子课题,每个子课题有充分的报告。总报告、子课题报告都已经交给了国家发改委,国家发改委肯定以各种文件

的形式融入进去了。

厉老师还组建了中国职业经理人研究项目。国有企业、民营企业改革中最重要的问题是什么？中国缺乏大量的职业经理人，现在职业经理人制度是未来公司治理制度，是未来企业发展中非常重要的。十八届三中全会提出金融体制改革，金融体制和实体经济的关系研究实际上也是现在供给侧结构性改革非常重要的一部分。我们现在一直在持续研究这些问题。

林业改革课题是2015—2018年间由厉老师、蔡洪滨教授、周黎安教授和我等人承担的。1978年开始农业改革，农业开始了联产承包责任制，但是我们在整个农业中，林用地并没有改革，还是按照原来的生产方式。这个课题当时调研了很多地方，厉老师带着走的地区，包括辽宁、江西、广东、福建，然后我们写了一个关于中国林业改革的报告，提出中国林业改革要向着林业的承包制和农业承包制一起改革，做到产权明晰。报告得到了时任总理的批示。报告后来发展成为中国林业改革的文件。我们做的很多研究都是具有很重要的政策影响的，我们承接推动社会进步等非常重要的课题。

林改涉及农民的自有地，还涉及生态用林和农垦。原来国家有大量的国有农垦林地，农垦怎么来改革也是一个很重要的问题，农垦课题现在还是在继续做着。因为农垦这个模式不是一个统一模式，各个地方的模式都不一样，黑龙江的北大荒农垦和江西、湖北是不相同的，海南也有农垦，各个地方是不一样的。厉老师和老一辈光华人留给光华的非常大的财富就是要去调研，要结合实际。厉老师常年在外调研，原来每年有半年时间在外面调研，我有幸在2010—2017年跟着厉老师到处调研了很长时间，走了很多省，收获很大。光华的师生无论是现在还是将来，都需要了解中国实际，不了解中国实际就没有光华的核心竞争力。"团结、博采、实践、创新"是光华非常核心的精神。说大了,就是要扎根中国大地。

(龚六堂,北京大学光华管理学院)

管理学院转型：从经济学导向到管理学导向

王立彦

1985年3月初，我开始任教于北京大学经济系。当年5月北大创立经济学院，厉以宁老师领衔创办经济管理系。1993年组建工商管理学院，1994年改组为光华管理学院。一路走来，厉老师带领和推动北京大学工商管理学科，持续良性发展，为社会培养人才，为经济发展贡献良策，成为管理学科学术研究重镇。这几十年中，我在专业发展和学科发展方面，尽管个人的专业领域并不在经济学，而是先统计学后会计学，但是一直得到厉老师的鼓励、启示、提携和支持。值此厉老师九十华诞从教六十五周年之时,我希望谈到的话题很多,本文仅选择几个相关片段。同时,也选录几首厉老师的诗词分享。

一、创系起步,我的教龄与光华同龄

1985年5月25日,经济管理系成立当天,我第一次见到厉老师。

厉老师说话一向简洁:今天宣布经济管理系组成,设立三个教研室:第一个是国民经济管理教研室,第二个是数量经济教研室,第三个是经济核算教研室。曹凤岐为经济管理系副主任,朱善利为系主任助理。三个教研室的负责人,分别为朱善利、王家卓、王立彦。我一听作为经济核算教研室的负责人,很吃惊。厉老师现场给出的解释:经济管理系以后要讲效率,要推动新学科建设,要让年轻人多担当责任,经济管理系有这么多杰出中青年教师,中年教师要辅佐和支持年轻人。

经济管理系设置这三个教研室,各自做什么、怎样做,大家心里都不很清楚。那时候我28岁,会后表达了畏难情绪,厉老师说:怕什么?年轻人要大胆闯,其他老师都会支持你们。

创系初期,厉老师经常召集大家讨论学科发展,告诉大家做事主题和方向,鼓励各自去开拓自己所负责的领域。

回望1990年代中期,各主要综合大学顺应经济社会的改革开放大潮,纷纷在经济系、经济学院的底盘上,新办管理学专业、管理系、管理学院。这个转向,当时都不那么简单,甚至于很艰难。从经济学思维到管理学思维,厉以宁作为系主任,是先行者、带动者(通过著作、课程设计、社会调查、产学联合、国际合作等)。

1980年代为经济管理系的学科建设发展,厉老师在教学和科研方面在校内的工作量非常大。他讲授新课国民经济管理学,那时书还没有正式出版,印刷讲义上下册。每周一次在老二教大阶梯教室讲课,经济管理系年轻老师都去听课,有些中年老师也到课堂,还有外校很多人,一个学期从头到尾听课。教室中规定,前面部分留给本科生,再留出一部分给经济管理系青年教师,其余都开放,每次课都是满座。1988年以后这样的课就少了,因为他担任全国人大财经委的委员。但是在学科建设和课程方面,厉老师非常关心每个系和每个学科。

与之相关,在办公楼举办研讨会,能装800人的会场也总是满座,包括过道。厉老师安排年轻人作有准备的轮流发言,我也上台发过一次言,针对宏观经济统计与国民经济核算改革话题。后来厉老师有一本很有名的专著《非均衡的中国经济》出版,影响非常大,其中许多内容曾经在北大办公楼礼堂有过演讲。

这里选录三首厉以宁诗词。阅读这几首诗词,有助于理解厉老师在改革开放初期的教学、研究与著述。

木兰花
校园初春
(一九七八年)

湖边残雪风吹去,墙外麦苗青几许,
一行燕子报春来,小径花丛闻笑语。
黄昏忽又潇潇雨,乍暖还寒何足虑。
隆冬已尽再难回,历史无情终有序。

七绝
无题
(一九八〇年)

隋代不循秦汉律,明人不着宋人装,
陈规当变终须变,留与儿孙评短长。

踏莎行
北京大学图书馆整理文稿
(一九八七年)
戒律清规,闲人流语,随风吹过身边去。
藏书楼里作忙人,楼高哪管花飞絮。
不计浮华,但求警句,愿将心血其中聚。
清清流水出深山,须经沙石千回滤。

厉老师从 1987 年开始担任全国人大代表,并担任全国人大常委、财经委员会委员,社会活动迅速增多。他希望影响和引领年轻人,加快加深理解市场经济领域的概念,在国民经济管理方面的理念更新和思想前进,所以外出访问或调研回京,都会在系务会上讲给大家听。譬如他作为中日二十一世纪友好委员会委员多次访问日本,回来后讲日本的经济发展,讲日本的铁路新干线,讲日本经济创新。他在国内考察回来也讲见闻,启发大家开放思想、开拓视野。

二、心系"三农",乡镇企业股份合作制

我的童年和少年大部分时间,在山西吕梁农村度过。高中毕业后上山下乡当知青挣工分,在北大教书初期参加中国农民大学的教学和多地乡镇企业调查研究,对中国农村有切身体会和观察。所以,读厉老师的下面这首词,有切身感受。

蝶恋花
冀东农村有感
（一九七五年）

搜尽存粮心早乱，无泪无言，朴实庄稼汉，母病儿饥妻待产，朝朝挑土滦河岸。

时下雪融何太慢？已过春分，犹把春风盼，纵使寒潮仍不断，暗中只愿流年换。

1980年代的中国经济改革，在农村领域有三大阵地：江苏苏南是集体经济，安徽阜阳是家庭联产承包责任制，山东淄博是社队乡镇企业。

当时厉老师在研究股份制。某日，厉老师叫我一起去"联办"参加座谈会。会后交给我一个任务，跟他一起调研山东淄博的乡镇集体企业转型。对此，我很有兴趣也有信心。

1990年代初期还没有《公司法》，为了区隔概念，把股份制用在城市国有经济和城市集体经济为主的大中型企业；农村的社队企业、乡镇企业则称"股份合作制"。我认为这是厉老师的智慧，他认为股份制在城市里遇到很大阻力，到了农村很可能面对更复杂的局面。股份合作制既能与现代股份制经济衔接，也能与传统的集体合作经济沟通。

我带队本科生在山东淄博经济改革实验区调查研究，40天时间，主要对淄博各县区（周村、淄川、临淄、博山等）的乡镇企业进行现场调查、访谈。调研期间，切身感受到胶东半岛的农村经济正在被激活，筹划中的淄博基金运行方案很超前。应该说，当时的淄博，在政府体改委的鼓励下，改革前进的动力很足。当地明确提出"乡镇企业股份化"，厉老师提出的"股份合作制"概念则比较和缓。

淄博调研结束以后,师生们就乡镇企业发展和股份合作制主题,写作汇集一本调查报告,厉老师对报告审核以后比较满意。

为这个专题,厉老师于1992年5月初应山东淄博市政府邀请,专程到淄博,就乡镇企业改革问题进行调查。其间厉老师曾经走到淄博市辖区临淄,叹其古为齐之都城,稷门之下建有学宫,招揽天下名士聚会,议学议政风气良善,并写成一词。

鹧鸪天
山东淄博
(一九九二年)

稷下遗踪何处寻,百家议政在人心,如流从善愚成智,言路广开土变金。

天暝暝,雨霖霖,晚来试作短长吟,当初若是齐统一,华夏文风远胜今。

1992年年初邓小平南方谈话指出,大力推动改革开放,发展市场经济热潮又起。厉老师的淄博调研后,记得有一天,他亲自到我在中关园宿舍区的小居室来,提出一个建议:以一年前完成的调查报告为基础底盘,继续扩大范围进行调查研究,扩展成为一本专题书。还嘱咐我,尽快在调研报告的基础上扩充完善。厉老师说了很多要点,我现场记录下来,很快整理出新大纲,并比照大纲,看哪些调研资料能用上,哪些部分需要补充,以及需要邀请的作者名单。最后厉老师亲自修改确定大纲担任主编,并安排我担任助手。这项工作的最终成果,是《乡镇企业股份制:组建和运行》。[1]

---

[1] 厉以宁主编、王立彦副主编:《乡镇企业股份制:组建和运行》,中国人民大学出版社,1994年。

三、取长补短,大力支持会计学科发展

从经济管理系扩展为管理学院,经济核算教研室的会计学科部分重组转型为会计系,其教学内容和学术研究两方面,在学院各专业中的国际化速度最快。

1992—1993年间,中国的会计体系和会计制度,由已经施行几十年的苏联东欧模式,转型为更加国际化的欧美模式。会计专业领域最早适应中国经济的变化和国际会计模式的改变,会计学课程最早用英文教材上课。那时的经济条件,买不起英文原版教材,光华教育基金会重点帮助,投入资金给北京大学图书馆,专项用于从美国购进二手教材,我经常和北大图书馆采购组一起选书。图书馆几次大规模统一采购,批量整体借给光华管理学院图书资料部。英文原版教材学期中借给学生,期末收回。在学院发展初期,为学生学习内容提高国际化程度,发挥了积极作用。

与此同时,光华教育基金会在师资方面也给予大力支持:台湾大学、台湾政治大学的会计专业老师,大多留学美国名校,学成返台,他们按计划来北大讲课,既使用英文原版教材,也加印专门准备的讲义。所以,改组为光华管理学院的前几届学生,在课程体系、内容体系上国际化比较早,很大程度上是由于台大、政大教授的鼎力支持。台湾老师来北大授课,短则两三星期,长则一个月,既给研究生授课,也给本科生讲课。对此,厉老师多次给我单独交代,一定要向台大、政大老师学习,要跟着听课,参加讨论,努力吸收。台湾老师来教课,人家不能一来再来,你要有所计划,安排年轻老师跟着听课。

对于会计学领域开展学术研究,厉老师更是大力支持。1994年我与来自美国夏威夷大学的杨济华教授一同发起成立

"北京大学国际会计与财务研究中心",向厉老师和院务会提交报告,并希望厉老师出任创办主任。提交报告以后我比较忐忑,虽然会计专业是经济管理系、工商管理学院、商学院必须配置的专业领域,但厉老师本人不在这个领域,我也不好意思总为一些细节事务打扰他。可是厉老师很快给答复,让我喜出望外:他不但支持中心成立,并且考虑到为了顺利得到学校批准,他兼任主任(当时我的职称还是副教授)。厉老师在聊天中特别告诉我,他考入北大之前在湖南,曾经做过挺长时间初级会计员工作。后来1995年我升职为正教授,厉老师说:"中心主任不必我担任了,你自己承担吧,放手工作,今后继续拓展。"厉老师虽然不继续担任国际会计与财务研究中心主任,但是我多次发起组织的国内、国际学术活动,他都给以大力支持。譬如在会计界"国际五大"之一的支持下,会计专业学生成立"会计俱乐部",创办学生刊物《北大会计地平线》,厉老师就挥毫题名支持。

北大會計地平線

厉以宁

1998年北大百年校庆,光华管理学院5月份举办两大活动:一是股份制和资本市场论坛;二是转型经济中的中国会计与财务论坛。

"转型经济中的中国会计与财务"这个表达,是经过多人商讨,最后由厉老师确定。"转型经济、非均衡的中国经济"等概念,那时厉老师常使用,给听众和读者很多启发。论坛组织工作过程中,我向很多海外学者请教,邀请美国和英国社会的著名学者来北京,美式英语和英式英语分别怎么表达才比较准确,确定翻译为 transitional economy。那次举办论坛,邀请到美国会计学会两任会长、英国会计学会会长,并且都发表主题演讲。先后到光华管理学院会计系教课的台大、政大教授,以及那个年代在美国会计领域的多位华人会计学者、香港几所大学的会计学者,也都到会支持。四十多位来自北美、西欧、东欧、日本、东南亚的海外学者和台港澳地区的学者参加,是当时国内会计学领域最大的一次国际会议。厉老师很高兴,非常支持,出席开幕式演讲,出席闭幕式致感谢词。

会计学术领域的另一件大事,是与国内几所综合性大学发起创办学术期刊《中国会计评论》(*China Accounting Review*)。我给厉老师打报告,他坚决支持,担任名誉顾问,同时建议邀请会计界权威、财政部杨纪琬先生给以学术支持,并亲自打电话帮助联系。这份学术期刊,由北大、清华、复旦、南开、重庆大学联合发起,邀请多所大学合作,以"一刊一会"模式运行,将近二十年来,在国内会计学术界产生重要影响。2002 年开始年度学术会议,2003 年 12 月出版《中国会计评论》创刊号,先为每年两期,2008 年起成熟到位,成为学术季刊式(本学科领域的国际著名学术期刊都是季刊)。

四、跟随厉老师,我在专业界率先研究环境会计

厉老师担任国务院环境顾问委员会的顾问,他启动环境经济问题重大课题时,点名要我参加。我表示不太懂,厉老师说不懂可以学习,这个领域的环境经济核算问题,需要会计、统计视角的分析。

研究环境经济大课题,1990 年代中期算是很早的。我后来才知道,这个领域与非均衡经济、股份制经济等所有制问题不一

样。厉老师关注环境与经济发展的制约关系,已经很久(与增长经济学问题紧密相关),譬如这首词关于白洋淀环境污染。

减字木兰花
白洋淀
(一九九六年)

烟波淼淼,飒飒西风吹苇草。日落当归,白鹭因何绕岸飞?
翠湖变色,纵使有家归不得。旋转消愁,只盼来年清水流。

跟随厉老师研究环境经济核算问题,去过国内很多地方调查研究和参加会议,走出国门也有好几次。后来这个领域在会计界也成为主要话题,我算是先行一步。我自己作针对环境主题的研究,也指导研究生写相关主题毕业论文,有意无意之间成为会计界参与环境问题比较早的学者之一。

与环境会计问题相关,我的研究工作也延伸到环境审计领域,在财政部系统的环境成本问题、国家社会科学基金重大项目都得到施展天地,在审计署和环保部系统承担环境审计研究。近几年又继续延伸到自然资源资产负债核算专题。我撰写文章"环境成本与 GDP 有效性"发表在《会计研究》,"环境审计体系与环境审计职业化"刊登在《中国环境管理》;还主持编写《环境会计学》(中国环境出版社);主持翻译相关专题书籍和案例集,都是因为跟着厉老师的项目组,走进这个领域。

五、砥砺前行,服务社会

在光华管理学院三十多年,厉以宁老院长对学生、对青年教师,是学问导师,也是人生导师。

记得创立经济管理系第一学年,1985级中组部干部班入学,我担任班主任。这批当时的"第三梯队"概念下的在职学员,心气很高,劲头很足。1987年毕业时厉老师语重心长为他们作词。

南歌子
为北京大学经济管理系干部班毕业而作
（一九九七年）

手掌官衙印,须知百姓情,犹如晒谷盼秋晴,最怕连绵细雨下难停。

慎独人人敬,兼听心内明,秉公执法似天平,切莫一头偏重一头轻。

几年前我参加北京大学支教西藏大学,在拉萨见到1985级经济管理系干部班的同学多吉才旺（曾任西藏自治区财政厅副厅长、那曲地区行署副专员）,他很诚恳地回忆,厉老师为他们班级的毕业赋词,对他的职业生涯一直有警示和启迪。

在北大的几十年一直与厉老师同行,我得到厉老师的教诲很多。一件事记忆犹新:1994年工商管理学院改组冠名光华初期,在教师中有很大争议。我作为会计系主任,属于质疑者之一,而且内心不认同"光华管理学院"这个院名。很长一段时间内我印名片,写北京大学管理学院,但不印光华两个字。厉老师知道我印名片的情况,曾经批评过我,指出这是狭隘观念。

当时我作为院长助理,参加厉老师带队去美国著名大学商学院访问,再后来去英国作访问学者,我才逐渐认识到大学和学院冠名是很正常的现象。哈佛大学是人名,斯坦福大学是人名;加州大学伯克利哈斯商学院、宾夕法尼亚大学沃顿商学院、西北大学凯洛格管理学院,都是以捐资者个人或家族冠名,这在高校领域是很正常的现象。现在回想觉得可笑,但那时候眼界还没有打开,还不明白。我与台大、政大的一些老师关系良好,并不隐瞒自己的想法,他们不觉得奇怪,表示理解,毕竟当时跟我一样想法的人很多。

时光如水光阴似箭,从1985年到2020年,我的教龄与光华同龄,我与北大光华同行。虽然曾经的韶华已经不再,对北大对光华的感谢和感念,将是永远。我记得诵读厉老师的《六十自述》一词,感念良多。

浣溪沙
六十自述
(一九九〇年)
落叶满坡古道迷,山风萧瑟暗云低,马儿探路未停蹄。
几度险情终不悔,一番求索志难移,此身甘愿作人梯。

我生于20世纪50年代,经历过"文化大革命"岁月的上山下乡当知青、铁路机车工厂当铸造翻砂工人。几年周折才考入大学,但是与老一代相比,并没有"几度险情"。

我特别记住了这首词的后两句:"一番求索志难移,此身甘愿作人梯"。厉老师的这种精神,启示我在完成教学科研工作的同时,积极投身于社会公益事业。尤其在学术性公益方面,致力于所在学科领域的知识创造和发展,与学界同仁们一起创办学术期刊和专业期刊,担任《中国会计评论》和《中国管理会计》主编、《经济科学》副主编。

说到办期刊,1993年冬季北大工商管理学院成立后,转年春季学期开学,厉以宁院长与我谈话,通知我加入新一届《经济科学》编委会,我当时很有些心虚。厉老师一如平常的言语简洁,给我的鼓励是"干中学"。

从投稿人转换为审稿人，从自己写文章被审核，到自己审核别人的文章，这样的角色转换，并非易事。我在审稿工作中逐渐体会到，研究无边界，学习无止境。作为学者，即使是自己熟悉的领域和专题，也是在不断变化着的。所以，审稿本身是审核，同时也是持续学习。我仔细回想自己与《经济科学》的二十余年陪伴，可以归纳为"学习—投稿—编辑—投稿"几个阶段，或者说从作者到编辑，再回归作者。

2019年《经济科学》创刊40周年。厉老师作为当年创刊团队主要成员（陈岱孙先生领衔），特意题词"路是人闯出来的——祝贺《经济科学》创刊四十周年"。编辑部邀请历届编委写纪念性随笔，我想到并撰写了"《经济科学》是一所学校"的文章。

作为学者，办期刊本质上既是知识创造事业，也是学术公益事业，需要具备专心于学术和专业的情结，以及为他人作嫁衣的服务意识、及时和认真完成审稿编辑工作的职业精神。

厉老师奠定的光华管理学院文化，是开放的、包容的、向上的文化，是敢于担当创新、勇于承担社会责任的文化。

（王立彦，北京大学光华管理学院）

我心目中的老师

张世秋

厉老师的诸多工作中,我最熟悉的是他在环境以及低碳发展方面的学术思想以及推动工作。20世纪90年代,厉老师带领"环境经济学工作组",借助中国环境与发展国际合作委员会平台,对推动中国的环境经济学发展和应用发挥了至关重要的作用。

一、厉老师说:"有问题,就来找我"

北京大学历来有一个使命:借助学术思想、学术研究、学生培养,教学相长,服务于国家和社会进步。20世纪80年代,北京大学致力于担当现代大学的使命,并期望北大在中国以及全球学术和社会服务方面发挥更大的作用。从这个意义上来讲,我想这个使命感是推动跨学科研究背后的一些推动力。1985年,丁石孙校长推动成立了两个很重要的中心,一个叫做环境科学中心,就是我后来做研究生和从事教学与科研的地方;再有一个就是管理科学中心。北大当时的教学改革进程,包括这两个跨学科中心的成立,丁校长以及王义遒副校长都有非常清晰和具体的回忆与记录。北大的很多教师也为这种跨学科以及交叉学科的改革过程提供了助力,比如厉以宁老师、陈良焜老师和王恩涌老师等都为推动管理科学中心的成立,做出了非常重要的贡献。

1985年我从当时的北大经济系毕业,受环境科学中心老师鼓励,转读北大环境科学中心的研究生,想着去研究一门叫作"环境经济学"的学问。到环境科学中心后,转专业学业沉重,虽方向明确但实则探路艰难,虽有环境科学中心诸位良师的指导和激励,但也常常恍惚于如何才能去做(甚至都不会去想如何去做好)这个少有人问津的"学问"。一次在校园偶遇厉老师,虽很郑重却也不免胆怯地向厉老师打招呼,怕厉老师不知这个"小"学生是谁,遂报上名号、年级和专业,小声地低着头说非正式地听过厉老师的课。厉老师停下匆忙的脚步询问我的现状,厉老师说的一句话让当时的我内心激动不已:"环境经济学是一个重要领域和方向,要坚持走下去。"我从此更加坚定了自己的选择,尽管这个选择在当时的很多人看来是如此的"莫名其妙"。厉老师其后的那句"有问题,就来找我",则让当时那个年轻无为、有激情却无知无识、有精力却无处下手的我,一下子内心里充满了感动和力量,自己都能感到心快跳了出来,以至于随后遇到我的同学揶揄我从此"如同充了气的皮球",而一句"你的经济学背景不能丢,你的经济学功底不够还需要继续学习",则警醒了那时候只顾忙于学习并仅想致力于能够考试通过的大气扩散模式、湍流等课程的我。那是第一次和厉老师就学业方面单独交谈,虽简短,但影响甚大,不仅是方向的指引和鼓励,对于一个年轻人而言,厉老师的那句"有问题,就来找我",则是让我松开了自我束缚,有了前行时遇到困难的时候一定有人可以释疑解惑的那份重要的"安心"。就这样,我这个普普通通的只是上过厉老师课的学生、众多的北大学子的一员,在这样的一次校园偶遇中,竟如此幸运地有了老师的激励、提醒和迷路之时可以随时讨教的门卡。这就是老师!一个如此普通的上课的学生就能得到这样的偶遇之后的指点,想必厉老师对众多学子和晚生后辈的指导、关护应该是一件常常发生和习以为常的事情。这不就是我们心目中的老师吗?

二、厉老师与 CCICED

自那次校园偶遇之后,直到1993年,我从密歇根大学访问近两年回国,才再次有机会见到厉老师。在美国的两年,自知自己的经济学和环境经济学功底薄弱,在听课、参会、考察、研究中异常忙碌地学习和重塑自己,重建知识结构和分析视角。

回国后,当时厉老师正在主持中国环境与发展国际合作委员会(China Council for International Cooperation on Environment and Development,CCICED)的环境经济学工作组的研究工作。这个委员会是中国政府的一个高层国际咨询委员会,其核心使命是为中国政府提供环境与发展方面的建议。CCICED 最早由加拿大国际发展研究中心(IDRC)以及多个国际组织资助,成立于1992年。

CCICED 的委员构成包括资助国或重要国家的部长或政府

高层代表,国际知名学者,也包括国内的部分部长,以及非常知名的学者,厉老师就是 CCICED 的正式委员。CCICED 下设若干个工作组(Working Group),针对委员们提出的一些重要议题或者是领域进行长期深入的研究,旨在解决中国当时和未来在环境与发展方面研究的缺失,并为政府的环境与发展决策提供依据和建议。从这个意义上来讲,"工作组"是兼具从事基础研究和提供政策建议的工作团队。既然讨论环境与发展问题,环境经济学的问题肯定就是其中非常重要的一个方面。1993 年,CCICED 成立了一个环境经济学包括环境与发展问题研究的工作组,厉老师担任这个环境经济学工作组的中方组长,工作组正式成员包括 5 个中国专家和 5 个国际专家。

这个工作组的重要性在于:第一是非常早期的由中国政府推动的环境经济学研究,而过去都是研究人员基于自身兴趣等,进行的独立和分散的研究。第二是借助 CCICED 这个平台,使得中国的环境经济学学者能够与全球最好的环境经济学家合作,不仅学习和借鉴,也有了一个更好的国际合作的平台,推动中国的环境经济学研究。第三也是更重要的是,这是在中国政府以及国际社会的推动和期望下,在 CCICED 下建立的工作组,意味着这个工作组所产生的相关研究成果会在每一年的年会,以及一些阶段性的工作结束之后,向部长级的会议汇报。时任总理一般都会去参加年会,听取各个工作组的报告,也就是说,厉老师及其所领导的工作组的环境经济学的研究成果能够直接传递给政府最高层,能够直接服务于政府制定政策,产生直接的政策推动作用。

三、厉老师关注环境问题,有一种敏锐的预见性

中国的环境经济学研究始于 20 世纪 80 年代。厉老师从那

个时候就开始关注环境问题、关注自然资源问题。厉老师对环境—资源—发展问题的关注,首先是一个非常自然的学术思想发展过程。经济主体的行为不仅仅是人的社会经济行为,也包括环境行为和自然资源的使用行为;对于前者,厉老师对人力资本的研究体现在为教育经济学做了很多探索性的工作,对于后者,厉老师研究包括土地、物质资源在内的各类资本在不同部门和不同主体之间的配置,而中国经济快速发展过程中,环境和资源既是资本变量,又是要素变量,也是自然约束变量,同时也是重要的自然资本,所以环境问题很自然地会纳入到他的视野当中。

其次,从社会变迁的角度,厉老师在 80 年代末或 90 年代初很敏感地意识到,中国即将到来的非常快速的经济发展,将对自然环境带来巨大的不可忽视的影响。他当时有一种非常前瞻性的思考,他期望把环境和资源问题的研究不仅纳入到经济学的研究中,同时他也期望在学科推动的过程中,能够拓展和提炼出一些新的经济理论或者是政策建议,寻求中国环境保护与经济增长的协同发展。

再次,从政府管理和决策需求的角度,90 年代开始,环境问题开始引发政府特别是环境保护部门的关注,管理者开始意识到,环境保护不仅需要自然科学、技术与工程,也需要从社会经济发展的视角去分析并制定相关政策。厉老师针对环境经济学、环境与发展、低碳化等的学术思想和研究成果,也在这个时期开始对决策者产生影响。

厉老师对环境经济学、环境与发展、低碳化等的研究与推动的经历,非常深刻地体现出一个学者的学术思想及对关键学术问题的嗅觉和敏锐度,体现出他对社会经济发展可能面临的重大问题的前瞻性研判,以及致力于通过深入系统的研究,把研究成果转变为有助于可持续发展的社会行为和政府行为的责任感。

四、在与厉老师共事的过程中向他学习

1993年开始，CCICED成立"环境经济学工作组"，工作组外方主席、世界银行环境部的前执行主任杰里米·沃福德（Jeremy Warford）博士和外方成员、美国未来资源研究所的沃尔特·斯波福德（Walter Spofford）博士向厉老师推荐我参加这个工作组的一些具体工作。厉老师欣然接纳，告诉他们："欢迎她参加，她本来就是我们的学生。"我在这个组里初期主要是协助工作组成员之间的学术交流的翻译。有些学术词汇以及学术观点直接译成中文有一定的难度，厉老师和其他几位工作组的老师，包括陈良焜老师、王其文老师等鼓励我"不要局限于翻译"，这让我有机会能够借着翻译的机会，和工作组的诸位老师探讨和求教学术问题。这段时间里，工作组常常就所研究的问题举办各类大大小小、正式非正式、组内和组外、北京与外地的研讨和考察，我因此有很多的时间，能够坐在厉老师等老师们身边学习、工作和研究，这段经历让我受益良多。

厉老师所领导的环境经济工作组的研究主要集中在以下几个方面。

一是基于经济学特别是环境经济学理论的全社会成本价格政策研究。这方面的研究在中国是开创性的。环境经济工作组致力于研究如何能够把环境和自然资源的重要性反映到市场对各类资源的配置中，特别是如何通过恰当的政府干预，比如环境税等，使得市场上的产品和服务既能反映出生产的成本，也能反映出环境和资源退化的成本，从而产生价格信号，一方面使得污染者承担其所造成的环境成本，另一方面，借助价格信号，引导

政府、企业、社会的环境行为改变。陈良焜老师、王其文老师和章铮老师除作为正式工作组成员参与全部研究工作之外，也都参与了这个方面的具体研究工作。

二是关于环境与资源核算，也就是致力于把环境和自然资本纳入到国民经济核算体系中，后来延展到绿色核算、绿色会计和绿色审计。王立彦老师、雷明老师等陆续加入工作组，承担了相关的研究任务。

三是环境经济政策研究以及环境—经济综合评估。在推动上述基础研究的同时，环境经济工作组拓展了政策研究，包括环境税、排放权交易、环境资源价格政策、环境—经济综合评估工作，推动社会对自然和环境质量资源的有效管理。包括武亚军老师、黄涛老师、杨东宁老师以及博士生崔成、宣晓伟等都承担了相关的研究任务。

这三方面研究，应该说，是早期在中国进行的系统的和前瞻性的经济学研究。通过这些系列研究不仅推动了环境经济学的学科建设和发展，更重要的是它在中国开始形成一种声音，即无论是政府，还是公众、社会主体，假如我们能够把环境和自然资本纳入到决策考量中，会使得社会总体的福利，或社会成员总体的生存状况更有改善。另外，当时的研究还回应了一个重要的问题，因为大家一般会认为保护环境会影响收入，是一个社会负担或者成本。但实际上，通过我们上述谈到的研究及其成果表明，保护环境，从长期而言，是有利于社会长期持续发展的自然资本基础，是一种关键性投资。这样一种今天听起来觉得很常识的声音，在当时不是所有人都会认可的，甚至很多人不会觉得环境是重要的。

厉老师在众多方面都在推动着环境经济学的学科发展，并将学科发展与中国的可持续发展密切结合。厉老师带领的环境经济学工作组的工作不仅有效推动了环境经济学在中国的兴起,更在宏观社会经济政策以及具体的环境经济政策和低碳发展等方面推动了政策变革的过程,进而推动了环境与经济和社会的可持续发展进程。

在参与上述 CCICED 的研究工作中,厉老师一直提示和告诫我关注若干个重大环境经济学问题,包括:贫困与环境问题、环境污染损失的补偿与赔偿问题、环境与经济发展模式问题、环境—资源与产品/服务的价格政策问题、环境投资在国民经济中的合理比例问题、把环境保护纳入到国民经济核算体系(绿色核算)、环境伦理问题、环境公平问题以及环境与贸易问题等。即便今天看来,这些命题也依然前沿和重要。我直到现在也会和我的学生继续分享厉老师的上述观点。

从个体的角度,我虽非厉老师指导论文的正式学生,但一直有幸得到厉老师的指导和指教,也有幸在厉老师身边学习。尽管如此,也从不会奢望拥有"厉老师的学生"这样的称号,而厉老师在工作期间,每每向人介绍我时,总是用"她是我的学生"一句话作为补充,曾经让年少的我忐忑、兴奋和无比荣幸,更多的是感受到一种正向的压力去激励自己前行!一个普通的学生往往就会因为这种鼓励而不断丰富着自己的学术之路。我想,这就是老师,这就是我们心目中的老师!

(张世秋,北京大学环境科学与工程学院)

亦师亦友、大道长存

吴晓灵 等

中国人民银行金融研究所研究生部（以下简称"研究生部"）创办于1981年，地处北京市海淀区五道口，因为办学特色突出、毕业生在金融行业影响大，便有了"五道口"的别名。2012年研究生部并入清华大学更名为"清华大学五道口金融学院"，有意保留了"五道口"的名号。创办38年来，"五道口"当之无愧地成为最容易让人感觉到中国金融业改革脉搏的研究生院。

1981年成立伊始，研究生部招收了第一届18名硕士研究生，这"十八罗汉"年纪最大相差近12周岁,出生年份从1947年跨越到1958年。他们来自于各个行业和不同的本科专业,有来自银行系统的,有来自科研单位的,有当过教师的,有学中文的,有学外语的,还有学政教的。即便是本科读经济类的同学也不曾接触过西方经济学的知识。怎样培养这些学生,对研究生部是个考验。当时的"五道口"虽然办学条件简陋,却有着培养金融业顶尖人才的雄心。为了学生能学到最前沿的经济学知识与技能,"五道口"成为国内首次系统讲述西方经济学知识的研究生院。此举为这18名学生加深了经济学素养,拓宽了能力与眼界,也使他们与厉老师结下了亦师亦友的深厚情谊。

一、厉以宁老师的课堂有着独特韵致

"五道口"初创时没有专职教师,授课者除了中国人民银行金融所的研究人员,还有从北京大学和中国人民大学外聘的教授。厉以宁老师从研究生部创办之初就成为不可或缺的学术顾问,他参与制订了教学大纲,并亲自开课,讲授当代西方经济学概论。这门课是厉老师从头到尾讲下来的,他对学生要求非常严格,且实行闭卷考试,亲自出题,亲自批阅试卷。

这门课使用的教材,是由厉老师和张培刚老师合著的《宏观经济学和微观经济学》。现在学宏观、微观经济学,都是厚厚的两本书,很大篇幅在公式推导上。然而这一届学生却对这本旧书情有独钟,它虽然不厚,但把所有的分析框架和结论都写明了,宏观经济学和微观经济学最基础、最经典的结论都在这本书中。这本书和这门课奠定了工作中常会用到的西方经济学基本概念,启发了大家对于财政政策和货币政策的理解,同学们在毕业后几十年的金融工作生涯中都会不时翻看,去书里查一查知识点。吴晓灵回想说:"这几十年以来,我对来自于厉老师讲过

的财政的乘数效应、投资的乘数效应和各种财政工具的运用以及货币乘数的问题印象特别深,这门课对我后来的工作影响深刻。"

再次翻看这本书和笔记,厉老师的板书和讲解立刻生动地浮现在大家的眼前。张钢回忆说,厉老师讲课每次都提前准备教案,但是上课时很少去看教案和提纲,他的课堂没有寒暄,甚至连"同学们好"这种话都没有,没有一个字的废话,就是手里捏着一根粉笔,从头讲到尾,基本上每次下课黑板全部写满,板书整整齐齐,整个黑板就把本次讲课的重点全都写在上面了。在大家的记忆里,厉老师在讲课上绝对下了大功夫,事先做了充分的准备。跟厉老师单独聊天,感觉他多少有一点儿口吃,但是讲课时从来不打磕巴,整堂课如行云流水,一气呵成。

那时对经济问题很敏感,谁的理论高、谁的理论低,坊间多有争论。但是厉老师从不去评价,他只是将宏观经济学是怎么回事、微观经济学是怎么回事,各个要素拆开讲,用一些简单的公式推导,把最复杂的问题用最简单的语言讲出来。刘锐评价说:我觉得这才是真正的大师。厉老师课堂上的每一分钟都被用来传道、授业、解惑,这对学生们而言显得尤为重要。因为这一届学生大多是有工作经历的,不需要听那么细节的业务,却很需要了解提纲挈领的知识,然后自己去思考、去琢磨。厉老师的课程逻辑严谨,言简意赅,他的讲课方式以及课后的交流,能够让学生们迅速抓住重点,抓住整个脉络,理解和学会之后不会忘记。金琦则认为"厉老师讲完观点之后,我们就可以去思考,用自己的理解参与讨论和研究,跟老师进行互动。我就觉得课程学得特别有劲儿,特别有再进一步学习的兴趣"。

二、来自厉老师的鼓励奠定了我们一生的自信心

厉老师和学生们亦师亦友，对待学生特别有感情。这一届学生多是经历了人生的一些坎坷后重新回到校园的，想好好学、想学好。厉老师看到了大家对于求学和求知的渴望，也知道大家不是科班出身，专业课基础差一些。有一天晚上厉老师特地去学校，把大家召集起来，专门讲解怎么读书、怎么用工具书。他介绍了三种读书方法——精读、泛读、随便翻翻，哪些书需要精读，哪些书需要泛读，哪些书随便翻翻就行了，以及按什么目录去找书，需要什么资料、需要怎么做等。这不是他正常上课的时间和内容，他是专门在晚上、课外的时间跑过来跟大家讲的。这并不是厉老师心血来潮的一时兴起，他和学生们的密切关系体现在每一次的课前课后，他总是早来晚走，坐在教室跟大家聊聊天，答答疑，讨论一些问题。吴晓灵说："我们那时对老师的职务和职称没有概念，只觉得他和我们在一起的时间很多，但是现在回过头去想，那个经常和我们聊天的厉老师可是学界不得了的大腕。"毕业二十多年后的某一天，金琦去参加人大会碰到了厉老师，她想，这么多年过去了也没再见过厉老师，他可能不记得我了。结果厉老师一看见她，马上喊："金琦！"

刚上厉老师这门课的时候，大家都觉得新鲜感十足，对于西方的经济充满了好奇心，但也有些同学因为不是科班出身对课程没有自信心，对于考试非常忐忑。刘锐回忆说："因为我当时经济学底子差，下课以后会跟厉老师聊一聊、请教一些问题，他从来都是鼓励我说，你一定能学好这门课，不要有任何的顾虑。"厉老师是刘锐的毕业论文答辩委员会主席，那时的论文答辩非常严格，答辩前一年间刘锐在日本野村证券学习，毕业论文只能在国外完成，在写论文的过程中都是和指导老师信件往来沟通，

对于论文能否通过心里一点底都没有。刘锐去找厉老师,厉老师说:"你放心,你们这些同学我心里都有数,基本上都能过关。金融研究所的老师很严格,但是他们绝不会希望有任何一个学生答辩过不去的,你们只要在答辩过程中谦虚谨慎、头脑清醒就没有问题。"这些话给了刘锐定心丸,这么多年来一直记忆犹新。研究生刚毕业,刘锐写了自己的第一本书《日本金融的今天与明天》,厉老师是审稿人,对这本书给予了较高评价,这使曾怀疑自己学术能力的刘锐备受鼓舞。在研究生部就读及刚毕业的那段时间里,厉老师的指导和鼓励让刘锐受益匪浅,对其形成良好的持续学习能力、建立自信、挑战人生大有裨益。

魏本华的第一次考试成绩不太好。厉老师鼓励说:"你的英语学得不错,我这门课没什么难的,你像学英语那样下点功夫肯定能够达到不错的水平。"经过这样一番鼓励,魏本华立刻有勇气了,经过认真的学习后顺利通过了期末考试。后来,魏本华作为由财政部、中国人民银行、中国农业银行、原航天部等组成的代表团成员,到意大利学习四个月。他所在的班级有来自各个国家的同学,经济学的课程是全英文授课的,讲授内容恰恰是厉老师在课堂上刚刚讲过的,魏本华听起课来顺畅了很多。相比之下,财政部和中国农业银行的几个代表就听不懂这门课题,在欠缺经济学基础知识的情况下直接听英语讲课,是非常难以理解的。热心的魏本华每天下课再用中文给代表团成员讲一遍,最终中国的学生考试都及格了,都拿了证书回来。这对魏本华来说是一段特别而骄傲的经历。厉老师的课堂和讲解也以润物细无声的方式润入了魏本华的心里。在讲国际贸易的时候,厉老师特别讲到 deficit 在财政领域应翻译成盈余或者是赤字,但在贸易领域应翻译成顺差或者逆差。魏本华对课上的这个知识点特别留意,记得特别深,几十年过去了,现在他还会翻译一些基金的文件,这个词都经常用到。

胡晓炼是班里最小的学生之一,老大哥和老大姐们的社会经历比她多了十几年,能力和学识也会强很多。她有一门课考得特别好,就是厉老师讲授的课,她得了90多分,全班第一。胡晓炼说:"因为厉老师的课特别吸引人,对我而言是一个新的天地,他的逻辑性和理论已经成体系了,在厉老师的课堂上,我打下了比较好的金融基础,对于经济现象,从宏观到微观第一次有了清晰的概括。"几年以后,"五道口"请厉老师来给新入学的同学做讲座,厉老师讲到要融会贯通,主动思考,还讲了胡晓炼考试拿最高分的事情作为例子。恰巧坐在台下的她内心无比激动。胡晓炼回忆说:"考试的最后一题是论述题,题目与货币和国际收支有关。厉老师在课堂上给了一个框架,这个题目是我自己去分析进而提出了一个新的思考,并在考试中把它发挥出来的结果。厉老师给我满分,并且在讲座中把我作为主动思考的榜样讲给新同学,这对于我以后在工作中、学习中能够更主动地结合实际去思考是一个特别大的激励。"胡晓炼毕业后到了外汇局工作,当时很多人劝她去研究所工作,但她却自主选择了外汇局,到现在为止她一直做的工作都跟国际收支相关,曾担任国家外汇管理局局长。她说:"我不能说是得了满分的题目以及厉老师鼓励我这一件事对我以后的人生起了决定性的作用,但这件事对我今后个人的发展、兴趣、思维方式、自信心确实起到了非常重要的作用。"

三、厉老师在逆境中坚持学习的精神鼓舞了我们

厉老师在上课时曾说过"经济学家没有早熟的",即靠谱的经济学家都是大器晚成。大家当时不是特别理解,后来慢慢明白,研究中国经济需要了解中国的实际,在研究一些实际问题后

才能提出比较成熟的理论,厉老师正是这句话的写照。他曾在资料室当了十几年的资料员又下放过,"文化大革命"以后才恢复教学工作。但是他的学问却来自受打击时的坚持学习。吴晓灵回忆说:"厉老师是全国人大财政经济委员会的副主任委员,他主持了证券法和证券投资基金法的起草。后来我到人大工作之后,在厉老师起草的法律基础上,主持修改证券投资基金法,唯一突破的点就是加上了'非公开募集基金'这一章。厉老师主持起草的这两部法律对于完善我国金融法律体系做了很大的贡献。"厉老师之所以能够成为现在的经济学大家,是因为他没有在受到挫折之后自暴自弃,得益于他自己的坚持和研究,来自于他即使遭到了不公平待遇,还是能够以很积极的态度去对待。金琦说:"作为学生,能和厉老师这样有非凡经历的人在一起,从他身上学做人、学知识,学习他在经历了那么多磨难、受了那么多苦、经历了那么多的波折之后,还积极向上、心态阳光,不计较也不抱怨。他对我们的引导、对我们之后的工作或者是成长,有很多的助益。"

四、大道至简,大道长存

说起厉以宁先生,有太多的标签可以展示他的辉煌——著名经济学家、中国经济学界泰斗、"厉股份"、中国经济年度人物终身成就奖、吴玉章人文社会科学终身成就奖获得者。2018年12月18日,在中国经济体制改革四十周年之际,党中央、国务院授予厉以宁先生"改革先锋"称号,颁授改革先锋奖章,并评其为"经济体制改革的积极倡导者"。

但在"五道口"1981级同学眼中,他还是那个睿智、亲和、思维缜密、言之有物、愿意像父兄一样提携后辈的厉老师。学富五车、融汇中外、贯通古今的厉老师身体力行地践行"大道至简"的教学方法和治学方法，不但桃李天下，且培养出一众对社稷"有用"的人才；不仅著作等身，且产生了一批对国家"管用"的学术建树、政策建议与立法成果。

在厉老师九十华诞暨从教六十五周年之际，回忆厉老师教学往事的点点滴滴，"五道口"1981级同学都认为自己在人生的一个关键点上遇到了一个不仅精于授业而且善于传道的好老师。不论从哪个角度说，厉老师都是得道之人。唯愿厉老师大道长存！

在厉老师九十华诞暨从教六十五周年之际，光华管理学院派员与中国人民银行研究生部第一届（1981级）研究生代表吴晓灵、张钢、刘锐、金琦、魏本华、胡晓炼（按照文章所涉内容顺序）进行了访谈，本文系根据访谈整理。

[中国人民银行研究生部第一届（1981级）研究生代表
吴晓灵、张钢、刘锐、金琦、魏本华、胡晓炼
（按照文章所涉内容顺序）]

我是厉老师的崇拜者和追随者

尹衍樑

我第一次来北大是1989年的1月19日。1月17日、18日两天举行了两岸经济学会议,会议的主持人是吴仪,我来开两天会,共停留了六天,其中一天我就打车到学校,走进北大来看一看,我觉得校园环境非常地美。那次我没有约任何人。4月份再来的时候,我约了丁石孙校长和罗豪才副校长等人,提出提供一年100万人民币的奖学金,北大45万,清华45万,内蒙古大学10万。先主要从研究生奖励起,因考虑到研究生多半年龄比较大,压力比较重,生活也比较辛苦一点,所以研究生占八成,本科生占两成,然后逐年地扩大。那次见面,彼此印象都很好。那年学生暑假特别长,11月份才开学,所以发奖学金的典礼延至12月底,我来参加。领奖的学生有600多人,分批站在台下,颁奖者走下台双手奉上奖学金,因为这些学生将是国之栋梁。

一、捐资建立光华管理学院

1994年,我听说北大要办管理学院。我本身是台大管理学院的教授,带着其他七位教授来跟北大的教授一起会谈,会谈以后发觉双方是互补的,因为北大这边的经济学非常强,台大的管理学非常强,比如会计、统计、管理的科目非常强。所以两边如果能够整合在一起,会成为最好的管理学院,就这样有了建院的初步构想。

1994年这一年,吴树青、罗豪才、丁石孙还有厉以宁老师等,我们先后谈了四次,涉及学院管理架构的问题等,其间一度要谈到差一点破裂,每一次谈都回到原点。他们说:尹先生你的理想很好,但你对大陆状况了解不深,学院设董事会的机制前所未有,比较简单的方法就是您捐钱盖楼,管理还是我们自己搞。第一、第二、第三、第四次的结论都是这样。然而我很怕回到原来老一派的经济思想,所以我就坚决不同意。我说你要走回原点我不愿意,我说我现在就要离开,而且我那天很不客气拍了桌子,我说每一次谈都回到原点,不谈了。这时候吴树青校长拉着我的手说不能走,现在马上就要吃晚饭了。在吃饭的过程中,吴树青校长初步答应成立学校下的董事会机构。这是一种先定义学生将来毕业后要做什么,再倒推我们要提供什么样的课程、什么样的老师,才能够达到这个目的。那天晚上谈得很愉快。而后来事实上,董事会成立之后就没有再开过会,我们充分相信学校和学院,尤其是厉老师带领的学院发展方向,现在学院的发展充分证明了这一点。

之后,很快地开始光华基金会跟管理学院的兴建工作,当年就成立了北大光华管理学院。学院大楼的设计、规划到施工,我统统都没有参与。我只是接到厉老师的信,告诉我总计划多大、量体多大、需要多少资金、什么时候需要,我就按照工期和计划表提前把钱打进来,钱全部都提前到位,很顺利地盖好第一个楼。另外就是我们的宿舍,光华建立了北大第一栋宿舍里有独立卫生间的宿舍楼,然后学院就运转起来了。1997年第一次踏进新楼,我非常兴奋。

二、促进学科交流和两岸学生交流

成立学院之后,我带了四个特大号的皮箱,里面装的都是台湾的教科书,那些教科书在北京找不到,包含会计、统计、营销、工业管理等。四个皮箱里,有的皮箱是原文书,每一本书都编号的,借给学生后要收回来的,不能掉页。当时影印是很贵的,担心同学太爱学习,就直接把一些页撕掉了,所以每一本回收的时候还要看书里有没有掉页,没有掉页就好,掉页是要扣10分的。

成立学院后,我带了七位教授来访,第一次会谈比较不愉快,双方各坐一边,桌子的左边是北大的,桌子的右边是连我在内的八位台湾大学和台湾政治大学教授。北大这边是经济学专家、经济史专家等经济类的,我们全部是管理类的,会计、营销、统计、管理这些领域。双方合在一起就是最完美的组合,然而,大家却各抒己见,互相争论。继续争论下去没有意思,我的目的不是在争论,还要做事。最后我就讲,相同的两个东西有合作的必要吗?没有。正是因为不一样,我们的互补性很大,北大在经济学方面本来就很好,管理这方面台大是那个时代华人地区最好的。如果两者能够结合得很好的话,我们就是整个华人地区最好的管理学院。第一次开会我就这样讲,一锤定音。后来台大的教授们每半年半年地来光华上课,现在光华还有不少教授是台湾人。

我是台湾政治大学的毕业生,包括司徒达贤在内的政大的很多老师都是美国西北大学凯洛格商学院来的。凯洛格商学院是美国前几名的学院,在 MBA、EMBA 领域很多年都是第一名。因为政大和西北大学的渊源以及政大的老师们的牵线安排,1998 年 10 月,光华管理学院和美国西北大学凯洛格商学院举行签约仪式,二十多年来一直有非常密切的合作,我们共同做的双学位的 EMBA 都是跟西北大学合作的。

2000 年开始,光华开展了状元营,让两岸的年轻人有个交流。每年有 70 人左右,两边各有 35 人左右。北大这边的学生先到宝岛去游历,由台大的学生陪同。再隔一两个礼拜,台大的学生来大陆游玩,确定地点以后也是北大的学生陪,这是一次彻底的交流和融合。其实真理是越辩越明的,而且感情是越来越近的,甚至产生了若干对夫妻了。下周又有一批最新的都是"00后"的孩子了,都要去宝岛。我一定会好好接待他们,讲几句鼓励的话。

三、我是厉老师的崇拜者与追随者,充分尊重他的决策权

我们成立了董事会,但直到现在董事会都没开过。我充分尊重厉老师的决策权,我是他的崇拜者和追随者。这不是谦虚,这是发自内心的话。罗豪才、吴树青他们是更高层的,他们是学校级的,和我最亲近的人可能就是厉老师,跟他交往的密度就比较多一点。在第一次看到他的时候,从他的谈吐、他的气质、他心里的话、他表达的能力各方面,我都觉得他是一个很令人敬重的学者。他身上有道德的馨香之气,各方面都非常地好。他也

请我去他家做客,就在附近不远,每一次来都在他家里吃梅干菜烧猪肉配白饭,好吃得不得了。他特别了解我,我也特别了解他。

他具有非凡的勇气和担当精神。大概 1997 年,有人说光华基金会的捐赠是国民党给的,是"统战"用的。这些都是靠厉老师去力排众议,他说:我了解尹衍樑不是这样的人,他做这件事跟政治没有关联,虽然他是国民党的党员,但他是很爱国家的。而且光华一直是光大中华文化。大陆的民主党派很多,九三学社、民盟等,不差一个国民党,这个是没有问题的,只要我们坚持我们自己的教学科研方向。这个事情一直上到高层那里,才下了定论。厉老师如果不敢当,这个事情根本不能推,这不是光靠钱可办的,管理学院很多的地方牵涉思想的问题,这也说明厉老师大的格局。只有厉老师有这样的肩膀、有这样的眼光,他看到这些事情。我只是在后面支援他、追随他,帮助他实现他的愿望。

厉老师是一个博古通今的人,这是很难的。很多人的经济学很好,他不知道中国历史,不懂文化,诗词也不行,歌赋也不行。厉老师诗词、歌赋都好,包括厉老师的格律,是北大中文系的老教授都认可的,我记不清那位老师的名字,他说当代在大陆写格律诗写得最好的四个人,其中有一个是厉以宁。

四、和北京大学合办光华管理学院是我人生中最有成就感、最欣慰的一件事

回顾 30 多年来,光华管理学院的发展超过了我最初的预想。我没想到光华能办得这么好,现在已经是华人地区最好的管理学院了,包括跟原来的台大去比也只领先不落后,而 20 世纪 90 年代,光华还更多的是向台大管理学院学习。我对光华管理学

院的支持不只是建楼、建宿舍等一次性的,这么多年一直在支持学院的师资建设。对学院未来的发展我还会不断支持,先充实好老师,再改善环境,再多招收好的学生,扩大对社会的贡献,我还愿意继续帮忙。这30年不是一个结束,而是新的起点,我们还要走更远的路。

(尹衍樑,台湾大学、台湾政治大学讲座教授)

第三章 倡导体制改革

"缓流总比急流宽"

关心、支持和参与集体林权制度改革

贾治邦

一、厉以宁教授在集体林权制度改革的关键时期发声支持

我长期在基层工作，参与过土地承包责任制改革，总结推广过退耕还林，还负责过陕西的苹果产业化项目，深知农民对土地的深厚感情和强烈依赖。2005年，我在林业战线工作时遇到了三个突出问题：一是普遍存在造林、育林、护林、防火、科技兴林这五难。占全国林地60%的集体林仍然实行集体经营管理，阻碍了林业生产力的

发展。二是林业生产力低。全国有45.6亿亩林地,产值仅有8458.74亿元,每亩产出约185元,与农村土地承包前的水平相似,林业的生产力既没有解决全国发展建设用木材问题,也没有解决农民收入问题,更没有解决人民对生态的需求问题。三是破坏森林的现象屡禁不止。集体林是农民投工投劳造林得来的,却没有任何收益,"造林不建林"造成乱砍滥伐、偷砍偷伐现象长期存在却不能禁止,甚至引起干群矛盾。主要是因为产权不明确、经营主体不落实、利益分配不合理,严重制约了林业生产的发展。

林改的核心是要解放发展林业生产力,解决林业发展中存在的突出问题,适应农民林改的迫切要求。但在全国开展林权制度改革以来,思想的统一并不容易,改革遇到了不少障碍,阻力来自方方面面:村干部积极性不高;基层林业干部认为基层的林权纠纷较多、矛盾很大,办事相对保守;县乡干部担心出现乱砍现象,积极性也不高。这些方方面面的思想认识和阻力,给我带来很大困扰。

厉教授在集体林权制度改革的关键时期,发声支持林权制度改革。他提出,集体林权制度改革是对农村承包制改革的超越,是非常重要的是经济体制改革;推动林业资源向市场机制转化,对国民经济现代化发展有巨大的推动作用;同时也是推动山区脱贫致富、解决城乡二元体制的重要制度安排。他为集体林改立下汗马功劳,为中国经济体制改革做出了重要的理论贡献。

2008年6月,中共中央、国务院印发《关于全面推进集体林权制度改革的意见》。厉教授敏锐地捕捉到集体林权制度改革是关系国民经济全局的重要改革,对当时经济社会的系统改革有重要作用。厉教授又提出"集体林权制度改革是新阶段改革的'一声春雷'",他的支持对于增强改革的信心、宣传党的方针政策、凝聚人们的共识有重要意义。

二、厉以宁教授认为集体林权制度改革是对农业承包制的超越

厉教授认为集体林权制度改革超越了农业承包制。林权制度改革启动时,农业承包制已经实行了30年,我们既汲取了农业承包制的经验,也有创新。我还清晰地记得,厉教授谈林权制度改革超越农业承包制,主要谈了四个超越:

第一个超越:林地的承包期为70年。这和只有30年承包期的农业承包制不大一样,因为承包期越长,越能使承包人安心,放手经营。

第二个超越:流转。分散到各户的农业承包制不利于农业规模经营,农业增产到一定程度就停止了,农业承包制到后来才设法予以调整。林权制度改革在开始时就避免了这一缺陷,具体反映在明确林地承包经营权的转包、出租、转让、互换、入股、抵押等流转方式。特别是入股,承包方可以把林地承包经营权作为股权,自愿联合或组成股份公司、合作组织等形式,这样可以提高经营效益,有效解决单个农户分散经营中存在的一些问题。此外,转包、出租、转让也能促进林业的规模化经营。

第三个超越:突出了资源向资本转化。农业承包制对金融的作用实际上是限制的,林权制度改革突破了这一限制。具体反映在林权制度改革中允许以林地使用权和林木所有权作为抵押,取得贷款。这样就拓宽了林业融资渠道,把林地承包方的经济放活了,有利于提高林地经营效率,同时也可以防范金融风险。

第四个超越:林权制度改革是结合城乡二元体制改革进行的,而农业承包制未触动城乡二元体制。厉教授强调,林业改革

不仅要解决集体农业林业承包土地的流转问题,而且要影响农民宅基地的置换(即以宅基地换取城市住房、城市低保和城市户口)问题,以及农民宅基地上房屋的产权界定问题。这项工作可以在城乡统筹试验区内先试先行,然后总结经验再推广。

厉教授的这些观点都非常深刻,给我留下了十分深刻的印象。集体林权制度这十多年的改革,更加证明了他的前瞻性。

三、厉以宁教授关于集体林权改革的主要观点

厉以宁教授不仅从理论上阐述集体林权改革的重大意义,而且他和他的团队直接参与和推动了林权改革。厉教授对集体林权制度改革的认识非常全面和深刻。2008年,由厉教授带领的团队对集体林权制度改革进行深入系统的研究,他把林业、林农和林区的发展做了系统而全面的考察,并且对各项改革的历史源流和发展模式都有非常深入的了解,提出的建议也都非常中肯。同年10月,在光华管理学院举行的全国林业厅局长会议上发布了第一份研究成果。厉教授发表了关于集体林权制度改革的演讲,主要讲了以下四个观点:

第一,集体林权制度改革是一场关系到国民经济全局的改革。他简洁明了地说出了几组数字:我国集体林面积有27亿多亩,林业资源90%在山区,贫困人口集中在山区,全国592个国家级贫困县,有496个分布在山区。这组数字让人们很直观地了解到林权制度改革对国民经济全局的重大意义。

第二,集体林权制度改革仿照并超越了农业承包制。他的这一观点,后来被很多人引用。他说,在林权制度改革中,集体林地使用权和林木所有权要清晰:集体林地的所有权是归集体的,使用权归农民;而林木所有权则归农民。这是建立新的林权制度的基础。农业承包制调动了农民的积极性,林权制度改革

同样如此。集体林权制度改革后,实行商品林、公益林分类经营管理,农民成为了真正的经营主体,而且从长期看,由于林地承包权不变,林木所有权不变,农民可以安心地经营,不必担心政策变更了。对商品林,农民可以依法自主决定经营方向和经营模式,收益权就得到了保障,处置权得到了落实。农民作为林地承包人,只要通过自己的努力就可以增加收入,还可以根据自己的情况选择经营方向和经营模式,并可以选择所承包的林地合理流转的形式,例如依法进行转包、出租、转让、入股、抵押或作为出资、合作条件等。农民的自由度大了,致富的机会多了。

第三,集体林权制度改革将为林业产业化的推进发挥积极作用。厉教授分析说,从纵向上看,农民林业专业合作社可以从育林造林到采伐、林产品加工,再到市场营销、扩大再生产这一链条,做出统筹规划和安排;从横向上看,农民林业专业合作社可以把林业同与之配套的其他行业,以及有关企业,通过市场方式合作,共同研发,共同开拓市场。所有这些经济活动都是单个农民由于力量所限而实现不了的,需要农民通过规模化、专业化的合作组织实现。通过林权制度改革建立的农民林业专业合作社,由农民自愿参与,在实行家庭承包经营的基础上,以通过规模化经营来提高成员收入为目的,而不是以单纯技术、信息服务为目的,在制度设计上能有效处理激励和规模之间的矛盾。厉教授这一判断现在已变成了现实。据国家林业和草原局统计,2017 年,全国农民林业专业合作社、家庭林场等新型经营主体达22 万个,经营林地达 3.6 亿亩。

第四,在林业发展中,多种模式并存是合理的。多种模式并存,主要是指国有林场、农民林业专业合作社、林业股份公司和农民家庭林场并存。多种模式存在的理由,不仅在于各种模式从产生到现在都有历史渊源,都是在一定的历史条件下建立起来的,而且由于林区情况和林业情况的复杂性、多样性,应有因地制宜的考虑。每一种模式都应符合以下原则:有利于调动生产者、经营者的积极性;有利于保护生态、保护资源;有利于实现林业产业化和林业现代化;有助于林业的加快发展,使林业在国民经济中发挥更大的作用。

四、厉以宁教授关于集体林权改革的研究成果

从 2008 年到 2013 年,原国家林业局和厉教授带领的团队对集体林权改革的研究进行了深入的合作,四个课题都取得了重要成果。

2008 年,厉教授带领的团队就集体林权制度改革确权到户、产权改革的成绩和问题进行专题研究,这次研究形成了《关于集体林权制度改革的调研报告》。该报告认为,集体林权制度改革取得了显著成效,主要体现在:极大地调动了农民的积极性,促进了生态环境的修复;显著地提高了农民收入,增加了农民致富的路径;防止了农民失地失山,促进了林地有序流转;极大地促进了林业产业化,增强了山区林区发展的活力;切实地促进了村民自治,巩固了党在农村基层的政权。这份研究报告还提出了很好的建议,主要包括:要尽快完善林业立法;加大财政投入,建立促进林业发展的公共财政支持体系;实行林业规模经营,推动林业产业化发展等。时任国务院总理温家宝同志、国务院副总理回良玉同志对这份调研报告给予了充分肯定。

2009 年 2 月,厉教授开展了公共财政政策支持集体林权制度改革的研究。这次研究为集体林地确权后生态保护和经济开发做了系统设计,并对现有政策中需要改进的地方提出了建议。厉教授带领的团队通过调查和研究认为,林业是集生态效益和社会效益于一体的基础产业,林农是自我发展能力很低的弱势

群体。要实现林业科学发展、农民就业增收的目标，需要政府的大力支持，建立健全保障林业改革发展的公共财政制度体系。厉教授建议：建立完善生态公益林补偿制度，提高公益林补偿标准，建立多渠道的补偿资金筹措机制；建立森林资源培育补助制度，把森林资源培育纳入农业直补范围，提高造林补助标准；加大林业基础建设投入，增加林区道路建设投入，完善基层站所建设，加快林业产权交易中心建设；建立林业发展基金制度。这些政策建议得到了时任国务院副总理回良玉同志的充分肯定。

2009年3—4月，厉教授团队开展了林改促进乡村劳动力就业的调查研究。正值全球金融危机，沿海地区很多制造业企业的倒闭引起农民工失业和返乡回流等社会不稳定现象。厉教授团队注意到集体林权制度改革在稳定就业方面的积极作用，并进行了广泛调研。研究发现，面对金融危机，林区农民很平静，主要原因在于全国开展的集体林权制度改革对解决返乡农民工就业、促进农村潜在劳动力就业创业发挥了重要作用。进一步支持林业发展和推进集体林权制度改革，必将对乡村劳动力就业和农村稳定产生更加积极和深远的影响。根据调研的情况，厉教授研究团队提出了政策建议：继续推进集体林权制度改革，积极发挥其促进农民就业的特殊历史作用；利用返乡农民就业机遇，加大林业生态工程建设投入；加大财政金融支持力度，为农民经营林业创造有利条件。这些政策建议引起了时任国务院副总理李克强同志的重视。

2013年，厉教授团队开展了林下经济与中国低碳发展战略研究。研究认为，发展林下经济不仅有助于巩固集体林权制度改革成果，更会促进绿色增长和绿色就业，有效缓解经济增长与生态保护之间的矛盾。在中国经济发展方式转型和中国特色的城镇化建设过程中，林下经济可以发挥积极作用。这项研究内容得到了时任总理李克强同志的批示。实践证明,林下经济已成为农村经济发展一个新的增长点。几年时间,林下经济的产值大幅度增长,到2017年已达7507亿元,成为我国林业产业的六大支柱之一。

以上这几项厉教授牵头主持的课题研究都获得了时任总理和主管农业副总理的批示。同时厉教授领导的光华管理学院研究团队还积极参与许多林业公共政策的起草和讨论,无论对林改的整体推进还是具体政策的出台都发挥了重要作用。

五、集体林权制度改革取得的巨大成就与意义

从2008年到2018年,集体林权制度改革已经经历了十年时间。十年的实践证明,集体林权制度改革取得了巨大成就,具有十分重大的现实意义和深远的历史意义。第一,集体林权制度改革,构建了林业适应社会主义市场经济体制的微观基础。目前,全国已明晰林业产权的集体林地面积27.05亿亩,占集体林地面积的98.97%,发放林权证1.01亿本,确立了亿万农户的经营主体地位,为发挥市场在农村资源配置中的决定性作用奠定了基石。第二,集体林权制度改革,构建了农户积累资本、创造财富的机制。集体林权制度改革,不仅彻底改变了农民一无所有的状况,还结束了亿万农民自身无法创造资本的历史,开启了农民资本积累的闸门,使他们通过经营、入股、抵押等方式来不断扩大资本成为可能。我国近8亿农村人口实现脱贫致富,集体林权制度改革立下了不可磨灭的功劳。第三,集体林权制度改革,构建了生态建设的动力机制。实现了由"要我造林"向"我要造林"的转变,由少数人护林向多数人护林的转变。全国造林面积不断增加,乱砍滥伐、偷砍盗伐的现象不断减少,森林质量不断提升。据联合国粮农组织评估,我国已成为全球森林面积

增长最多的国家。第四,集体林权制度改革,构建了林业产业发展的激励机制。极大地释放了集体林地的潜力,激发了林业产业发展的活力。2006年,我国林业产值首次登上万亿级台阶,整整用了57年的时间。全面实施集体林权制度改革的第二年,我国林业产值就登上2万亿级的台阶,达到22779.02亿元。2017年我国林业产值达到7.13万亿元,为1994年的53倍、近2008年的5倍,我国已成为全球林业产业发展最快的国家和世界林产品生产、消费、贸易第一大国。

我国集体林权制度改革,还得到国际社会的高度评价。世界产权与资源组织总裁安迪·怀特评价说,中国集体林权制度改革是世界林业史上最大规模、最具影响、最大成效的改革。厉教授是这场伟大改革的参与者、支持者和推动者。他为推动集体林权制度改革立下了汗马功劳。非常感谢厉教授对这场改革的关注和支持,不仅他自己为集体林权制度改革贡献了重要意见和建议,而且他对集体林权制度改革的表述,引发了中央领导层和更多人对集体林权制度改革的关注和支持,帮助集体林权制度改革在各个方面获得了支持和成就。

(贾治邦,国家林业和草原局)

厉以宁教授对集体林权制度改革的理论贡献

黄建兴

我和厉以宁教授因林改相识相交,可以说是志同道合、亦师亦友。2002年,时任福建省省长的习近平同志亲自抓起、亲自主导福建开展集体林权制度改革,当时我担任林业厅厅长,具体负责抓这项工作。这场改革是没有先例的系统工程,没有现成的路可走,没有成功的经验可以借鉴。在推进改革过程中,我们在理论、法律和政策层面面临许多瓶颈,感到很迷茫,又没有很好的解决办法。之后在时任省林业厅副厅长兰思仁的牵线搭桥下,时任国家林业局主管林改的副局长张建龙同志带领下,与北大光华管理学院密切合作,共同推进全国集体林权制度改革,从那时起我有幸认识了厉先生,深为他深邃的思想和渊博的知识折服。从此一见如故,成为他家中的常客,经常向他请教,长期得到了他的悉心指导和不吝点拨。集体林权制度改革能在理论和实践上不断创新,并最终上升为国家战略决策,厉以宁教授付出了辛勤的汗水,作出了巨大的贡献。概括来说,厉以宁教授对集体林权制度改革有三大理论贡献。

一、把集体林地家庭承包经营权产权化

土地产权是土地制度和政策的核心。新中国成立以来,我国农地制度经过土改、合作化、人民公社、"大包干"、家庭联产承包责任制及第二轮土地承包等多次反复性变革,都没有从根本上解决农民的土地财产权问题,林改之前农民与土地之间仍然是承包与被承包的关系。但在集体林权制度改革过程中,厉以宁教授以前瞻的战略眼光和对现代林业发展的准确研判,开创性提出:要赋予集体林地农民承包经营权产权属性,家庭承包经营权可以认定是从集体所有权中独立出来,视为用益物权,具有占有、支配、收益的产权权益。在这个观点的指导下,集体林权在历史上第一次把一笔巨大的林地不动产均分到农民手中。目前,全国已明晰林业产权的集体林地面积27.05亿亩,占集体林地面积的98.97%,发放林权证1.01亿本,确立了亿万农户的经营主体地位,极大地激发了林农生产经营的积极性和主动性,2006年,我国林业产值首次登上万亿级台阶,用了57年时间,但全面实施集体林权制度改革后的第二年,我国林业产值就登上了2万亿级台阶,达到22779亿元,现在我国已成为全球林业产业发展最快的国家和世界林产品生产、消费、贸易第一大国,其中集体林改发挥了重要作用。世界产权与资源组织总裁安迪·

怀特评价说，中国集体林权制度改革是世界上最大规模、最具影响、最大成效的改革。

二、把分给农民的集体林地自然资本属性变为经济资本属性

林业产业投资大、周期长、见效慢，投融资问题是长期制约林业发展的重要瓶颈，对单独经营的农户来说更是如此，迫切需要建立林业和金融行业的桥梁纽带，为林业产业发展引入金融活水。在集体林权制度改革初期，福建永安等地已经意识到这个问题，通过小额贴息贷款等形式，试水林权抵押贷款，但在法律上处于真空地带，风险很大。经过深入调研，厉以宁教授又开创性地提出，既然农民家庭承包经营权认定为用益物权，就要活化产权功能，把分给农民的集体林地、林木生态自然资本变为经济资本，可以转包、出租、转让、互换、入股、抵押等各种流转方式，把资产变为资本，并积极为此奔走呼吁。2009年4月，中国人民银行、财政部、银监会、保监会、国家林业局五部门成立金融支持集体林权制度改革与林业发展联合工作小组，5月26日又联合发布了《集体林权制度改革和林业发展金融服务指导意见》，明确支持引入林地使用权和林木所有权这一新型抵押物，使森林资源资本化成为可能，真正做到"敲开银行门，盘活万重山"。截至2017年底，全国实有抵押集体林地面积达9261.76万亩，其中农户抵押集体林地3399.76万亩，年末贷款余额高达1236.42亿元，此外，全国各地还积极开展一系列林业金融创新，尤其是林农把林权承包经营权作为股权，自愿联合或组成股份公司、合作组织等形式，形成新型林业经营主体，既促进了林业规模化经营，也进一步推动林业资源和工商资本深度融合，有效解决了林业投资渠道受限、资金供给不足等深层次问题。

三、把生态产品价值有偿化

厉以宁教授提出，生态产品是社会公共产品，是有价值的，应该对提供生态产品的拥有者、建设者给予相应补偿。他建议完善生态公益林补偿制度，提高公益林补偿标准。建立多渠道的补偿资金筹措机制，尤其是建立森林资源培育补助资金，把森林资源培育纳入农业直补范围，提高造林补助标准。这些政策建议紧紧围绕生态文明建设这个根本大计，围绕习总书记提出的"绿水青山就是金山银山"理论，聚焦林农参与生态建设的动力源泉这个核心，又具有很强的可行性，受到了国务院领导的充分肯定，很快就上升到中央政府决策，2007年财政部、国家林业局印发《中央财政森林生态效益补偿基金管理办法》，把集体和个人所有的国家级公益林补偿标准从1.5元提高到5元，2013年再次把集体和个人所有的国家级公益林补偿标准提高到15元，各地政府还从实际出发，给予了相应的财政贴补，其中北京、广东和浙江三个省市的2018年国家级公益林补偿标准分别达到每亩42元、31—35元和35元。之后，原国家林业局和有关部委又积极开展流域上下游横向生态保护补偿机制，同时取消了育林基金和维简费，进一步激发了林农造林绿化的积极性。2016年4月，国务院办公厅出台《关于健全生态保护补偿机制的意见》（国办发[2016]31号），明确提出要健全国家和地方公益林补偿标准动态调整机制，完善以政府购买服务为主的公益林管护机制，合理安排停止天然林商业性采伐补助奖励资金，具有中国特色的森林生态补偿机制逐步形成。

厉以宁教授的三大理论贡献，不仅为集体林权制度改革提供了重要指导，而且可以说是中国特色社会主义公有制土地使用制度改革、农业金融制度和生态补偿制度的重大理论突破和理论创新,对其他领域的改革都具有深远的影响,对中央提出的扶贫攻坚、乡村振兴两大战略具有十分重要的指导意义,为新时代改革开放提供了理论借鉴。

(黄建兴,福建省林业局)

黑龙江农垦改革的重要推动者

王守聪

厉老师是我十分尊重、令我终生感动的经济学家,他治学严谨,看问题入木三分,具有强烈的责任感和使命感。

一、厉以宁教授对国有农垦体制改革的贡献

厉老师在农垦改革中作出了很大的贡献,为了研究国有农垦体制改革,他先后到了广东、江西和黑龙江,实地走访农场农户,尤其是跟农业战线的干部职工一起研究农垦问题。实际上,农垦改革正是在沿

着厉老师规划的中国特色国有农业经济改革之路进行的。

通过与厉老师的接触，我更加深刻地体会到，经济学的研究一定要理论与实践相结合，才能符合中国的实际。改革过程中，若是找不到现成的方法，就必须要把经济学的理论和中国的特色相结合，在实践创新中找路子。在农垦改革方面，我有几个感受特别深。第一，要树立国有农业的特殊地位，并突出其重要作用。从所有制结构、国家战略定位、粮食安全、重要农产品的有效供给来看，国有农业经济要起到骨干引领作用。厉老师反复强调，国有企业改革一定要分类，要考虑它的公益性、战略性、市场性，既要坚持社会主义市场经济的改革方向，同时要考虑到这个企业在国家战略层面的地位和作用。只有这样，改革过程中才不至于偏离方向。第二，要避免国有企业在股权制改革中偏离方向。厉老师一再讲，对土地这类可以资本化的资产，要防止国有资产流失。我们在具体实践中深刻体会到，混合所有制改革的进行，一定不能削弱国有企业的控制力、影响力和抗风险能力。尤其是北大荒这样的国有农业企业承担着国家粮食安全的使命，在股权和主导产业的设置上，要始终保持国有资本的控制力。第三，国有农场的经济改革要与农业现代化和城镇化紧密结合。农场一定要成为吸纳人口、聚集产业的地方，在城镇化过程中要注意产业结构和供给结构的调整，在产业的设计上要瞄准主导产业，让产业发展更加符合市场，进而吸纳就业，带动城乡、工农的共同发展。第四，要创新国有土地的经营管理方式。厉老师一再强调，要创新土地的使用方式，在农场的经营体系上，让大农场统筹小农场，通过家庭让土地发挥效力，通过大农场提高抗风险能力，把土地用活的同时保证国有资产不流失。理论与实践相结合的学术观点对于农垦改革有着非常重要的推动作用。

黑龙江农垦通过改革,从行政体制转变成了企业集团,未来的北大荒集团:一是要建设现代农业的大基地、大企业、大产业,努力形成农业领域的航母;二是要让农业更加有活力,让农业更有效益;三是要让农业更有国际竞争力,成为新型的国际粮商,成为中国特色农业经济体系的骨干引领。我觉得,厉老师在农垦改革过程中有着重要的贡献,今后在北大荒的改革过程中要按照这些指引进一步推动农垦改革。

二、厉以宁教授提出的农垦改革主要观点

农垦改革是国资国企改革的一个重要组成部分,它有很多自己的特点,厉老师研究了很多农垦改革的案例,总结出一些经验,让我们受益匪浅,非常值得提炼和推广。

厉老师曾讲过,农垦今后要变成两个层次:第一就是管资本,第二是管企业,企业要管实业。我到黑龙江农垦工作后发现,大型企业就是要在企业层面上以管资本为主,实业部分要加以放活。这个理论在实践中确实是非常有用的。再如,厉老师说要因地制宜。农垦改革过程中的一大问题是行政权力要交给政府,变成市场主体。而北大荒最大的问题就是在行政化的路上已经走得太远,当务之急是要把行政权力交还给地方政府。但是区域性企业具有一定的社会责任,在将公检法司、义务教育等职能交出去的过程中,要交得出、接得住,关键是要不留空档。在这一改革过程中,我感受到厉老师说的要根据政府的、企业的定位来看,谁能管好谁就来管。这是非常因地制宜的观点,很有生命力。又如,用工制度方面,厉老师讲一定要走市场化用工制度。国企存在的一个重要问题就在这,有些负担是没有必要的,比如一个农场的清洁工只需要二十多个就够了,结果有些企业看似社会化用工,实际上用了四五十人,机构膨胀,不讲效率。

我们作为企业的管理者,在这种情况下,要坚持社会化用工,思考怎么去设计有效的管理制度。

三、厉以宁教授对黑龙江农垦改革的具体指导

北大荒是一个特殊的战略组织,其改革既要符合国家战略,又要让企业具有市场活力,这种复杂性使得各方面的认识不容易统一。在改革过程中,厉老师从理论上给我们很好的指导,而这个指导对今后北大荒如何走下去的作用会越来越显现。

具体而言,有两方面是最重要的。一方面,确定农垦改革的国家战略地位,在改革过程中维护社会的稳定。北大荒的改革不仅是自身的改革,还要和地方政府进行互动,涉及人的安置问题和经费问题,需要跟地方政府反复磨合,充分地交流和沟通,相互理解。只有在这种基础上,才能保证北大荒的改革顺利、稳定地进行。另一方面,农垦改革要增强企业的实力、活力和竞争力。在改革过程中,一是要生产出优质的产品,提升企业的竞争实力,打造具有国际竞争力的现代农业企业集团。同时,要把黑土地保护好,把生态环境保护好。

北大荒下一步的改革是坚持垦区集团化、农场企业化的改革方向,按照习近平总书记的要求,建立现代农业的"大基地""大企业"和"大产业",对企业进行优化重组和产业升级。"大基地"主要是巩固北大荒 400 亿斤到 500 亿斤的粮食产能,实现标准化和绿色生产全覆盖,成为保证国家粮食安全的基地。"大企业"是要带着农民走向市场,和农民形成利益共同体。"大产业"是北大荒拥有全产业链,把农民的风险转化成企业的风险,用企业的实力降低风险。"大基地""大企业"和"大产业"是北大荒今后发展改革的方向,实际上就是按照企业化、集团化的方向改革,形成一个新型粮商。北大荒应当仁不让,在国家供给侧

结构性改革和乡村振兴战略中打好主场,在基地建设上、产业上和企业竞争力方面走在前列。

(王守聪,北大荒农垦集团、黑龙江省农垦总局)

厉以宁农垦改革思想

周业铮

农垦是集区域性、社会性于一体的特殊组织，在中华人民共和国成立后起到了非常重要的作用。随着经济的发展，农垦系统这一独立体系越来越不适应社会经济形势的变化，管理体制不顺、经营机制不活、社会负担沉重，等等。在新形势下，中国农垦的体制机制已不再适用，迫切需要深化改革。长期以来，在农垦往哪改、怎么改等问题上意见不一、争论不休，解决企业办社会职能、社会保障等历史遗留问题困难重重。

厉以宁先生情系农垦、心忧农垦，以深

邃的思想洞察指明了农垦改革方向和路径,起到了指路定向的关键决定作用,指导了农垦改革持续深入推进。经过改革后的农垦,在保障国家粮食安全等方面的战略作用愈加凸显,这与厉以宁先生的重要思想贡献是密不可分的。

一、厉以宁先生的农垦情怀

多年来,厉以宁先生一直记挂着我国的"三农"问题。厉以宁先生情系"三农",不仅因为他 20 世纪 50 年代到 70 年代几次下放农村,同农民一起生活、一起劳作,更因为他深知农业、农村和农民在我国经济社会发展中的重要作用,对"三农"问题一直保持着高度关注。

农垦是国有农业经济的重要组成部分,但又有着自身特殊的属性。厉以宁先生很早就与农垦结缘,对农垦事业和农垦人怀有深厚的感情。他时常关心关注着农垦的改革发展,曾为农垦改革滞后而焦虑,也为农垦发展成就而欣慰,推动中国农垦走出一条独具特色的改革发展道路。

(一) 年轻时鲤鱼洲的劳动经历

从 1958 年到 1971 年,厉以宁前后三次被下放,饱受生活的磨难。最后一次下放,地点是在江西南昌鄱阳湖边的一个农垦农场——鲤鱼洲(现在叫五星垦殖场)。鲤鱼洲是鄱阳湖的一个围堰,方圆几十里没有什么村庄,全是荒滩、湿地、沼泽。1969 年 10 月,北京大学教职员工一千余人,乘火车去南昌,又辗转到鲤鱼洲下放劳动。厉以宁到了那里后,和其他同事一起修路建房,白天生产晚上学习,虽然日子清苦,但内心充实。

厉以宁对鲤鱼洲有很深的感情,在人生中留下了不可磨灭的深刻记忆。到了鲤鱼洲一个月后,厉以宁迎来 39 岁生日。他挥笔写下了一首七绝,以纪念这段难忘的时光。

恍然一梦醒何迟,惊觉已临不惑时;
风送落花飞似雪,来年春在小桃枝。

厉以宁说,他在那里亲眼目睹了当地农民的穷苦,冬天穿的依旧是草鞋、单裤,鞋袜都没有,吃的也非常差,感到非常震撼。也就是在这个时期,他的经济学观点发生了转变,决心探索一条研究社会主义经济的新思路。

1970年12月,夫人何玉春带着6岁的儿子到鲤鱼洲探亲,参加劳动,并请求调到北大。10月何玉春接到北大调令,到北大报到后,带儿子、女儿来到鲤鱼洲与厉老师患难与共,她是北大到鲤鱼洲陪同亲人劳动下放的第一人。他们的相濡以沫成为那个时代生命中的亮色。1971年9月,北大鲤鱼洲农场撤销,教职员工返校,厉以宁赋《鹧鸪天·别鲤鱼洲》一首。这首词记述了厉先生当时的生活和心境。

烟柳朦胧赣水边,汗珠洒遍稻田间。
骄阳似火抢收日,秋雨连绵打谷天。
离后聚,苦中甜,共迎铁树放花年。
忽闻星夜回京去,此刻心思却惘然。

2014年4月20日,时隔43年,厉以宁率全国政协经济委员会"积极发展混合所有制经济"调研组重返鲤鱼洲。在北京大学江西分校(鲤鱼洲)旧址陈列馆,他看到那些曾经用过的简单的劳作工具和简陋的生活用品,思绪万千,感慨良多,不禁题写下"事非亲历不知难"几个字。

重返鲤鱼洲后,厉以宁仍然十分惦记五星垦殖场的前途与发展,心系鲤鱼洲。他专题撰写了《江西南昌五星垦殖场体制改革的探讨》论文,提出了发展农垦混合所有制经济的设想,为鲤鱼洲进行了改革与发展的顶层设计。如今的鲤鱼洲,经过几代农垦人的艰苦创业,原先鄱阳湖畔这片荒凉地上,绿树成荫、稻浪千重,瓜果飘香、街宽林茂,被江西省列为商品粮基地重点开发区和菜篮子基地。

(二)对黑龙江农垦人的敬重与厚爱

黑龙江农垦地处三江平原、松嫩平原和小兴安岭山麓,分布在黑龙江省12个地(市)的69个县(市、区)。垦区土地总面积5.43万平方公里,其中耕地3186万亩,总人口157.9万人。黑龙江垦区开发始于1947年。开发建设之前,垦区是亘古荒原,素有"北大荒"之称。经过半个多世纪的开发建设,目前垦区已成为我国耕地面积最大、机械化水平最高、综合生产能力最强的国家重要商品粮基地和粮食战略储备基地。

2006年8月,厉以宁先生到黑龙江省农垦考察,在为期一周的时间里,深入到农垦牡丹江分局、红兴隆分局、建三江分局、宝泉岭分局等八个分局调研,考察了"两江一湖"兴凯湖灌区工程、崂林河湿地国家自然保护区(雁窝岛)、建三江科技示范区、红兴隆社区、普阳农场等二十多个农场、企业、学校和社区等,踏遍了黑龙江垦区各地。

黑龙江农垦在开发建设历程中,经几代北大荒人用青春、血汗和生命培育锤炼,形成了以"艰苦奋斗、勇于开拓、顾全大局、无私奉献"为主要内涵的北大荒精神。这种精神深深感动着厉以宁先生。在宝泉岭管理局,厉以宁先生欣然写下一首《七古·赠黑龙江农垦宝泉岭管理局》,表达对农垦人的敬意。

> 改天换地,何等气概;
> 几代奉献,何等胸怀。
> 连片良田双手开,成行大树汗水栽。
> 老兵最为动情处,昔日荒草台,今晚风送稻香来。

从牡丹江到兴凯湖边,一直沿乌苏里江到宝泉岭,再经鹤岗、依兰到哈尔滨,行程3000多公里。调研临近尾声,在哈尔滨参观北大荒农垦博物馆时,厉以宁挥毫赋词《鹧鸪天·赠黑龙江农垦老战士》一首,赠黑龙江农垦的老战士。

> 十万官兵为戍边,征衣未解学耕田。
> 灌渠风雪挑灯夜,换得丰收九月天。
>
> 看黑土,话当年,白头伉俪意绵绵,
> 此生奉献从无悔,叮嘱儿孙永向前。

经过这次调研,厉以宁先生认为黑龙江农垦的经济和制度具有很高的研究价值,成立课题组完成了《黑龙江农垦发展模式战略问题研究》报告,并建议在黑龙江垦区建立国家农业现代化综合试验区,以期为农垦地区、东北地区乃至全国农业现代化建设探索道路。

(三)对农垦改革滞后的担忧和期待

颇具中国特色的农垦制度,在新中国建设初期曾发挥重要作用,但旧有体制沿用60多年已疾病缠身。厉以宁先生多次讲到,农垦制度在新中国成立后起到了非常重要的作用,随着经济的发展,农垦系统越来越不适应社会经济形势的发展,比如经营机制不够灵活、社会负担沉重、权力难受制约等。这些问题核心是由于体制不顺,必须加快推进农垦体制改革。

对于农垦体制,厉以宁先生一针见血地指出了根本弊端。他经过反复调研指出,垦区刚建立时就承担了若干社会职能,这是农垦发展初期的必然情况。但到了后来,地方政府体系建立起来了,农垦企业所承担的社会职能就需要"剥离",即把这些社会职能移交给地方政府,使它们尽到政府的责任,而农垦企业只管使用农垦区内的国有资源,为国有资源的使用效率不断提高而付出努力,为国家做出贡献。

厉以宁先生讲,农垦历史包袱重、遗留问题多,现实中推进改革并不容易。农垦作为一个企业,不能不对承担社会职能这一政企不分的现象做个了结,问题拖得越长,困难会继续增加,改革的成本也越大。2014年,在重返鲤鱼洲时,厉以宁反复叮嘱农场和地方领导,要求大家跟上中央的思路和步伐,加快推进农垦混合所有制改革,不要等等再看,不要看看再说,等等看看耽误时间,看看等等丧失机会。

厉以宁说,农垦集团公司体系内,无论是母公司还是子公司,都要懂得如何引进资本,要通过资本的引进,使母公司和子公司都转化为混合所有制企业;要及早推进职工持股制和高管激励持股制,这是既能充实公司资本,又能调动职工和高管人员积极性的有效措施;要加快人才引进,公司经过改制后,从技术创新到市场开拓,从管理规范化到营销方式的变化,若人才不足,就会限制企业发展。

对于农垦体制改革,厉以宁先生既满怀焦虑又充满信心。在黑龙江、广东、河南、江西等垦区调研时,他多次说到,农垦在深化体制改革上,应朝着市场化、企业化的方向,靠产品质量和竞争力取胜。中国农垦经过改革后,将会有巨大潜力发挥出来,包括农产品的质量、数量等;农产品加工是一个很有发展前途的行业,不一定要运到很远的外地去加工,这是农场今后应该做的。只要朝市场化、企业化的方向走下去,垦区必将日益成长为有充分活力的经济实体。

二、厉以宁先生把脉农垦

农垦要改革,这是基本形成的共识。但是往哪个方向改,沿着什么路径改,意见长期难以统一。由于种种原因,1992年后的二十多年时间,中央都没有指明农垦体制改革的具体方向。各垦区大都"摸着石头过河",改革仅着眼于解决现实存在的突出问题,缺乏明确的目标方向、配套措施和政策支持,结果是带来许多新的问题,改革难以继续深入。

厉以宁先生很早就参与研究农垦改革,2015年又专门成立课题组,聚焦对农垦集团化改革、混合所有制改革和新型城镇化建设等重点难点问题进行研究,提出了农垦改革的方向、路径和操作办法。这些研究成果,为中央出台《关于进一步推进农垦改革发展的意见》提供了理论支撑,为各地推进农垦体制改革提供了实践指引。

(一)创造性地厘定农垦改革方案

邓小平南方讲话后不久,1994年,厉以宁先生应湖南省岳阳市邀请,到汨罗江畔的屈原农场进行调查,拟定农场的体制改革方案。从激活区域经济的战略高度,他提出了公平公正、利益均衡、资产保值和机构精干的四项农垦改革原则,创造性地设立屈原管理区,赋予相应的财税征收权、计划审批权、城镇规划权等。

这项改革,建立了政企分开、权责分明、产权关系清晰、管理体制顺畅的农垦新体制,创造了以经济发展增量淡化和解决农垦矛盾问题的改革模式,形成了国家、地方、农场、职工"四赢"的局面。改革当年,屈原农场的私营企业增加1倍多,个体工商户增长42.5%,职工户均增收1000多元,农场收入增长70%以上。在汨罗江畔,厉以宁先生填了一首《采桑子·汨罗江畔》,表达他对农垦改革的喜悦之情。

农家母女莲塘去,虾活鱼肥,菱角累累,堆满前仓荡桨回。

归途好景知多少,杨柳低垂,细雨霏霏,野鸭成双贴水飞。

1996年8月,厉以宁先生又到河南省周口市的黄泛区农场,调研指导现代企业制度改革试点。对当时的情景,许多黄泛区农场的干部职工还历历不忘。当年的8月18日上午,厉以宁给黄泛区农场中层以上干部作了"实现两个根本性转变"的学术报告。由于当时会议室还未安装空调,屋里闷热,但整个大厅座无虚席,没有交谈声,没有走动声,只有厉先生那略显沙哑的声音在大厅里回荡,人们沉浸在厉先生那充满智慧的漫谈中。天热得实在够呛,只见厉以宁一会儿用毛巾擦一下汗,还不时在打着手势,从宏观经济形势谈到微观企业改革,他的许多观点,人们感到既深刻又浅显。

当天上午11时30分,厉以宁不顾三个多小时报告的疲劳,兴致勃勃地为农场题词,挥笔写下了"企业家代表着一种素质,一是有眼光,二是有胆量,三是有组织能力。愿黄泛区农场涌现一大批企业家"。厉以宁先生在黄泛区农场虽然只停留了短暂的两天时间,但他却给黄泛区人民留下了难以忘怀的深刻印象,留下了宝贵的精神财富。

(二)亲赴垦区作系统性的实证调研

党的十八大以来,新一轮农垦改革大潮涌起。经过30多年不同模式的探索,农垦改革步入深水区,难关多了,考验多了。厉以宁先生亲力亲为,到多个垦区调研考察,为农垦改革想招,为农垦改革发力,推动农垦改革取得决定性进展。

2014年4月,厉以宁先生率领全国政协考察组到江西调研,其间他重返鲤鱼洲,就深化农垦体制改革搞调研,提出方向性意见建议。4月20日下午,厉以宁主持召开调研座谈讨论会,先后听取了五星垦殖场和省农垦办农垦改制工作汇报及与会同志对混合所有制经济的讨论。厉以宁先生对农垦的未来发展寄予厚望,并从六个方面阐述了如何发展农垦混合所有制经济。比如,他讲到员工持股制是混合所有制经济的一种,有利于把大家的心凝聚起来,把大家的力量发挥出来。在今后农垦的改革中,可以试行员工持股制。这为江西农垦的改革实践提供了明确遵循。

2015年9月,厉以宁先生又再访"北大荒",先后到红兴隆管理局老年公寓、局直第二幼儿园、局直第二初中、北大荒农机博览园、友谊农场整建制高产创建示范田、友谊农场万亩粮田等地进行实地考察。9月5日,在建三江举办的第五届中国贫困地区可持续发展战略论坛上,厉以宁先生再次以农垦改革为主题发表专题演讲,鼓励各地加快农垦改革进程。2006年,厉以宁在北大荒建三江垦区参观后感叹:"北大荒这把米不但不能弱化,还要强化!"并欣然题词:"踏遍三江风雪路,世间何事不能为!"这次再到建三江农垦,厉以宁又题词"荒土终成高产地,都道三江别有天",勉励垦区加快改革、加快发展,为保障国家粮食安全作更大贡献。

2016年11月,厉以宁先生专程到广东农垦考察,指导推进农垦改革。在广东农工商职业技术学院,厉以宁对学校的特色专业、学生培养、服务社会等方面予以赞许,欣然为该校题词:

"不久的将来,当工作者们都在计算机旁运作时,你能分清谁是'白领'、谁是'蓝领'?'白领'和'蓝领'的界线也就消失了。"在农业部南亚热带农业研究所考察时,他挥毫题词"遥看一色海天处,正是轻舟破浪时"。寄言广大科技人员抓住机遇,乘风破浪,勇于创新。

特别值得一提的是,在湛江垦区国家现代农业示范区广前核心区,厉以宁参观了太空作物种苗培育温室大棚和菠萝、火龙果良种推广示范基地。在见到集中连片的菠萝种植时,厉以宁先生不由连声感叹:这真是"菠萝的海"!从此,中国这片最大的菠萝产地,便有了一张清新的名片。

(三)开展农垦改革重大战略问题研究

党的十八大以后,农垦改革面临新的形势和任务。农垦在加快推进企业化、集团化、股份化进程中,既涉及行政管理体制和经营管理体制改革,又涉及国企改革和办社会职能改革;既要处理好政企、社企关系,还要处理好中央与地方、垦区与地方关系,情况极其复杂,必须做好顶层设计。

2015年1月,受原农业部委托,厉以宁先生不顾年事已高,亲自担任顾问,组织开展"新形势下农垦改革发展重大战略问题研究"课题。在课题启动会上,厉以宁表示,农垦改革应分两个层次进行:在上层要组建农业投资集团公司,进行资源配置,对下级企业参股控股;在下层要建立混合所有制的农垦企业,实行政资分开、政企分开,即农业投资集团公司参股控股、办社会职能与地方行政分工。除了吸收民间资本外,应鼓励职工持股、对高管实施股权激励。

课题组赴黑龙江、江苏、江西、安徽、云南等十多个垦区调研,厉以宁先生多次在关键问题上给予指导,在关键时刻指明研究方向。厉以宁鲜明地指出，农垦改革的总目标应该是把国有资源或者资产，包括土地、资本和人力等三方面搞活，更好地发挥效益。在改革中，要研究解决好土地的资本化问题，谁对土地进行投入，就应该获得土地的增值收益；在垦区城镇化过程中，房地产的发展可成为经济增长的动力；要加快发展农垦混合所有制经济，推动"六次产业"发展，将农垦建设成为农业现代化的重要基地。

经过一年多的潜心研究，课题组形成了《垦区集体化改革问题研究》《中国农垦新型城镇化发展研究》《农垦土地资源优化利用研究》《农垦混合所有制经济发展研究》四个专题研究报告。在中央编办、财政部、国务院国资委等多部门组成的课题论证会上，大家一致认为，在新时期农垦改革的关键时刻，厉以宁先生带领的研究团队，聚焦农垦改革重点难点问题，认真总结实践经验，形成了丰硕的研究成果。成果充分体现了超前眼光、国际视野、辩证思维、创新精神和战略定位，既有理论性，又有实践性，为新时期的农垦改革搭建了"四梁八柱"。

三、为农垦改革开出良方

垦区是经济社会形态完整的区域，多种利益主体和多种所有制成分并存，既有企业属性，又有社会属性，既有部门经济特征，又有区域经济特征，是多重复杂关系交织的独特主体。要推进农垦体制改革并非易事，即使是在中央直属垦区，深化改革也是困难重重。

厉以宁先生独具慧眼，提出要抓住资产管理体制改革这个核心，着力理顺政企、社企关系，确立农垦企业集团的主体地位，以此推进农垦构建符合社会主义市场经济要求的体制机制。不仅回答了垦区怎么改、农场怎么改、企业怎么改等重大问题，而且回答了人员、资产和土地管理的体制机制怎么办的问题,构建了新形势下农垦改革的整体框架。

(一) 建立两个层次的垦区国有资本和国有企业集团的管理体制

厉以宁先生指出,农垦体制改革的核心是要建立起两个层次的垦区国有资本管理体制。这是改革的核心及方向,也是最难之处。困难主要体现于,国有农垦资产和资源的产权管理体制不清楚,股份制实现过程中未能使产权清晰界定,"母公司—子公司"体制仍然不明确。

改革的第一层次,是及早建立国有资产投资公司(或称国有资产投资基金公司、国有资本运营公司),使国有资本产权明确、清晰,国有资本投资公司就是所有人,或称所有权的代表,它只管国有资产的保值增值、增持减持,只管国有资本的配置,注重国有资本配置效率的提高,也只管投资的盈亏状况,而不管具体的农垦业务和经营活动。

改革的第二层次,就是农垦企业经营管理体制改革,即建立新的农垦企业集团公司。在国有资本清晰界定并由国有资产投资公司作为所有人(所有权代表者)的前提下,农垦企业集团公司对国有资本投资公司负责,因为资本来自国有资本投资公司和其他投资者。农垦企业集团公司应当建立完善的法人治理结构,并使之正常发挥作用。

最有效的深化农垦体制改革,一是要让国有资本投资公司切实地担负起运用好和管理好国有资本的任务;二是让农垦企业集团公司成为名副其实的、自主经营的市场主体,真正参与市场竞争,在竞争中提高自己的市场份额,并树立自己的品牌。

(二) 把垦区的农场建设与垦区的小城镇建设统筹考虑

厉以宁先生指出,垦区小城镇的形成有自己的特点,它们往往是自发形成的。例如,黑龙江垦区的一些小城镇主要是农垦开发过程中陆续建立起来的,它们是在退伍军人家属的居住区,以及后来垦区招收的职工和家属的居住区基础上逐步形成的。推进小城镇建设同加快垦区建设是密切联系在一起的。未来应当有更多的小城镇在垦区内成长起来,因为小城镇将在生产和生活两方面为农垦企业和农垦职工及其家属服务。

厉以宁先生讲,垦区面积这么大,如果没有小城镇的发展,显得没有人气。小城镇的发展和垦区的发展是相互促进、相互带动的。城镇化有三个好处:第一,促进垦区的进一步发展;第二,增加就业机会,也促进基础设施的建设;第三,城镇化后,对于戍边是有用处的,越到边疆地区城镇越少越稀,通过城镇化的建设,让更多的人聚集在城镇中,既包括农场职工,也包括一般的农民,到城镇来安家落户,聚拢人气。因此,在垦区体制改革后,要制定适合垦区情况的小城镇建设和发展规划。

(三) 剥离农垦企业社会职能

厉以宁先生指出,农垦刚建立时,农垦企业就承担了若干办社会职能。这是农垦企业发展初期的必然情况,因为当时的地方政府也在初建之中,理应由地方政府承担的上述这些社会职能,转给农垦企业来承担是不得已而为之的事情。但到了后来,地方政府体系建立起来了,农垦企业所承担的社会职能就需要"剥离",农垦企业只管使用农垦区内的国有资源,为国有资源的使用效率不断提高而为国家作出贡献。但在现实中,却并不容易。

从地方政府的角度来说,主要困难是经费不足,而且人才也不足。农垦企业认为自己已经把利润按规定上缴给财政了,所以财政负担社会职能转交后的经费来源是无须讨论的问题。然而在地方政府看来,中央财政拨付给地方政府承担社会职能的经费是不足的,在地方人口不断增加的过程中,难以应付这么大的开支。

从人员自身的角度来看,某些部门过去在归农垦企业管理时,人员从农垦企业取得工资和福利。如果是效益较好的农垦企业,给予下属工作人员的工资较高,福利较多。一旦把社会职能划归地方政府后,很难保持剥离前的工资和福利标准。于是在农垦企业向地方政府转交社会职能时,在某些要从农垦编制转到地方政府编制的人员中,会遇到上述问题。这些人员宁肯在农垦区工作,也不愿转到地方政府。

未来剥离农垦企业社会职能的改革方向是正确的。农垦企业把不该承担的社会职能剥离出去,是改革农垦企业必须进行的措施。农垦企业作为一个企业,不能不对承担社会职能这一政企不分的现象做一个了结。但步子要稳一些,逐步移交是可行的。关键是先易后难,而且要多做协调工作,以求社会的安定。

(四)垦区不适宜再采取大农场承包制

厉以宁先生指出,垦区管理体制一定要改革,农垦集团公司实行的是可以充分提高效率的公司形式,关键在于法人治理结构健全,并能充分发挥作用。改制后的垦区集团将是国家持股、民间资本持股、职工持股、高管奖励持股等多种形式的混合所有制企业。集团公司与子公司之间,不是行政隶属关系,而是控股或参股关系,一切按具体情况而定。这样母子公司之间的关系就明确了,即不是行政管理关系,而是资本经营关系。

相比之下,农场承包制已是过时的、落后的管理模式。20世纪80年代内工业、商业、服务业中也曾出现过承包制。结果出现了"以包代管"现象。甚至出现拼设备、啃老本,使机器设备耗尽等短期行为。因此,在农垦体制深化改革的今天,是不宜再回头走承包制之路的。

应当指出,农垦中出现的"大农场套小农场(家庭农场)"的做法,是根据农垦区实际情况而采取的:垦区面积大、职工人数有限和资本不足,而附近的农民(有些来自外省市县)闲着没工作可做,于是他们得到农场的许可,开始经营小块土地,这就是"大农场套小农场",后来才称家庭农场,所以这同那种建议整个农场改为承包制,承包给某个企事业单位或某个人经营,在性质上是不同的,也不能把二者混为一谈。

(五)妥善解决垦区的社会保障问题

厉以宁先生指出,尽管20世纪50年代初,刚建立农场时,对农垦职工工伤抚恤和医疗保险都有所规定,但并未规范化、制度化,农垦区的社会保障问题一直没有妥善解决。当时职工收入少,家属中有些人也是农垦职工,所以统统纳入农场的社会保障范围,是可行的。

到2003年,农垦职工和家属已越来越多,他们的工资等收入也比建场初期增长了,农垦于是对职工的社会保障作了规定,即先落实农垦职工的户籍,再落实职工基本养老保险的社会统筹,最后落实医疗、生育、失业、工伤的保险,以及最低生活保障等问题。但这些还只是初步覆盖,而且社会保障水平有待进一步提高。

要慎重处理历史遗留下来的问题,如农垦系统中因各种原因未加入社会保险的人员,应尽早让他们参加到居民的社会保险统筹之中,并逐步提高社会保障水平。最困难的家庭、属于社会救助范围的家庭,应纳入属地管理范围,由地方救助,农场协助。

今后,在农垦区范围内,应扩大社会保障范围,让非农场职工系列的农民身份的工作人员也纳入社会保险统筹保障,同时还应当把农垦系统中至今没有保障的职工纳入社会保险的统筹之中,并逐步提高整个农垦系统内人员的社会保障水平。

当然,由于农垦区的情况复杂,在这里工作的,有正式职工,也有临时工、农民工,以及居住在垦区内的农民,还有他们的家属。因此,如何完善垦区内的社会保障并使之制度化,还需要专门研究,不宜一刀切,也不能听之任之,不管不问。这是有利于边疆社会稳定的一个重要问题。

(六) 提升农垦集团公司的竞争力

厉以宁先生指出,从国外发达国家经验来看,建立大型的集团化农业企业,是发展现代农业的成功路径。中国农垦经过改革后,将会有巨大潜力发挥出来,包括增加粮食等重要农产品的数量和质量,等等。下一阶段,垦区集团公司的发展,要拓展业务范围,以竞争力取胜,以产品质量取胜。

第一,资本供应不足是历来存在的问题,但农垦集团公司改制后,资本不足问题更显得重要。农垦集团公司体系内,无论是母公司还是子公司,都要懂得如何引进资本。而且通过资本的引进,母公司和子公司都将转化为混合所有制企业。

第二,要及早推进职工持股制和高管激励持股制,这是既充实公司资本,又调动职工和高管人员积极性的有效措施。只要规范化,就不会出大问题。

第三,公司经过改制后,从技术创新到市场开拓,从管理规范化到营销方式的变化,都大有文章可做。如果人才不足,同样会限制企业的发展。

第四,"走出去"是一种战略安排,应当在国家利益方面多作考虑。把国外的土地资源和市场利用好,农垦集团公司和它的子公司在这个领域内有许多机遇,不可错过。政府对此应有统一的安排,并在融资、外汇、关税等方面对农垦集团公司有所关照和扶植。

(七) 对农垦改革前景的展望

厉以宁先生指出,两个层次的改革(即国有产权体制改革和农垦企业集团经营管理体制改革),将决定垦区体制改革和发展的总体思路。农垦企业与地方政府的职能清清楚楚,各不相扰。地方政府如果愿意投资新组建农垦集团公司(无论是母公司还是子公司,或专业性的、为农垦产业提供产品和服务的公司),都可以按现代企业制度的方式实现。

新组建的农垦集团公司将是一个覆盖第一产业、第二产业、第三产业的大型现代化企业。一、二、三产业都有广阔的发展前途。关键是要广招民间资本,参与发展。

在新组建的农垦集团公司和地方政府的合作下,垦区的小城镇将得到迅速发展。小城镇多了,这里就能吸引外来移民,把资本带过来,把人才吸引到垦区来,这里将会成为新的经济增长点。有了创业创新的城镇居民,人气足了,就会吸引更多的外来移民。

农垦集团公司在把社会职能移交给地方政府后,仍应当关心社会职能的完善和水平的提高。这是因为,文化、教育、卫生、交通、电信等工作都直接影响到垦区内的居民的生产生活,有利于居民生活质量的提升。

义务教育和普通高中,还有高等院校,由地方政府承担,这是符合实际的。今后,农垦集团公司仍可以在职业技术教育方面发挥自己的专长,如在母公司或子公司之下,甚至在生产基地,提供办培训班、高级培训班之类的人才培养机会。这不仅有助于为本公司培养专业人才和技工,还有助于缓解地方的就业压力。

农垦集团公司的"走出去"在经营管理体制改革之后是大有可为的。农垦集团公司的子公司,如果已改组为有民营资本参股的混合所有制企业,那么"走出去"战略的实现就会消除某些障碍,取得成绩。

在农垦体制改革后,垦区集团公司可以通过社会经济发展规划的制定,把生态建设和环境治理放在更重要的位置,因为这既是长期经济和社会发展的需要,又是垦区居民和农垦集团职工及其家属提高生态质量、生活质量的需要。

(周业铮,农业农村部乡村产业发展司)

厉以宁先生的农垦调研

刘玉铭

一、厉以宁先生的农垦情怀

(一)农垦简介

农垦是指农业垦殖,或开垦荒地以便进行农业生产。垦区是开垦种植区域(即农业垦殖)的简称。我国的农垦历史悠久,比如,新疆屯垦戍边活动的起源可追溯至西汉时期。从公元前105年开始,历朝历代都在新疆屯垦,至今已有2100多年的历史,如今新疆垦区已经成为一种特殊的经济社会形式。

当前我国的农垦,大都是由老一辈无产阶级革命家亲手缔造,具有屯垦戍边、保障供给、培养干部的战略组织功能。目前,我国共有34个垦区,分布在31个省市区。垦区管理体制大体可分为三大类:一是新疆生产建设兵团,实行党政军企合一的体制,由中央直接管理。二是中央直属垦区,包括黑龙江和广东两个垦区,实行"部省双重领导、以省为主"的管理体制。三是地方管理垦区,又分为农场直属和市县管理两种体制。目前我国农垦拥有近1500万人口、600多万公顷耕地(约占全国耕地面积的5%)、5000多家国有及国有控股企业、超过万亿的国有资产(不含土地等资源性资产)和一大批科教文卫等机构。

(二) 厉以宁先生年轻时的劳动经历

厉以宁先生亲身参与农垦的生产生活始于1969年。这年10月,厉以宁先生随北京大学教职员工一千多人乘火车南下,到江西南昌县鄱阳湖边的鲤鱼洲农场参加劳动,那时候鲤鱼洲农场由福州军区江西生产建设兵团第九团管辖。鲤鱼洲农场是鄱阳湖边一个荒洲,属于血吸虫病疫区。厉以宁先生同北大教职员工一起,在那里整整劳动了两年。早稻收割完毕,立即抢收晚稻,晚稻刚收割完毕,又开始了修筑大坝,建设公路,挖渠引水,准备春耕。在农场劳动的过程中,厉以宁先生深入了解了农场的生产生活方式,经历了艰苦的劳动环境的洗礼,对于农场的生产经营形式也进行了深入思考,对一些存在的问题进行了反思。此后,厉以宁先生一直心系农垦的发展,关注农垦经济,思考农垦持续健康发展的路径。

(三) 结缘黑龙江农垦

2005年8月至2006年8月,以时任民盟中央常务副主席张梅颖为顾问,时任民盟中央名誉副主席、北京大学管理科学中心主任的厉以宁为组长,组成民盟中央与北京大学管理科学中心联合课题组对黑龙江农垦经济进行研究。课题组五次奔赴黑龙江垦区,对垦区的5个分局、30多个农牧场以及10多家企业和学校、医院等事业单位进行了深入调研,并同垦区各级领导、基层干部职工、企业负责人、科技人员等进行了广泛的接触和交流。尤其是2006年8月13日至22日,厉以宁先生亲自带队到垦区调研,深入了解情况。

黑龙江垦区地处三江平原、松嫩平原和小兴安岭山麓,分布在黑龙江省12个地(市)的69个县(市、区),垦区土地总面积5.43万平方公里,约占黑龙江省总面积的12%,是海南省的1.65倍,其中耕地3186万亩,占黑龙江全省耕地面积的21.4%,总人口157.9万。黑龙江垦区地域广阔、资源丰富,人口相对稀少,具有发展规模农业得天独厚的资源优势。

从发展历史看,黑龙江垦区开发始于1947年。20世纪50年代中后期,王震将军率领10万复转官兵进军北大荒,开始了北大荒第一次大规模的开发建设。此后,在党中央、国务院的号召下,又先后有14万复转官兵、5万大专院校毕业生、20万支边青年和54万知识青年进入北大荒进行开发建设。

从生产经营水平看,垦区是我国耕地面积最大、机械化水平最高、综合生产能力最强的国家重要商品粮基地和粮食战略后备基地,2017年粮食生产能力突破420亿斤,年提供商品粮377亿斤。

从管理组织架构看,目前垦区实行"部省双重领导、以省为主"的管理体制,即只有财政预算、部分基建和国资监管等由中央部门负责,干部管理、党的关系和其他各项工作均由地方党委负责。就内部而言,黑龙江农垦实行总局、分局、农牧场三级管理机制,现共有9个分局、104个农牧场。总局和北大荒集团是一个机构两块牌子,北大荒集团下面设立各级子公司。

二、厉以宁先生把脉黑龙江农垦

在这一阶段的调研过程中,厉以宁先生重点关注了以下几个问题:

(一)黑龙江垦区农业现代化优势在哪里?

厉以宁先生指出,农村家庭联产承包责任制促进了我国农业自20世纪80年代初到90年代中期以较高速度增长。但90年代中期以来,我国农业发展速度出现了明显的回落,农民增收困难。其中主要的原因是我国大部分农户经营规模较小,难以采用机械化、规模化和产业化的经营方式。然而,在这段时期,黑龙江垦区不断探索和创新适于垦区发展的农业现代化经营管理模式,取得了显著成效。比如,1995年至调研开始时,黑龙江全省农业总产值年均增长率只有5.2%,而垦区为12.5%。在生产效率方面,垦区是要素投入低、单产高的集约化生产。垦区水稻、小麦、玉米、大豆的单产分别比全省平均水平高出15.2、8.8、34.3、27.7个百分点,而单位耕地面积人力、机械动力、化肥、农药的投入都低于省内其他地区水平。

厉以宁先生通过分析认为,黑龙江垦区农业生产效率较高的主要驱动因素如下:

1. 规模化。垦区具有明显的耕地资源优势,农业劳动者人均耕地面积69.3亩,是全省平均6.9亩的10倍以上。垦区以家庭农场为基本生产单位,发展规模经营,以充分利用耕地资源优势。2004 年,垦区旱田经营规模一般为户均 450 亩,水田经营规模一般为户均 200 亩,适度规模经营的面积已经达到 68%。

2. 机械化。垦区具有全国领先的现代化农机装备。2004 年,垦区田间作业综合机械化率达 92%,其中旱田 95%,水田 86%,基本实现了农业机械化。先进的大型机械可以对土地进行深耕,保持土壤肥力,防止土壤板结,提高化肥使用效率,促进垦区农业可持续发展。

3. 产业化。垦区实行的"大农场套小农场"的生产经营方式,使家庭农场与市场经济结合更加紧密。家庭农场经营规模较大,商品粮比例高,所以对市场动态和科技进步更为关注,更加注意改进自己的生产方式和管理模式,以便在市场竞争中获取更大效益。另外,九三油脂、北大荒米业、北大荒麦芽等龙头企业迅速崛起,并与垦区的家庭农场紧密结合,形成"龙头企业+基地+农户"的产业化模式。

4. 科技创新。垦区具有较强的科技创新能力。经过半个多世纪的开发建设,垦区形成了以八一农垦大学和农垦科学院为首的科技创新体系,以分局和农场技术服务中心为主体的科技推广服务体系,建立了保护性耕作、科学轮作、良种供应、模式化栽培、测土配方施肥、植物保护、航化作业等一整套统一的农业技术推广制度,制定了 319 项农业技术标准,标准化覆盖率达 100%,农业生产实现了工程化设计、工厂化管理。

5. 统分经营有机结合。垦区在生产经营中真正做到了宜分则分、宜统则统,统分有机结合。家庭农场承包制激发了经营者的积极性和创造性,而垦区的统一经营则为单个家庭农场提供了充足的公共产品和服务。垦区在基础设施建设、航化作业、兴修水利、防洪防涝、提高森林覆盖率、保护湿地等公共服务方面取得的成就都是垦区注重统一经营的集中体现。2002年垦区引入了大马力拖拉机之后,按机车作业规模需要,统一划分了机械作业区,为机械化作业提供了极大便利,这是垦区发挥集体统一经营优势的一个例证。

厉以宁先生指出,在我国大部分农村地区,正是以上五个因素的作用没有得到充分发挥,阻碍了农业快速发展。以垦区和黑龙江省内农村地区对比,垦区劳均产粮34吨,而农村劳均产粮只有4.5吨;垦区机械化水平达到92%,农村不到50%;垦区商品粮率达到92%,农村约为60%;垦区科技贡献率为65%,农村不到40%。巩固和提高垦区现有生产力,发挥垦区的示范带头作用,将垦区的生产经营方式向其周围适当移植,必然会促进黑龙江省农业生产力大幅度提高。

(二)黑龙江垦区的短板是什么?

厉以宁先生认为,垦区发展的主要掣肘在管理体制上。垦区在50多年的开发建设过程中,形成了较为完整的经济社会体系,而非单纯的经济组织。垦区除了具有农业企业特性之外,还有以下5个特性。1. 区域性:垦区分布在黑龙江全省12个地(市)69个县(市、区),土地控制面积5.43万平方公里,土地相对集中连片;2. 综合性:垦区同时具有经济职能和社会职能,是一个以农林牧渔为基础、工商运建服综合经营、党政军并重的综合性区域;3. 系统性:垦区是中央直属、垂直管理、耕地规模最大、机械化程度最高、综合生产能力最强的国有农场群,系统内部管理层次分明;4. 国有性:垦区国有经济占统治地位,即使在扩大开放之后,3500万亩土地作为国有资产,在垦区占有主导地位,决定了垦区是国有经济为主体的经济单位;5. 社会性:前4个特性就决定了垦区具有社会性,垦区是一个特定的社会群体,社会公共事业得到了全面的发展,而且形成了由军旅文化、知青文化和现代文化为内涵的北大荒文化,具有明显的社会特征。

垦区的上述特性决定了难以按管理企业的方式对垦区进行管理。黑龙江垦区的领导体制为"部省双重领导、以省为主"。1989 年以来,黑龙江省人大和省政府采取立法授权和行政委托的形式,通过百余部地方法规和规章,赋予农垦系统除税收以外的大部分社会行政管理职能;这些社会行政管理职能,由垦区总局、分局、农场各层级相关行政管理机构分级负责、系统管理。以上的管理体制促进了垦区经济社会的不断发展,但是在"省级授权、部门派出、系统管理、内部分开"的指导原则下,垦区不是一级行政管理单位,有时会面临政出多门、交叉执政、重复执法的问题,降低了行政效率。

(三)黑龙江垦区的机械化应用有无发挥最大效益?

通过调研,厉以宁先生发现,黑龙江垦区的机械化程度高,家庭农场普遍采用了世界先进的机械设备,但由于一家一户的家庭农场规模有限,机械设备闲置状况也比较普遍,造成了机械资源的较大浪费。厉以宁先生发现,垦区在经营发展中,探索了"场县共建"模式,这一模式值得研究推广。"场县共建"是指垦区与周边条件成熟的农村合作,将农村的土地进行合理整合,将垦区机械化、规模化、产业化的生产经营方式拓展到农村,实现合作共赢、共同发展。这是一种体制创新,是一种较高水平生产力带动较低水平生产力共同发展的模式,不同于简单的土地流转与集中。由于垦区具有规模经营的经验和条件,"场县共建"将低层次的生产力直接拉动到较高的平台上,效率更高,效果更好,可以促进双方经济社会的发展,是一种双赢的合作模式。

"场县共建"的初级阶段是垦区利用剩余的机械动力为周边

县市农民代耕,以减少大机械的闲置时间,充分发挥大机械潜力。周边县市农民出于自己的利益考虑,愿意利用垦区的大机械,改善耕地耕作条件和种植效果,节省投入,提高农业生产效率。当时垦区共为 27 个县的农户代耕,代耕面积达到 1000 万亩。在某些干部和群众思想比较开放的地区,垦区从农户手中成片租种土地。例如,双城市幸福乡、青冈县康荣乡的部分农户把 2 万亩耕地转租给垦区,进行规模经营。嫩江县有 32 个行政村整村将土地托管给垦区经营。垦区租种土地之后,可以把原来的沟壑填平,开发出更多的耕地。同时,垦区也把先进的管理技术和理念带到农村,使留在农村从事农业经营的农户学到了先进技术,提高了种田水平;把土地完全委托给垦区的农户则不仅可以得到固定的土地出租收入,而且可以通过发展养殖、外出打工等方式走上致富之路。

"场县共建"的范围不仅限于代耕,两者在机械化、规模化、产业化方面还存在着广阔的合作发展空间。黑龙江省农村实现规模化和机械化,需要在更大范围内实现耕地委托经营。如果能够以县市为单位,委托垦区经营耕地,农业效益会明显提高。垦区还可以与农户进行资本合作,促进农村农业尽快朝产业化的方向发展。由于垦区龙头企业近年来得到了迅速的发展,垦区的融资能力不断增强,"龙头企业+基地+农户"模式不断完善,以垦区龙头企业带动垦区和周边农户的农业产业化,是实现黑龙江农业产业化的有效途径。围绕垦区龙头企业,农户不仅可以发展种植业,也可以发展养殖业,不断扩大公司和基地规模,形成规模优势,从而在市场竞争中获取更大利益。由于农村资本运营落后,如果不依托垦区龙头企业,单靠农村力量实现农业产业化必然需要更长时间。

当时的代耕和土地流转,都是在农户自愿的基础上进行的,不违背中央关于农村经营的基本制度和原则，是社会主义新农村建设的一种体制创新，对生产力的发展起到巨大的推动作用。然而，由于"场县共建"处于发展初期，垦区和地方政府推动力量较弱，"场县共建"的持续快速发展尚需一定的政策支持和外力推动。

三、为农垦改革开出良方

（一）将垦区设为农业现代化综合试验区的政策建议

厉以宁先生认为，黑龙江垦区的现代化农业对于带动东北地区农业产业升级、推进新农村建设进程以及保证我国粮食安全具有重大意义。为进一步促进垦区经济发展，发挥垦区示范带头作用，2006年9月，厉以宁先生向中央建议，将垦区设为农业现代化综合试验区。对此，他从必要性和可行性方面进行了分析。

必要性方面，他认为，我国以前建立的特区、工业园区、高新技术开发区等都达到了促进改革、扩大开放、发展经济的目的。在农业现代化发展方面还没有类似的体制或形式。时任总理温家宝曾经提出要大力发展现代农业，实现农业的机械化、规模化、标准化和产业化。将垦区设为农业现代化综合试验区有助于壮大和完善垦区农业产业集群，推动"场县共建"，促进机械化、规模化、标准化和产业化生产经营模式更迅速地向周边辐射，加快黑龙江省农业现代化的进程，为我国农业现代化积累宝贵经验。同时，设立黑龙江垦区农业现代化综合试验区也是抓住我国社会主义新农村建设的机遇，理顺垦区区域管理体制的有益尝试。

可行性方面，他认为，在我国建设社会主义新农村与和谐社会的历史大背景下,建立黑龙江垦区农业现代化综合试验区不仅能够积极把握这一伟大历史机遇,而且由此带动的垦区跨越发展也将对这两项历史任务的推进产生非常积极的意义。在内部管理上,黑龙江垦区农业现代化综合试验区在地域上可以界定为垦区所辖区域,以此为基础,形成向周边辐射之势;其各级行政机关按照"人大立法授权、政府依法派出、农垦区域管理、内部政企分开"的原则,作为行政主体对综合试验区实施管理功能。

战略意义方面,他认为:1.垦区地域广阔,资源丰富,发展现代农业具有明显优势,设立综合试验区是对垦区现代农业的充分肯定和巨大鼓舞,这必将激励垦区进一步挖掘潜力,探索和发展现代农业的经营模式,对于提升垦区国内和国际竞争力具有巨大促进作用。而且由于垦区所产商品粮占全国省际可调动商品粮的1/4,垦区的发展对于保障我国粮食安全具有巨大的促进作用。2.设立综合试验区有利于实施东北地区区域协调发展的战略。垦区可以通过"场县共建"模式推动东北地区农业现代化进程,更好地发挥示范带头作用,使东北地区在全国率先实现农业现代化。同时,现代农业的发展会对现代化农机设备产生大量需求,这对东北地区装备工业提出更高要求,必将推动东北老工业基地的进一步发展,农业和工业的良性互动和协调发展可以有效防止城乡收入差距扩大,促进区域社会和谐发展。3.设立农业综合试验区有利于探索中国农业现代化的新模式。在全国推进新农村建设的新形势下,垦区作为现代农业的典范,是我国农业现代化的一个亮点。今后资源较丰富地区的农业发展都会得益于垦区积累的经验,所以从社会主义新农村建设的角度看,树立这一典范以发挥示范带头作用是意义重大的。

关于综合试验区的愿景和使命,他认为垦区农业起点高,设立综合试验区、促进"场县共建"也应该坚持农业的现代化高起点,发挥自身比较优势,注重科技进步和自主创新,发展现代农业和特色农业,走可持续发展之路,用新思路和新体制推动垦区和周边地区的农业现代化和新农村建设进程,加速自身和周边地区经济发展,成为经济繁荣、社会和谐、环境优美的生态型社会主义新农村。同时,垦区在实践中不断摸索经验并将其体制、服务、技术不断推广,加速东北农业的集约化发展,提高东北地区的综合竞争力和区域服务力,构建合理的区域协调发展构架,成为带动东北地区发展的经济增长极。

具体的政策措施方面,他提出将黑龙江垦区设为农业现代化综合试验区应坚持重点突破与整体创新相结合、经济互动与体制创新相结合、促进特定区域发展与推动全局建设相结合的原则。1. 在"场县共建"的基础上鼓励耕地流转,促进耕地专业化经营,使农民获得更大收益。垦区与地方政府应该加强合作,在农民自愿的基础上,促进垦区经营模式向周边移植,同时通过政府担保等形式切实保障农民利益。2. 垦区应该加强金融业发展,促进金融改革和创新。垦区的阳光农业相互保险公司是保障农民利益的金融创新,对于保障农民利益起到了很大作用。垦区应将农业保险在更大范围推广,不断增强服务意识,使垦区金融保险业不断壮大并率先向全国推广。3. 垦区发展离不开农田水利的基本投入,离不开科学研发与技术推广,离不开金融保障和资金支持,建议在财政上予以倾斜,尽量简化垦区申请项目资金的手续。同时,建议对垦区内的各种所有制企业给予一定的税收减免政策,以便以工促农,促进垦区和东北地区农业产业化发展,为垦区和东北地区的长期发展奠定坚实基础。

(二) 发挥黑龙江垦区规模经营优势和体制机制优势

在这一阶段的课题调研过程中,厉以宁先生带领团队开展数据分析,重点研究了两个理论问题,一个是关于农业规模效益,另一个是对家庭联产承包责任制的效果再探讨。关于第一个问题,课题组通过对黑龙江省各地区自 1991 年至 2004 年的面板数据进行分析,在计量上证实了家庭经营规模的扩大确实能够促进生产效率的提高,驳斥了国内某些学者认为我国农业生产没有规模效益的结论,为农地的合理流转和集中提供了计量理论支持。调研认为,就我国现阶段而言,规模效益是一个自我实现的过程,鼓励规模经营具有重要意义。

对于家庭联产承包责任制的作用,学界流行的观点是其大大提高了农民的积极性,促进了农业生产率的提高。这次调研分析发现,对于全国大部分地区而言,情况确实如此,但对于垦区来说这是值得商榷的。课题组利用垦区时间序列数据进行计量分析,发现家庭承包在垦区并没有像在全国那样对农业生产发挥巨大促进作用。其中的主要原因在于,垦区在实行家庭承包制之前采取的是大规模统一经营,垦区统一对农场生产进行指导和服务,由于耕地面积很大,大型农机具能够较为充分地发挥作用。家庭联产承包责任制实行之后,原来的统一经营和服务都被打破了,大型农机具被分配到各家各户,每个农户成了一个完整的经营单位,进行独立的生产经营决策,技术指导取消了,机械化程度大大降低。此外,由于机械化普及,垦区原来实行机械化统一经营,监督成本低、效果好,效率损失不大,改为农户独立经营后,激励作用也就不明显。课题组得出结论,实行家庭承包制带来的激励作用并不必然促进农业生产效率的提高。如果家庭经营对原来的集体统一经营和服务破坏较大,可能会影响农户个体经营的效率。家庭承包使原来的集体统一经营和公共服务消失,破坏了原来的规模和分工,对生产力产生阻碍作用。同时,如果改革前监督机制完善,激励相容,那么进行家庭经营对于生产效率的促进作用就更小了。

(三) 坚持绿色发展

厉以宁先生调研发现,北大荒在生产效率、经济效益不断提高的同时,资源环境约束日益凸显,环境污染问题也不容忽视。比如,东北黑土地是垦区的典型土壤形态,据估计,形成1厘米厚的黑土需要400年,形成1米厚的黑土需要4万年。目前黑土区域耕地黑土层厚度已由开垦初期平均80—100厘米降到了20—40厘米,以每年0.3—1厘米的侵蚀速率。这是一个危险的征兆,如不及时治理,黑土层40—50年后或将流失殆尽,中国最肥沃的产粮地危在旦夕。此外,农场在经营生产过程中出现的农药化肥污染、土壤板结、土壤盐碱化、沙化等问题也不容忽视。厉以宁先生指出,北大荒要坚持节约资源、保护环境,大力推进绿色发展、循环发展、低碳发展,给子孙后代留下更多良田,绝不能以牺牲生态环境为代价换取经济高速增长。在饶力河雁窝岛自然保护区,厉以宁先生看到湿地保护取得的巨大成就,欣然题词:"清水盈盈,湾汊绕绕,一望无际三麦草。疑怪白鹭争相告,年年大雁归来早。"显示了厉以宁先生对北大荒注重环保的赞赏以及他对环境保护、可持续发展的高度重视。

(四) 传承好北大荒精神

艰苦奋斗、勇于开拓的北大荒精神,激励着一代又一代农垦人在这片荒无人烟的边陲落地生根、披荆斩棘、百折不挠,用自身坚强的意志和顽强的生命完成了屯垦戍边、保障供给的重要任务,打造了中外社会发展中的奇迹。当前农场已经成为农业科技的排头兵、农业产业集聚区、现代农业生产的主力军和社会主义新农村建设的示范点,但农垦精神、垦区文化不能丢。可以说,农垦精神及其垦区文化与其他产业、地方精神相比具有更高的政治觉悟、更严的组织纪律、更大的奉献精神和更强的意志品格,彰显着伟大的时代价值。厉以宁先生在考察八五四农场时写下"辛有昔日开拓者,荒原处处是粮仓"的佳句,对红兴隆管理局勉励写道:"从来新路新人找,二次创业,前程无限好!"在建三江分局勉励写道:"创业艰辛,荒原改貌,终变成稻叶飘香丰产地;以人为本,春到三江,好一个和谐富裕小康城。"在八五九水电站,厉以宁先生提词:"踏遍三江风雪路,世间何事不能为",在红卫农场又提了"万顷良田建设者,父辈俱是拓荒人。"此外,厉以宁先生还专门写了三首诗词对农垦精神予以褒扬。在参观北大荒博物馆时,厉以宁先生题了一首《鹧鸪天·赠北大荒老战士》,上阕是:"十万官兵为戍边,征衣未解学耕田。灌渠风雪挑灯夜,换取丰收九月天。"下阕是:"看黑土,话当年,白头伉俪意绵绵,此生奉献从无悔,叮嘱儿孙永向前。"在宝泉岭分局,厉以宁先生写了一首《七古·赠黑龙江农垦宝泉岭管理局》:"改天换地,何等气概;几代奉献,何等胸怀。连片良田双手开,成行大树汗水栽。老兵最为动情处,昔日荒草台,今晚风送稻香来。"在普阳农场,厉以宁先生写了一首《七绝·赠黑龙江普阳农场》:"创业艰难众所知,行程步步耐人思。瞻前道路虽宽阔,仍是扬鞭纵马时。"这些吟咏北大荒精神的诗词佳句,凝聚着厉以宁先生对北大荒人的深情厚谊,表现了厉以宁先生对北大荒精神的高度推崇,也充分体现了厉以宁先生对于传承北大荒精神的殷切希望。

(刘玉铭,北京大学战略研究所)

股份制改革理论体系与我国证券资本市场规范发展

黄湘平

"股份制是20世纪80年代末深化经济体制改革的核心与关键。在经营权主导改革和产权主导改革的讨论中,厉以宁引领了国有企业股份制改革,推动了所有制改革,开启了资本市场的发轫,完善了市场经济的微观体系建设,对中国经济和社会的改革与发展具有全面、深刻、广泛而深远的影响。"这是2009年中国经济学家年度论坛暨中国经济理论创新奖颁奖典礼上,论坛组委会对厉以宁股份制改革理论的评价,并授予了厉以宁经济理论创新奖。

早在1980年4月,厉以宁在中央书记

处研究室和国家劳动总局联合召开的劳动就业座谈会上,第一次公开提出了股份制改革的思路。当时正值我国改革开放初期,国家停止了"上山下乡"运动,回城知青大约有1700万等待就业安置。厉以宁提出可以号召大家集资,兴办一些企业,企业也可以通过发行股票扩大经营,以此来解决就业问题。同年8月,厉以宁在全国劳动就业工作会议上再次提出实行股份制推进就业,并强调股份制实际上是一种新的公有制形式。厉以宁在我国经济体制改革之初首创性提出进行企业股份制改革,这一方面说明了厉以宁对马克思主义政治经济学和当代西方经济学的广博积累和融会贯通;另一方面,也充分展示了厉以宁决心为我国改革开放、体制转型进行艰辛探索的家国情怀。40多年来,厉以宁不忘初心,牢记使命,砥砺前行,不断探索,创立和完善了他的股份制改革理论体系、思想方法和操作路径,并使之自始至终与我国经济体制改革紧密结合,从我国经济体制转型和发展转型的特有国情出发,来自实践,又突破实践,指导实践,具有很强的理论前瞻性和创新性,对我国所有制改革和资本市场的建立、完善,具有非常重要的意义。

厉以宁股份制改革的理论,主要来源于他的经济思想中两个最核心的理论,即双重不均衡理论和双重转型理论。

在经济学中,"均衡"一词专指市场均衡,它包含两个方面的基本含义:一是市场供求数量相等,市场机制充分发挥作用;二是市场处于相对稳定的状态,市场出清是其基本特征,我们一般把这种状态称为瓦尔拉均衡。瓦尔拉均衡是假设存在着完善的市场和灵敏的价格体系条件下所达到的均衡。根据瓦尔拉的学说,既然市场是完善的,价格体系是灵敏的,每一个参加市场交易的人对现在的和未来的价格都有完全的信息,对现在的和未来的供求状况都有充分的了解,价格随着供求的变化而随时进行调整,那么在任何一种价格条件下,需求总量必定等于供给总量,社会中的超额需求和超额供给都是不存在的,任何交易的实现,都必须以均衡价格为条件。没有达到均衡价格,不会成交;只有价格均衡了,才可能进行交易。

然而,经济均衡只是一种假设,现实世界则是非均衡的。现实社会中的实际情况往往是在市场不完善和价格不能起到自行调整供求的作用的条件下,各种经济力量将会根据各自的具体情况而被调整到彼此相适应的位置上,并在这个位置上达到均衡。显然,非均衡所达到的均衡,并非市场完善前提下的均衡,而是市场不完善条件下的均衡;并非与零失业率或零通胀率同时存在的均衡,而是伴随着失业或通胀的均衡。这就是经济学中非均衡的含义。非均衡是指不存在完善的市场,不存在灵敏的价格体系的条件下所达到的均衡。因此,非均衡又被称作非瓦尔拉均衡。根据西方经济学的分析,非均衡的原因主要有以下几点:市场因为有垄断势力的存在而是不完善的,价格因有预期因素的作用或信息不对称而并非灵活调整的,资源配置从而呈现低效率状态。

厉以宁结合中国的实际国情和经济体制改革的实践,对西方经济学中的非均衡理论进行了系统的研究,在借鉴西方经济学家研究成果,并在参考匈牙利的科尔内等现代经济学家关于社会主义非均衡经济运行学说的基础上,创造性地提出了关于两类非均衡经济类型划分的思想,创立了更加符合中国国情的双重不均衡理论,从而真正创建了自己的非均衡理论体系。1990年厉以宁在《非均衡的中国经济》一书中,对经济非均衡状态进行了理论分类,即分为第一类经济非均衡和第二类经济非均衡。

第一类经济非均衡是由于市场不完善、价格不灵活,超额需求或超额供给都是存在的,需求约束或供给约束都是存在的,但参与经济活动的微观市场主体却是自主经营、自负盈亏的独立商品生产者,他们有投资机会和经营方式的自由选择权,自行承担投资风险和经营风险。

第二类经济非均衡是指市场不完善、价格不灵活,超额需求或超额供给都是存在的,需求约束或供给约束都是存在的,但参与经济活动的微观市场主体并非自主经营、自负盈亏的独立商品生产者,并非标准意义上的市场主体,他们没有投资机会和经营方式的自由选择权,也不自行承担投资风险和经营风险。

在对经济非均衡做了两类区分之后,联系到现实社会中的不同经济制度,厉以宁指出:"可以认为,资本主义经济中所出现的非均衡属于第一类经济非均衡,至于社会主义经济中出现的情况,则要区别对待。在传统的和双轨的经济体制之下,由于企业并没有摆脱行政机构附属物的地位,所以这种非均衡属于上述第二类经济非均衡。所以必须进行经济体制改革,建立起新的经济体制,在这种新体制之下,企业变成自主经营、自负盈亏、有投资和经营的自主权并相应地承担投资风险和经营风险的独立商品生产者,那么这时的非均衡,就归于上述第一类经济非均衡。"

这是厉以宁立足中国国情,不唯书,不唯外,对非均衡理论的新发展,具有重大的理论和现实意义。厉以宁关于中国改革与发展的理论和思路都是以两类非均衡经济的划分作为立足点和基石的。在此基础上,厉以宁得出了两个重要结论:

第一,中国经济属于第二类非均衡,即处于市场既不完善而又缺乏真正市场主体的状态。从这一国情出发,中国的经济体制改革不应当以放开价格为主线,而应当以产权改革为主线,通过企业的股份制改革,明晰产权、界定产权,培育出独立的,能够自负盈亏、自主经营的充满活力的微观经济主体和市场主体。

第二,在企业进行股份制改革的基础上,完成第二类经济非均衡向第一类经济非均衡的转变,然后通过制度建设、市场完善,使我国由第一类经济非均衡逐步向经济均衡状态靠拢。

厉以宁在两类非均衡理论的基础上,又提出了我国经济体制双重转型理论。在传统的发展经济学中,经济转型是指从农业社会向工业社会转型。但因为新中国在成立之初选择的是计划经济体制,计划经济体制并未让中国从农业社会顺利地转型到工业社会,或者说转型并未在计划经济体制条件下完成。因此,我国经济体制改革面临体制转型和发展转型双重转型问题。这两个转型的叠加,使得中国改革的难度系数倍增。如何处理、平衡二者的关系,事关中国改革的成败,是个重要而紧迫的问题。厉以宁在深入思考的基础上,提出了以体制转型带动发展转型,以改革促发展的思路。他认为,在双重转型中,必须把产权问题放在改革的首位。在计划经济体制下,产权模糊、投资主体不确定、投资方的权利义务不清晰是改革的主要障碍,也是发展的巨大阻力。因此在体制转型中,产权改革是突破口,是主线;在发展转型中,产权界定和产权清晰是动力源泉。只有以产权改革为先导,才能解决社会发展的内生动力机制问题,所以国有企业的股份制改革势在必行。与此同时,也要鼓励发展民营经济,完善多种形式的所有制结构,让二者协同发展。而在国企改革以及鼓励民营经济发展过程中,股份制改革是必然的且切实可行的途径。

厉以宁的股份制改革在20世纪80年代初至80年代末已经基本形成了完整的理论体系。与此同时,厉以宁几乎走遍全国,下基层,到工厂,访企业,问民意,不断为企业股份制改革奔走呼吁。他反复向人们宣讲,股份制姓社不姓资,它是现代企业的一种资本组织形式,是促进生产力发展的公有制的实现形式,有利于所有权与经营权的分离,有利于企业和资本的运作效率,资本主义可以用,社会主义也可以用。我永远记得,90年代,我担任湖南省体改委副主任兼湖南省股份制改革领导小组副组长,湖南省证券监督管理委员会主任。湖南省也是厉以宁担任全国人大代表的选区。厉以宁几乎每1到2年都要来湖南一次,穿越湘资沅澧四水,踏访洞庭鱼米茶乡,不辞劳苦、不畏艰辛地宣传和推动股份制改革。他曾到过湖南省首批公开发行上市公司湘中意、湘火炬等国有企业演讲,也曾和三一重工、岳阳化工等一批民营企业家促膝交谈。有时一天连走两个地市,作两场报告。厉以宁经常和我说,他关于经济改革的理论可以概括为三句话:其一,价格改革与所有制改革,所有制改革是关键。他在写作《论加尔布雷斯的制度经济学说》和《二十世纪的英国经济——"英国病"研究》时就把所有制问题放在了首要位置。1984年,他在马鞍山市所作"关于城市经济学的几个问题"的报告中,进一步论述了股份制是破解经济双重不均衡的关键因而也是中国经济体制改革的关键。其二,通货膨胀带来的危害与失业带来的危害相比,失业的危害更严重。其三,在稳定中求发展还是在发展中求稳定,在发展中求稳定更现实。这三句话我记了一辈子,也影响了我一生。改革开放40多年来,在党中央、国务院的正确领导下,我国企业股份制改革从试点到全面铺开,从星星之火到燎原之势,极大地激发了企业经济活力,推动着我国经济体制改革一步一步地深入发展。

1984年7月,北京天桥百货商场在借鉴国外经验的基础上,结合国情,大胆选择了股份制公司与商品经济相联系的组织形式,进行股份制试点改造,开启了我国商业企业股份制改造的先河。这是全国第一家正式注册的商业股份制企业,也是全国第一家由国营企业转制为股份制的企业,从此揭开了国有企业实行股份制改革的序幕。同年11月14日,经中国人民银行上海分行批准,由上海飞乐电声总厂、飞乐电声总厂三分厂、上海电子元件工业公司、中国工商银行上海市分行信托公司静安分部发起设立上海飞乐音响股份有限公司,向社会公众及职工发行股票。总股本50万股,每股面值1元,共筹集50万元股金,其中35%由法人认购,65%向社会公众公开发行。上海飞乐音响股份有限公司成为上海市第一家股份制企业。1986年4月,厉以宁在北京大学科学讨论会上作报告"改革的基本思路",提出所有制改革是我国经济体制改革的关键这一主张。他认为经济改革的失败可能是由于价格改革的失败,但经济改革的成功并不取决于价格改革,而取决于所有制的改革,也就是企业体制的改革。这是因为价格改革主要是创造一个适宜于竞争发展的环境,而所有制改革或企业体制改革才真正涉及利益、责任、刺激、动力等问题。1986年9月,厉以宁在《人民日报》发表了"我国所有制改革的设想",提出经济改革最好的手段便是利用股份制的形式来改造现有的国有企业,改造现有的大集体企业。1986年12月,国务院发布《关于深化企业改革、增强企业活力的若干规定》,允许各地可以选择少数国有企业进行股份制改革,再一次掀起了企业股份制改革的浪潮。部分省市对企业组织机制进行了各种改革探索。这些探索主要包括股份制、租赁制、资产经营责任制和承包经营责任制。厉以宁明确指出,承包制在实践中必然产生诸如企业政企不分、企业行为短期化等弊端。在承包制存在的种种弊端中,政企不分是最根本的问题。解决这个问题的最有利的一个途径是实行股份制这种规范的企业组织形式。股份制有利于企业资产明晰化、主体化,财产归属关系明确,有利于调动各方面的积极性。1992年邓小平南方讲话发表以后,人们进一步解放了思想,股份制改革成为企业改革的主流。国务院转发了国家体改委等单位制定的《股份制企业试点办法》。以此为上位法律,国家体改委制定并下发了《股份有限公司规范意见》《有限责任公司规范意见》,从而揭开了我国规范化股份制试点的序幕。经过多年的试点实践探索,我国于1993年,由全国人大常委会制定了公司法,并于1994年7月1日起正式实施。从此,以公司法为基本法律对我国股份制改革公司的组织设立和运作模式做了全面系统的规定。从而结束了我国股份制试点的历史,开启了我国建立现代企业制度的新阶段。

股份制和资本市场是相生相伴的孪生兄弟。企业股份制改革必然催生证券资本市场,而证券资本市场也必然为企业股份制改革以及现代企业制度建设注入源源不断的动力。厉以宁在推动企业股份制改革研究和实践推广的同时,高屋建瓴地对我国资本市场的规范发展,做了许多前瞻性研究,提出了许多实际可操作方案,为我国资本市场的建立、规范运作、法制化建设作出了卓有成效的贡献。

一、改革所有制的实现形式,在宏观上建立证券资本市场多元化的所有制结构

厉以宁认为所有制改革归根结底是由商品经济发展的要求引起的,是由企业作为商品生产者这一不可改变的地位引起的。单一的所有制不利于发展商品经济,不利于发挥企业作为商品生产者的积极性,也不符合证券资本市场的要求。

因此,股份制改革后,必然要建立与资本市场要求相一致的多种所有制共同构成新的社会主义所有制体系。对这个体系可以这样理解:从生产资料的所有权归属来看,这是一个以社会主义公有制为主体的,包括为社会主义经济服务的各种非公有制

在内的所有制体系,公有制企业包括全民所有制企业、混合经济型企业、合作企业,非公有制企业包括个体企业、外资企业、中外合资企业。从所有制结构看,将存在二元经济模式:一方面是几百家最大的企业,它们通过层层控股,形成母公司、子公司、分公司系统,形成社会主义的企业财团。它们将决定我国工业化的方向,技术进步的方向;它们拥有自己的科研队伍,从事尖端和应用研究;它们制定自己的长期发展战略方针,通过跨部门、跨地区的生产经营,促进生产资源的有效配置,加速边远地区、不发达地区的开发;它们还将进入国际市场,参与国际竞争。另一方面是几十万家甚至几百万家小企业,包括合作的、个体的、私营的、混合所有制的小企业,它们形成紧密的协作网,同时又处在相互竞争当中。它们将着重解决农村劳动力的转移,农副产品加工,农村居民收入水平的提高,小城镇建设,城乡居民生活服务等方面的问题;它们将在改变我国农村面貌、小城镇面貌方面起到重要作用。这种二元经济的两个不同部分,将各自按照自己的运动规律向前发展,但这两部分不是封闭的,而是开放式的,彼此通过多种渠道的经济技术协作和交流,各自发展壮大,二者可以长期并存和互补。

二、建立新的生产组织形式和管理体制,优化证券资本市场主体上市公司的法人治理结构

厉以宁认为所有制的核心是生产资料所有权的归属,但把所有制理解为生产资料所有权的归属,仅仅是对所有制的狭义理解,对所有制的广义的理解是,除了生产资料所有权的归属以外,还包括生产组织的形式和生产管理体制等。因此,公有制改善不仅涉及生产资料所有权的归属在改善前后的变化,而且也涉及生产组织的形式和生产管理体制在改善前后的变化,由此

所建立的新的社会主义所有制，就是指新的生产资料所有权的归属、新的生产组织形式和新的生产管理体制。

中国的国有企业当初是按照计划经济体制的要求建立的，它们的生产经营和管理模式都是与计划经济紧密联系在一起。可以这样说，没有原来的国有企业，就没有计划经济体制。而没有计划经济体制，也就没有原来的国有企业。原来的国有企业的基本特征是政企不分，产权不明，不自主经营，不自负盈亏。正因为如此，这些企业既缺乏自我约束的机制又缺乏自我成长的能力。多年来，正是这种政企不分、产权不明、不自主经营、不自负盈亏的国有企业构成了社会主义计划经济体制的微观基础。正因为政企不分的国有企业是我国经济的微观基础，所以要改革就必须从改变国有企业的治理结构开始。

厉以宁专门探讨了企业法人治理结构问题，认为国有企业应当制定较为完善的企业（公司）章程。章程中体现出独立核算、自负盈亏、对外经济往来一律按照经济合同办事等内容。主张在国有企业建立董事会及其领导下的厂长（经理）负责制。这一体系包括：股东大会和董事会、政府董事、企业董事、非股权董事、厂长的职责。其中，股东大会是股份制公司的最高权力机构，由股东大会选举董事和监事，成立董事会、监事会，对企业的业务方针和重大问题进行决策和监督，并向股东大会负责。政府董事代表国家股份的利益，企业董事代表本企业的利益，非股权董事（即独立董事）代表职工和社会入股者的利益，有助于董事会在决策过程中广泛听取意见。

现在看来，这些现代化的公司治理结构已经为我们所熟知了，但是在20世纪80年代，要在国有企业中改造建立起现代化的企业制度，厉以宁提出的这一整套治理方案，对习惯于传统的企业治理模式的人来说，是一场革命性的重大转变，并面临着巨大的挑战。这些理论对我国建立现代企业制度、优化公司治理结构,起到积极的指导作用。

三、改革国有资本管理体制,提高证券资本市场资源配置效率

随着经济的发展和改革的深入,原来的国有资本体制的弊端越来越明显,厉以宁呼吁要对国有资本体制进行重大的实质性的改革,因为国有资本体制改革的滞后必将阻碍整个经济改革的进展,也必将延缓国民经济的发展。

厉以宁对国有资本改革的设计是分为两个层次来论述的,他在《中国经济的双重转型之路》一书中提出,国有资本体制分为两个层次:一是国有资本配置体制,这是第一个层次的体制;二是国有资本管理体制,这是第二层次的体制。两个不同层次的体制及其改革,不能混为一谈。国有资本配置体制,旨在提高国有资本的配置效率;国有企业的管理体制,旨在提高调动国有企业的积极性。

厉以宁提出成立国有股份资产管理局。他在1986年写成、1987年出版的《经济体制改革的探索》一书中写道:"应当成立国有股份资产管理局(或称国家持股公司,国家投资公司)管理政府股份及其增减。"由于政府股份可以分为中央政府的股份和地方各级政府的股份,相应的国有股份资产管理,也分为中央、省、市、县各级,它们之间不是垂直领导关系,中央一级的可以成为中央国有股份资产管理局,直属国务院;省、市、县的分别成为某某省、市、县国有资产管理局,隶属于省、市、县政府。各级国有资产管理局管理政府股份,根据股权派出政府董事,如果企业资金存量股份化以后,一个企业中,既有中央政府的股份,又有地方政府的股份,并且都可以根据股权派出董事的话,那么各国

有资产管理局派出自己的董事,即中央政府的董事、地方政府的董事,彼此之间没有领导与被领导的关系。政府股份不由原来的专业部、厅、局管理,这一点是十分重要的。由于企业法人地位的确立,政企已经分开,专业部、厅、局主要负责制定发展规划和政策,协调企业之间的关系,监督政策和法规的执行等,而不再过问股份制企业的事务。政府股份的管理和政府董事的派出,都是国有股份资产管理局的职责,而国有股份资产管理局也不具体干预企业的事务,但通过股权的掌握和派出政府董事,来影响企业的经济决策和经济活动。2003年4月6日,国务院国有资产监督管理委员会正式挂牌成立。国有企业和国有资产的监管方式终于完成了转变。国资委成立后,在建立健全国资监管体系、推进国有企业改革发展、推动国有经济布局结构战略性调整方面起到了重要作用。

厉以宁还提出成立国家投资基金公司。厉以宁完成了国企所有制改革以及国企管理体制改革理论之后,在2013年又将国有资本的改革理论进行了深化,从国有资本配置的角度进一步提出了改革措施。国有资本配置体制改革的目标是强化国资委对国有资本的配置权,而不再主管一个个国有企业。国资委只管国有资本的配置,负责国有资本的保值增值,也就是负责国有资本的配置效率的提高。具体说就是国资委可以设置按行业划分的国家投资基金公司,经国有股份划归国家投资基金公司持有,由国家投资基金公司派出董事会成员,形成如下体制:国资委—国家投资基金公司—国有企业。国有投资基金公司负责对国有企业资产负债状况进行清理,对国企的经营状况进行核实,之后负责对国有企业资本运营的考核。国有投资基金公司要从提高总体资源配置效率的角度,也就是经济结构合理性的角度来考虑国有资本从哪些行业退出,并进入继续增加投资的领域。

对国家投资基金公司来说,既然他们的任务是提高国有资本的配置效率,让既定的国有资本有更为合理的配置,从而达到优化投资结构的目的,所以国家投资基金公司唯有考虑全局,才能落实优化投资结构的任务,既保证新兴产业的发展状况,又保证经济增长质量的提高。

四、合理布局和建立证券交易所,逐步完善我国多层次证券资本市场体系

厉以宁认为股份制改革的持续推进必然要求建立股份流通交易场所,二者是紧密联系在一起的,它们之间有着互为前提和互相促进的作用。他在1987年出版的《经济体制改革的探索》一书中提出:"在股份经济发展的过程中,证券交易所问题必然会提到议事日程上来。在试点进行企业股份制的阶段,由于条件不具备,可以不急于建立证券交易所,时机一旦成熟,就有必要建立证券交易所,这样才有利于股票买卖,有利于资金的合理流动,有利于开展竞争,以促使有前途的企业的健康发展。因此,从发展趋势来看,成立证券交易所是必然的,只是早晚问题。"中国的经济体制改革进程也证明了这一点。1990年12月,中共十三届七中全会决定:"逐步扩大债券和股票的发行,在有条件的大城市建立和完善证券交易所并形成规范的交易制度。"1990年12月19日,改革开放后第一家证券交易所——上海证券交易所成立;1991年7月,深圳证券交易所相继成立。这标志着中国证券资本市场在市场体制建设上迈出了坚实的一步,有着非常重大的意义。

厉以宁指出股票投资是一种长期投资,长期资金短期化,有利于投资者入股。股份制作为一种资本组织形式,最早被乡镇企业所采用,群众入股集资,但入股后不能退股,只能转让,但股份的转让需要有场所,有流通的渠道,有交易平台,但当时根本没有这种

规范的股票交易场所,所以在一些农贸市场甚至街头都有摆摊买卖乡镇企业股票的。由于不规范的证券交易有各种弊病,特别是会造成行骗和非法集资等现象,投资人的利益无法保护,后来被逐步取缔。但如果股票不能流通和交易,就会影响人们投资入股的积极性,可见,成立正规的股票交易所,是股份制改革的内在的和必然的要求。

从经济学上来讲,"二战"以后,经济学中出现了生产效率和资源配置两种经济学效率概念。而资源配置效率其实比生产效率更重要。生产效率是从微观经济的角度进行分析,一个企业需要走技术创新和加强管理,来不断提高生产效率。但从社会的宏观角度来看,资源配置效率的提高更为重要。在计划经济体制下,中国的资源配置是指令式的,企业作为行政部门的附属物,按上级主管机构的指令进行生产,资源按照上级主管机构指定的分配配额。配额不仅排斥了竞争,排斥了选择,而且还大大限制了生产要素的流动与重新组合,所以资源配置效率不高。在市场经济体制下,企业作为市场主体,根据市场需要进行生产,按照市场供求规律和供求情况来配置资源和重新组合资源,生产要素的流动性大,市场主体的选择性也大,就可以更加优化合理地配置资源。资本市场作为市场经济的重要组成部分,在资源优化配置和经济结构调整上发挥着重要的作用。从增量上来讲,资本市场鼓励符合条件的新兴产业企业上市,鼓励符合条件的产能短缺产业企业上市,或者使已经上市的这两类企业增资扩股。从存量上来讲,可以通过企业并购重组,改造产能落后企业,支持通过技术进步而有较大市场潜力的企业上市或与上市公司合并。

厉以宁还提出,证券交易所要合理布局。他在 1994 年所著的《股份制与现代市场经济》一书中写道:"目前国内只有上海深圳两地设立了证券交易所,将来怎样呢?难道永远只有这两个证券交易所吗？今后，随着股份制的逐渐推广，在总结已有的证券交易所经验的基础上，证券交易所是有必要也有可能增多的。在我看来，到本（20）世纪末，一个大经济区有一家交易所，比较适宜。"企业改制为股份公司后，如果股票不准转让、不得上市，股票升值无法体现，那么投资者必将要求高红利，要求多分红，企业行为短期化难以消除，这对企业发展显然是不利的。根据中国的具体情况，上市的公司应当多一些，这些上市公司的股票应当公开转让，使投资者更关心企业的积累和成长，关注长期效益。当年的中国资本相对不足，资金市场不完善，资金的地区分配很不平衡，另外中国的地方保护主义倾向一直比较严重，一些地区往往采取措施限制生产要素的跨地区流动，造成市场分割。在这种情况下，如果股份制试点和推广过程中长期只存在两家证券交易所，很可能造成两种结果：一是外地资金流往仅有两家证券交易所所在地，进一步加剧了国内各地区资金分配的不平衡；二是迫使其他一些省区采取限制资金向省区以外流动的措施。他还提出证券交易所之间既存在着协作的关系也存在着竞争的关系。如果全国只有一家交易所，无论协作关系还是竞争关系都无从谈起。如果全国只有两家交易所，协作和竞争都十分有限，这既不利于企业改制上市，也不利于交易所效率的提升。现在看来，厉以宁对于增加证券交易所数量及合理布局的看法，是非常有远见的，中国资本市场成立近三十年，目前只有 3000 多家企业上市，这与中国的股份制改革实践以及经济体量都是不匹配的，且在地域分布上明显地集中于长三角和珠三角，体现出了非常明显的地域特色，这都从反面印证了厉以宁关于证券交易所应当适当增加并合理布局看法的正确性。中国足够大，中国的创新创业型中小企业足够多，融资需求也足够强烈，完全支撑得下几个交易所的发展。证券交易所既可以多层次，也可以多元化发展，坐落在上海的上交所重点服务长三角、江浙沪；坐落在深圳的深交所重点服务珠三角、大湾区；坐落在北京的股转公司完全可以改制成为服务环渤海、京津冀的北京交易所；2019年成立澳门证券交易所的方案也已成形。这些交易所完全可以并行不悖，错位发展，形成多足鼎立之势，共同服务于中国的创新、创业、成长型企业。

厉以宁非常关注多层次资本市场建设。他在2008年出版的《中国股份制改革的回顾与前瞻》一书中讲道："一个多层次的、完善的资本市场体系，除了包括主板市场以外，还应当有中小企业板市场、创业板市场、未上市的股份制企业的场外交易市场等。完善的债券市场和证券期货市场也应包括在内。中国现阶段有必要及早着手多层次的、完善的资本市场体系的建设，汲取国外成熟的资本市场经验。股份制改革的推进与此密切相关。"厉以宁认为中国的民营企业大部分为家族企业，家族经营制在企业规模不大时能够发挥积极作用，但规模扩大以后，改制为股份制是一种明智选择。如果资本市场是多层次的，那么他们根据企业自身的实际情况，可以在主板市场、中小板市场、创业板市场和未上市的股份制企业的场外市场中做出选择，多层次的、完善的资本市场体系的建设将大大促进民营企业的发展。同时，民间资本也将被充分地调动起来，它们将源源不断地进入各个层次的资本市场，实现金融资源的有效配置。直接融资的比重将会迅速上升，从而将改变中国经济发展中历来偏重于或大部分依赖于银行间接融资的现实。产业结构的调整、经济增长方式的转变、经济增长质量的提高，将因资本市场体系的多层次和完善加快速度。这一切都有利于国民经济又好又快地发展，有利于社会经济的可持续发展。新三板市场的发展和地方股权交易中心的规范和建设，以及2019年科创板的顺利推出，都证明了厉以宁理论的前瞻性和正确性。

厉以宁指出资本市场必须技术创新。他认为新经济就是技术创新加上资本市场,而且技术创新和资本市场结合在一起,二者不能分开。产业的发展离不开金融市场的支持,银行体系很好地支持了我国传统的工业制造业为主的经济发展,因为中国之前一直处于短缺经济,工业制造业主要是学习欧美为主,银行比较容易看清楚这些企业未来的发展情况,并且传统制造业企业有土地厂房车间做抵押,可以减少银行信贷的风险。但新经济的发展千变万化,都是依靠人力资本和技术创新,既没有担保抵押品,也没有明确的发展预期,银行很难为此类企业提供金融支持,这就需要资本市场发挥作用,需要风险投资、创业投资发挥作用。所以说新经济只有技术创新没有金融支持,成不了气候,必须与资本市场紧密结合、共同发展。厉以宁在2008年的时候即讲道:"一些高校毕业生或科技人员很可能走上创业的道路,自行创办企业。他们有自行创办企业的热情,也可能有科技方面的研究成果,并且还能吸引创业投资公司或创业投资基金的关注和资本投入。这必然需要多层次的、完善的资本市场体系作为他们的活动平台。"此次中美经贸摩擦当中,美国对中兴公司的制裁,以及对我们2025计划的打压,让我们看到了缺乏自主创新能力,在关键技术上被人卡脖子,对于一个大国来说是多么危险的事情。所以痛定思痛,必须要下决心解决科技研发问题,而科技研发也必须走产学研一体化的道路。中国有无数的科技创新类的企业,但是融资难一直是制约它们发展的重大障碍,因为这类企业大部分为轻资产公司,没有抵押担保措施,银行贷款难,这类企业更适合引入风险投资,可是因为这类企业用目前A股IPO的标准可能几年内都无法上市,没有退出渠道,风投也不愿意投资。这个问题由来已久,但由于A股市场的问题错综复杂,所以一直未能有效解决。所以2019年推出科创板,并实行注册制,其中非常重要的一个目的就是为了支持这些科技类的创新企业,尤其是具有重大影响和战略意义的科技类企业上市融资,创造出一种制度和环境来鼓励和支持技术创新企业,支持它们的科技研发、做大做强,这也是国家创新驱动发展的战略要求。

五、充分发挥证券资本市场并购重组功能,建立和支持混合所有制经济发展

混合所有制这个名词,是在 1997 年召开的中共第十五次全国代表大会提出来的。中共十六届三中全会通过的《中共中央关于完善社会主义市场经济体制若干问题的决定》中对混合所有制经济有了更加明确的论述,强调要大力发展国有资本、集体资本和非公有资本等参股的混合所有制经济,实现投资主体的多元化,使股份制成为公有制的主要实现形式。2013 年中共十八届三中全会的决定,对社会主义经济理论中有关混合所有制经济的地位、性质和作用进一步做出了明确的规定。党的十八大以来,在以习近平同志为核心的党中央领导下,进一步加快了国有企业混合所有制改革步伐。将国有企业分为商业类和公益类,实行分类改革;以管资本为主加强国有资本监管,依法依规建立和完善出资人监管权力和责任清单,完善公司法人治理结构;明确提出国有资本、集体资本、非公有资本等交叉持股、相互融合的混合所有制经济是我国基本经济制度的重要实现形式。既鼓励国有经济走向混合所有制经济,又鼓励非公有经济走向混合所有制经济。这是中国特色社会主义经济理论的重大创新。党的十九大报告进一步强调,深化国有企业改革,发展混合所有制经济,培育具有全球竞争力的世界一流企业。

厉以宁在"社会主义所有制体系的探索"一文中也做了详尽的研究,指出企业生产资料所有权也可以不是单一的,而是由全民、集体和个体按照多种方式交叉、渗透而形成的混合性质的。

在这种混合性质的所有制中,全民所有、集体所有、个体所有相互融合,你中有我,我中有你。即使不实现企业的股份制,只要允许不同所有制的企业联合经营,也可以产生一些混合经济型的企业。但企业的股份制的结果将导致混合经济型企业的大量出现。社会主义社会中的混合经济型企业的性质应当如何确定呢?厉以宁认为如果原来的全民所有制或原来的集体所有制以入股集资形成新增资金,并能在混合经济型企业掌握企业经营管理权的话,那样的混合经济型企业无疑仍是公有制企业。如果一个企业是新办的,其资金来自股票发行,而购买股票的,既有各种企业,又有个人,那么这样的混合经济型企业,是一种新的经济联合体,是传统的全民、集体所有制之外的一种新的公有制形式。这种经济组织形式既体现了劳动者群体作为生产资料主人这一特征,又有利于加强企业的活力,使企业成为独立的自主经营、自负盈亏的商品生产者。所有制的多元化和混合所有制的形成,既和我国现阶段劳动的性质有关,也与我国当时阶段的生产力水平有关。企业中的劳动者的劳动存在着质与量的差异,他们仍然要用个人利益的眼光去看待自己的劳动及其劳动成果,企业之间还存在着劳动条件的差异,这也会导致企业的经营成果和经济效益的差别。混合所有制可以使企业和员工更能从利益关系上使自己同生产经营成果统一起来。

六、注重经济改革理论向改革政策的转化,推动证券资本市场从"靓女先嫁"到股权分置改革

把股份制改革的思路付诸实施远不是那么简单的。改革开放初期有不少人认为,股份制改革就是私有化,就是把新中国成立30多年来所建立和发展起来的国有企业变为私有企业。他们认为,小企业特别是一般轻工业企业可以走股份制的道路,因为

它们是小企业，国有企业特别是国有大型企业则不能改制为股份制企业。

国有大企业的股份制改革在当时确实有许多理论与改革实践操作的困难。于是，本着先易后难、化难为易的思路，厉以宁在1987年出版的《经济体制改革的探索》一书中就创造性提出"存量不动、增量先行"的做法，他把这一做法称作"靓女先嫁"。为国有大中型企业设计了按两个阶段进行的股份化改革方案。即前一阶段是资金增量的股份化，即新创办的企业按照股份集资方式建立起来，以及原有企业扩大时采取发行股票集资的方式。后一阶段是资金存量的股份化，即原有企业的固定资产核定价值，折成股份，使原有企业变成真正的股份企业。这样，国有大企业终于走上了股份制改革道路。"存量不动、增量先行"的做法虽然为股份制改革开辟了通道，但也带来新的问题，这就是：在国有大企业的股份构成中，非流通股所占比重过大，即人们所说的存量过大。这样一来，即使国有大企业成为上市公司，股东会也开不起来，董事会上只有一种声音，即绝对控股的国有大企业的声音。在证券市场上，有些散户买了上市国有大企业发行的股票，但散户的股票起不了任何作用。换句话说，上市的国有大企业只取得了融资，但由于非流通股数额巨大，企业的运行机制没有改变，依然活力不足。

1998年证券法通过后，中国股份制的第二次改革就接着展开了。这次改革的目的是把数额巨大的非流通股变为流通股，建立现代企业制度，按照"产权清晰、权责明确、政企分开、管理科学"的要求，对国有大中型企业实行规范的公司制改革，使企业成为适应证券资本市场的法人实体和竞争主体。具体做法是：非流通股持有者给流通股持有者一定补偿；国家按投入企业的资本额享有所有者权益，对企业的债务承担有限责任，企业依法自主经营、自负盈亏；除极少数必须由国家独资经营的企业外，积极推行股份制，发展混合所有制经济。

为什么在非流通股上市前要给流通股持有者一定补偿？这是因为，当初国有大企业上市时，在招股说明书上曾作过非流通股暂不上市的承诺。这等于是一种"要约"，必须遵守。现在非流通股要上市了，违背了当初的承诺，所以要取得流通股持有者的谅解，给予补偿是合情合理的。至于给每个流通股持有人多少补偿，则由市场根据上市企业的效益好坏来决定。中国股份制的第二次改革即股权分置改革终于成功。

厉以宁讲"经济体制改革基本思路的提出，只是表述了一种对于经济体制改革前进方向的思考，具有浓厚的理论探讨性质，属于规范性质，根据这种思路，我们可以对经济体制改革的走向和未来的前景有比较清晰的认识。但是理论性的和规范性的思路同经济改革工作之间还有很大一段距离。经济改革的思路必须向经济改革政策转化，使它们体现在改革政策之中。经济改革的政策设计之所以必要，理由就在于规范性的研究应当同实证性的研究相结合。也就是说，通过经济改革思路的政策化，我们可以进一步了解到我们应当如何去做，怎样才能做得更好，才能更好地把理论上的东西变成实际生活中的东西"。"经济改革中所要推行的政策，不仅应当在理论上有依据，而且必须具有可行性，即具有易于操作和实施的性质。如果在理论上缺乏依据，那么它们将经不起检验，难以存在。如果在实施中不易操作，那么它们将无法被贯彻，最终仍不得不被其他的较为可行的政策所替代。由此可见，经济改革的政策设计的难度可能比经济改革基本思路提出的难度大得多。提出经济改革基本思路时，主要站在经济理论工作者的立场上来考虑问题，而在设计经济改革的政策体系时，主要应该站在经济实际工作者的立场上进行思考"。

正是厉以宁在上述理念和方法论的思考,使得股份制改革理论既是一套完整的理论体系,又是一套可以对照操作的改革方案,并且给出了改革方案的路线图。是一套理论和实践相结合的完整的理论体系。

七、主持证券法、基金法制定工作,推动我国证券资本市场法制化进程

邓小平南方谈话以后,第七届全国人大常委会委员长万里同志提议制定证券法。1992年成立全国人大证券法起草小组,厉以宁担任证券法起草小组组长。1993年八届全国人大后,厉以宁担任财经委员会副主任,继续负责证券法起草工作。证券法起草前后长达七年,最终在1998年12月29日九届全国人大常委会第六次会议上通过。证券法的出台是中国社会主义市场经济发展中的一件大事,标志着中国证券市场法制建设进入了一个新阶段,是证券市场发展过程中的重要里程碑。1993年全国人大常委会还颁布了公司法,并于1994年7月1日起实施,首次以基本法律的形式对我国股份制公司的组织设立和运作做了全面系统的规定,结束了我国股份制试点的历史。2003年10月第十届全国人大常委会第五次会议上表决通过了《中华人民共和国证券投资基金法》,并于2004年6月1日起正式实施。基金法充分吸收国际成熟市场制度经验,通过证券市场进一步扩大直接融资规模,带动社会和民间投资,有效扩大内需,促进经济持续较快增长目标的实现。资本市场和货币市场的协调发展,有利于完善金融市场结构,增强我国金融体系抵御风险的能力。

股份制改革为我国打造了和培育了资本市场的主体,极大地推动了经济体制转型的顺利推进和经济发展,在提高资源配

置、产业升级、技术突破方面都做出了巨大的贡献。股份制改革的成功,展现了从实践突破到认识突破,再到新的实践突破和新的认识突破,并不断循环往复、达到新的实践和认识高度的历史逻辑。它说明,坚持把马克思主义基本原理同中国具体实际结合起来,坚持解放思想、实事求是,就能找到改革的正确方向,就能解放和发展社会生产力。股份制改革的成功,用实践证明了社会主义制度和市场经济能够成功结合,建立起现代企业制度的国有企业能够很好地适应市场竞争环境,在同其他市场主体竞争与合作中焕发活力、做大做强,我国资本市场建设也必将进一步规范发展,为把我国建成社会主义现代化强国,实现中华民族伟大复兴的中国梦作出新的贡献!

(黄湘平,中国证监会)

厉以宁讲宏观经济调控、民营经济和"三农"问题

刘焕性

宏观经济调控是政府对国民经济的总体管理,是一国政府特别是中央政府的经济职能,主要表现为国家利用经济法规、财政货币政策、信息导向、规划引导和必要的行政干预,对市场经济的有效运作发挥调控作用,从而实现宏观经济的总量平衡。厉以宁讲,市场调节不是万能的,宏观经济调控的存在有其必要性。因为市场存在着固有的弱点和缺陷,包括自发性、盲目性、逐利性和滞后性,而必要的宏观调控有利于帮助人们认识市场的弱点和缺陷,保证市场经济健康有序的发展。但宏观经济调

控也有其边界和度,越过了一定的边界和度,宏观调控的作用和效能就会打折扣或产生消极影响,所以对宏观经济调控的功能和作用一定要有清醒的认识。

一、宏观调控重在预调、微调

厉以宁很早就对宏观调控有自己的鲜明观点。2003 年担任全国政协常委、经济委员会副主任后不久,他就宏观经济调控问题在一次调研座谈会上谈到,一个人身体要健康,内在机制的完善是首要的,有病的时候有必要打针吃药,但要以人自身机制为基础;经济发展也一样,也需要依靠内在机制的完善,宏观经济调控是重要的,但不能够本末倒置,忽视市场机制的完善,否则经济忽冷忽热、摆来摆去的状况难以根除,很多问题是要靠改革来解决,而不是靠宏观调控来解决。此后在全国政协常委会议的小组讨论和经济委员会召开的宏观经济形势分析会上,他多次就宏观调控发表自己的意见。

2010 年两会期间,在接受《财经国家周刊》《上海证券报》等媒体记者采访时,就当前中国经济宏观调控面临的主要风险挑战是什么这一问题,厉以宁回答道,宏观调控的总量调控有局限性,应该是总量调控与结构调控并重。因为从经济学意义上说,宏观调控是对总需求的调节,而中国的经济问题是结构问题,是供给问题,要靠产业政策来调节。结构调控应该放在重要位置上。而且单纯宏观调控政策不涉及体制问题,如果体制上没有大的改革,容易变成虽然宏观调控了,但主要问题仍然没有得到解决。

2013 年 9 月 26 日,厉以宁在中山大学岭南学院作题为"中国宏观经济形势和新一轮的经济改革"的演讲时再次提出,宏观调控不能替代改革。宏观经济调控作为外来力量,虽然也重要,但它处于辅助地位,不能什么事情都依靠宏观调控。经济的健康发展,主要依靠的是经济结构的合理与内在机制的完善。中国经济的很多问题都要靠改革来解决,而不是靠宏观调控来解决,绝对不能因为宏观调控有点成效就频繁利用,宏观经济调控重在微调、重在预调,是在不得已的情况下才可采用,一般情况要避免采用。

厉以宁谈到,有人经常说宏观调控的核心,在于如何处理好政府调节和市场调节之间的关系,于是就有"小政府、大市场"和"强政府、强市场"两种说法。但这两个说法都不准确,正确的说法应该是"有效的政府、有效的市场"。政府不在于大小,也不在管辖范围的宽窄,而在于政府应该做自身该做的事,效率要高。市场不是万能的,有很多领域是市场管不到的。有效的政府加上有效的市场,这就是中国的政府与市场的关系。两者都要讲效率,都要有效,政府做政府应该做的事情,市场做市场可以做的事情,这样就行了。

在2013年11月份出版的《中国经济双重转型之路》一书中厉以宁谈到,政府也不是万能的,宏观经济调控在任何情况下都带有局限性。一是政府总是在不完全信息的条件下作出决策的。二是政府只有一个,而生产者、投资者、消费者却有千千万万,他们每个人都是根据自己的预期来选择对策,从而部分抵消了政府政策的效果。三是在具体实施中宏观调控措施往往容易力度过大、矫枉过正,从而造成"一管就死,一放就乱"的局面。在中国经济的双重转型过程中,这种时紧时松、时"死"时"乱"的现象之所以一再发生,既由于市场机制尚未完善,又由于政府职能未能正确定位。所以宏观调控应重在微调,尽可能少采取总量调控措施,而要以结构性调控措施为主。因为与总量调控措施相比,结构性调控措施所引起的震荡较小,效果会更显著。

厉以宁讲,宏观经济调控除了重在微调外,还应当采取预调措施。因为宏观调控起始时机的选择十分重要。过去,宏观调控起始时机往往滞后,宏观调控结束时机更可能滞后。这两种滞后都会给国民经济造成损失,也会给后续一段时间的经济运行增加困难。所以在今后的宏观调控中,政府应尽可能掌握经济中的真实情况,做到预调和微调并重。

2016年11月23日,厉以宁在发表的题为"怎样持续推进供给侧改革"演讲时,再次阐述了宏观调控要重在预调、微调的观点。他说,宏观调控重在预调,发现了苗头就要做在前面;重在微调,不要大幅度波动;重在结构性调控,就是要有重点地、一贯式地调控,而不能大水漫灌。大水漫灌的坏处是浪费了资金、时间和精力,而滴灌的好处就是"精准扶贫",宏观经济调控一定要做到这样。在一些市场还没有充分发育的领域,在企业作为独立经营主体还没有成长的时候,政府在短时期内虽然可能有代替市场主体的作用,但是必须及时退出,否则对经济是有害的。要防止出现"宏观调控依赖症",什么事情都要宏观经济调控。经济发生通货膨胀,宏观调控;经济增长率下降,宏观调控。既然宏观调控这么灵,还要经济改革干什么?实际上,这种依赖容易耽误经济改革。

此外,早在20世纪90年代,厉以宁就对中国经济的发展提出了自己的独特看法。他说中国经济就好比一辆汽车,刹车很灵,政府只要把财政闸门一关,把货币闸门一关,就可以起到刹车作用。但等启动就不容易了,几次降低利率,启不来;扩大信贷,还是启不来。其实宏观调控松紧的效果是不对称的。当宏观抽紧时,主动权在政府,紧控开支、提高利率、压缩信贷规模,因而刹车容易。等经济需要复苏时,主动权却不在政府,而在消费者和投资者手里,他们如果缺少信心,不买、不投资,则会出现商品积压,这样生产和消费都受影响,经济增长就会面临困境。

2004年1月6日,厉以宁在"首届中国企业发展论坛"上谈到,中国经济有两个特点,一是怕冷不怕热,二是刹车容易启动难。根据以往的经验可知,中国经济的抗寒能力比较差,只要经济增长速度下来一点,各种问题马上都出来了,而经济稍微热一点却不要紧。世界各国的经济发展状况可以归纳为两种类型:一是成长中经济,二是停滞中经济。成长中经济的特点是,经济状况从当年看也许问题很多,比如失业增加、农民收入增长缓慢、假冒伪劣产品充斥等,但如果放到10年以后再回头看,就会信心大增。我国经济属于前者,1994年的中国经济肯定无法与现在的2004年相比,尽管当年的问题有一大堆,但在发展的过程中都在逐步得到解决。

2009年10月15日,厉以宁在广州作"当前经济形势下金融业的发展契机"专题报告时进一步提出,刹车容易启动难是当前中国经济的一大特点,因为中国经济调整的主动权仍掌握在政府手中。政府认为经济过热了,要降温,一踩刹车,经济马上下来。不过,经济启动的动力却在民间。没有收益,民间资本就不会投资。自己的生活保障不够,民众会运用银行储蓄消费吗?即使消费,他们也只会谨慎消费,消费不足,经济增长自然就下降。厉以宁说,过去十年,中国经济每年都谈结构调整,但为什么进度缓慢,效果不明显?因为为了提高地方经济发展、增加就业,各地就必须加大投资,其结果是造成信贷过剩,相伴而来造成产能过剩和通货膨胀。这种情况反过来导致紧缩信贷,就业压力增大;而为了缓解这种矛盾,又再追加投资,开始新一轮循环。这个困境只有依靠改革才能解决。

2010年7月29日,厉以宁在烟台所作的"中国经济运行"专题报告中再次谈到,中国经济就像一辆行驶中的汽车,刹车容易启动难。中国不但有广阔的市场与投资空间,还有西部大开发、振兴东北老工业基地等战略在实施,在中国的投资、创业余地还特别大,中国经济的发展将会持续下去。中国的通货膨胀存在需求拉动、成本推动、国际输入三种不同类型,通货膨胀固然不利,但更要警惕经济停滞与通货膨胀、失业以及不景气并存的滞胀现象。经济热一点没有问题,但如果经济增速下降过快,就会带来就业压力过大、经济不景气等很多问题。为解决这一问题,国家应更多地扶持小微企业和民营企业发展,这样对解决就业问题和促进经济增长都会效果明显。

二、关于经济发展的两大动力

厉以宁说,改革开放以来,中国用短短几十年的时间,走完了一些国家上百年乃至数百年才能实现的跨越式发展,成为世界第二大经济体,经济社会发展取得了举世瞩目的成就。中国经济增长为什么这么快?有人认为发展动力是投资、出口和消费,也有人认为是企业家的投资信心、政府官员的干事动力,还有人认为是大规模的基础设施建设和金融等领域的改革,但核心动力其实有两个:一个是创新,另一个就是民营经济的发展。

创新,是厉以宁讲得最多的话题。从北京大学的讲堂到全国政协经济委员会的会议,从在地方的报告到企业的论坛,厉以宁总是在孜孜不倦地讲创新。从20世纪90年代初开始到现在,厉以宁讲创新的文章和演讲超过了三百多篇(次)。厉以宁在多个场合谈到过约瑟夫·熊彼特和他的"创新理论"。熊彼特认为,企业家的本质是创新,创新的主动力来自于企业家精神。在没有创新的情况下,经济只能处于一种"循环流转"的均衡状态,经济增长只是数量的变化,这种数量关系无论如何积累,本身并不能创造出具有质的飞跃的经济发展。熊彼特还认为,创新引起模仿,模仿打破垄断,从而刺激大规模的投资,引起经济繁荣;但当创新扩展到相当多的企业之后,盈利机会趋于消失,经济就开始衰退,直到新的创新行为出现。整个经济体系将在繁荣、衰退、萧条和复苏四个阶段构成的周期性运动过程中前进。

厉以宁认为,熊彼特虽然歪曲了资本主义经济危机产生的原因,认为是创新浪潮的消逝引起了危机,但他关于创新和企业家精神的论述对西方经济学界影响很大。在信息经济时代,我们必须对熊彼特的创新理论进行再认识。与熊彼特时代相比,现在已经到了工业化中后期,经济发展要素中最重要的创新是信息重组,而非生产要素重组。熊彼特一生都在呼吁将科学发明家和企业家进行完美组合,但是收效甚微,原因就在于发明家跟企业家没有很好地结合在一起。所以政府在创新过程中起到的作用很重要,除了改善投资环境外,政府还应协助企业家解决发明家的顾虑,理顺企业家和发明家之间的关系。企业发展除了要解决好资金问题外,更重要的是要有创意,有创意才有创新,有创新才有创业。

可以说,当今市场上不缺资金,缺少的是创意和项目。只要有了创意就不怕资本不来追逐,资金找项目远远重要于项目找资金。这些都跟熊彼特当年遇到的情况是不一样的。此外,创新还需要做好人才工作,创意创新都需要依靠懂技术、懂市场、懂管理的各类人才。所以除了优惠政策外,还要有更好的投资和吸引人才的环境,唯有如此,创新创意才能由小变大并落地生根。

厉以宁讲,创新往前走,经济就增长,经济停滞就因为前一个创新的效率已经使用殆尽,后一个创新还没到。传统经济时代的创新是生产要素的重组,互联网经济时代的创新是信息的重组。所以说,时代在飞速变化,面对日新月异的技术更新和社会发展,观念转变才有创意创新,才有出路。不管是个人还是政府,不管是观念上还是行动上,都应跟上时代的变化。

2015年3月6日,在全国政协举办的记者会上,厉以宁就主动适应经济发展新常态促进经济平稳健康发展回答记者提问时谈到,新常态包含了三个内容:一是增长速度从过去的高速增长到现在逐步走向中高速增长。二是结构要调整。新常态是一个结构调整以后的经济,很多产业要不断升级。三是要寻找新的动力。今后经济增长靠什么?要靠广大人民的创新精神、创业活动。也就是说,过去我们所习惯的靠数量规模的扩大、靠投资的驱动,这些都不能适应新的情况了,今后经济发展的动力主要来自人民的创新精神和创造力。

2015年12月18日,在《中国经济周刊》主办的第十五届中国经济论坛上,厉以宁在发表的主旨演讲中谈到,中国经济目前正在进入转折点,经济下滑总会被破解,破解需要的是创新,不仅仅是技术的创新,也包括体制的创新、管理的创新和营销方式的创新。他说,当前国内第三产业产值占比虽然已经超过了50%,但是工业化仍未完成,我国仍处在工业化时期,未来仍需要继续推进工业化。工业化完成的标志是高端的制造业,特别是成套装备的制造业居世界领先地位。目前中国离这个标准还有距离,中国只是制造业大国,还不是能够在这方面具有领先地位的制造业强国。未来如何完成工业化?首先便是加快创新。只有创新才能够支持中国不断走向高端的制造业,走向成套装备的制造业。其次,必须继续发展第三产业,发展第三产业有助于解决就业问题,现代服务业加传统服务业仍然承担着一大批就业问题的解决。最后,中国的人才结构也需要更新。随着廉价劳动力的枯竭,中国过去源于廉价劳动力的人口红利已经消失,新的人口红利要通过学习技术来产生。中国目前需要大量的技术人才、专业人才,需要有大量参与创新的接班人。中国经济未来发展的前景,需要看年轻人在多大程度上参与创意、创业、创新。只要我们在这个方向上走,坚定我们的步伐,重在质量,重在效率,重在新人的培养,就能保持在新常态下中国经济的中高速增长。

民营经济对我国经济社会的发展至关重要。改革开放以来,我国民营经济经历了从小到大、从弱到强,不断发展壮大的过程,在这一过程中厉以宁密切关注民营经济发展,努力为民营经济的发展建言献策。在担任全国政协常委期间,他先后参与推动了"非公经济36条"以及"非公经济新36条"的出台,认为民营经济对我国社会主义市场经济发展、政府职能转变、农村富余劳动力转移、国际市场开拓等发挥了重要作用,为我国经济改革发展做出了重要贡献。

2012年12月14日,厉以宁在网易经济学家年会上发表演讲时指出,中国经济发展的动力在民间,政府的责任在于发现民间蕴藏的积极性并调动、规范这种积极性。20世纪80年代,从农村土地承包责任制的推行到乡镇企业的蓬勃发展,再到经济特区的建立,就像在平静的水面上丢下了三块石头,这三块石头激起了层层波浪,推动了中国经济的高速发展,这就是民间积极性的表现。过去曾长期流行三句话:无农不稳、无工不富、无商不活。现在这三句话仍然有效,但还应补充三句话:无民不稳、无民不富、无民不火。中国经济要持续稳定发展,就必须要有大量的民营经济和小微企业,把民间蕴藏的积极性调动起来,这样下一步的经济发展就顺利了。

2019年12月22日,《中共中央国务院关于营造更好发展环境支持民营企业改革发展的意见》(后文简称《意见》)正式发布。《意见》围绕营造市场化、法治化、制度化的长期稳定发展环境,推动民营企业改革创新、转型升级、健康发展,提出了优化公平竞争的市场环境等一系列有针对性的举措。这是支持民企改革发展领域的首个中央文件。23日,厉以宁跟我们几个学生谈到,2005年以来从中央层面先后出台的两个"非公经济36条",到一些部门和地方出台的一系列扶持民营经济发展措施,目标都是强化政策导向,鼓励、支持和拓展民营经济的发展空间。这次出台的《意见》,与此前中共中央、国务院出台的《关于完善产权保护制度依法保护产权的意见》《关于营造企业家健康成长环境弘扬优秀企业家精神更好发挥企业家作用的意见》,形成了一个有机的制度体系,体现了中央一以贯之的坚定不移发展壮大民营经济的战略决心,也体现了中央致力于为民营经济发展提供更加健全的制度保障、增强民营企业改革发展的坚定信心和用意。

关于民营经济对我国经济社会发展做出的贡献情况,2018年11月1日中央召开的民营企业座谈会已经给予了充分的阐述和肯定。就创新而言,除大量的管理和科技层面的创新外,制度方面的创新更让人印象深刻:从农村家庭联产承包责任制到建立经济特区,从国有企业股份制改革到新型城镇化建设,从林权改革到农村土地确权,从精准扶贫到乡村振兴,从转变经济发展方式到供给侧结构性改革等,无论是民营经济的蓬勃发展,还是各领域创新的井喷,归根结底都是通过调动民间和政府两者的积极性,并且使其相互强化,进而推动了中国经济增长。中国经济在继续前进,对世界的影响力越来越大,一定要回忆这一路是怎么走来的,这样才能把经济建设搞得更好。特别是在供给侧结构性改革、产权改革和保护领域还有很多工作要做,我们一定要登高望远、居安思危、勇于创新、永不僵化、永不停滞。

三、推动两个"非公经济36条"的出台

改革开放以来,民营经济经历了从小到大、从弱到强不断发展壮大的过程。民营经济已经成为推动我国发展不可或缺的力量,成为创业就业的主要领域、技术创新的重要主体、国家税收的重要来源,为我国社会主义市场经济发展、政府职能转变、农村富余劳动力转移、国际市场开拓等发挥了重要作用。在民营经济的发展历程中,人民政协充分发挥自身优势,积极为推动民营经济发展建真言、出实招、谋良策,做出了自己的独有贡献。

2003年"两会"期间,刚刚当选为全国政协常委的厉以宁等几位经济委员会副主任提出,应该将促进"非公有制经济"发展列为全国政协经济委员会当年的调研重点。因为此前中央文件中尚未正式出现"民营经济"的提法,厉以宁等建议调研课题还是以选用"非公有制经济"这六个字比较稳妥。7月7日,全国政协经济委员会"促进非公有制经济发展"专题调研组成立,并被列为当年和翌年全国政协的10项重点调研之首。厉以宁被任命为调研组长,经济委员会副主任邵奇惠、郑家纯、刘永好为副组长,决定分两路深入广东省的深圳、中山、珠海和辽宁省的沈阳、大连、鞍山、营口等城市进行实地调研。

11月9日至16日,厉以宁率全国政协经济委员会调研组深入广东调研,每到一地除深入调研非公有制企业外,还分别召开了与政府相关部门的座谈会、与非公有制企业家代表的座谈会等。在广泛深入了解社会各方意见的基础上,调研组在珠海市召开了内部总结会,对调研中了解到的情况和问题进行了深入分析和研判,厉以宁在发言中总结归纳了民营企业面临的四大问题:一是市场准入难,许多领域进不去;二是融资难、融资贵问题突出;三是税费负担比较重;四是合法权益得不到充分保障。

并据此提出了四项建议:深化金融体制改革,拓宽融资渠道;改革和完善税制,切实减轻非公有制企业的税负;加强政府部门之间的整合与协调,提高政策透明度;以及尽快制定保护私有财产权的相关法律等。

2004年1月30日,全国政协经济委员会正式向中共中央、国务院上报了调研报告,厉以宁随调研报告就相关问题给时任国务院领导写了一封信。2月13日,国务院领导在原信上作出批示说,促进非公经济发展,应有一个通盘考虑,着手研究一些重大的政策性问题,形成一个政策性指导文件,并要求国务院有关部门就此问题拿出意见。之后,由国务院研究室牵头,国家发改委中小企业司和宏观经济研究院为主,吸收国家税务总局、财政部、商务部、中国人民银行、国土资源部、科技部等24家中央政府部门的有关机构参加,组成了一个促进非公经济重大政策专题工作组,"非公有经济36条"进入了正式制定阶段。随后,有多位调研组成员和经济委员会委员参与"非公有经济36条"的调研制定工作。

3月7日,在全国政协十届二次会议上,厉以宁代表全国政协经济委员会做了题为"当前非公有制经济进一步发展亟待解决的几个问题"大会发言。厉以宁说,中国的非公有制经济正逢历史上最好的发展时期,但在体制障碍扫清之后,计划经济时期那种"一大二公"的倾向仍然存在,一些政府部门扶持国有企业或规模大的非公有制企业轻车熟路,却往往忽视了对众多中小型非公有制企业的服务,在工作中"锦上添花"多,"雪中送炭"少,要真正为非公有制企业"松绑",必须加快政府职能转变。厉以宁还提出,1994年实施的财税制中某些规定已不符合非公有制经济发展的实际,存在税率过高、税负过重、重复征税等弊端,部分社会舆论存在对非公有制企业和企业家的歧视现象,不利于社会的稳定和进步。建议清理过时的税制规定,切实减轻企业的税收负担,引导社会正确看待私有财产,正确认识有产者,只要是合法经营所得的私有财产都应该得到保护。

在3月9日举行的全国政协十届二次会议中外记者招待会上,厉以宁、刘家琛、孙安民、杨崇春和王玉锁等委员就"大力发展和积极引导非公有制经济"问题回答记者的提问。当有记者问,如何评价经济发达地区的非公有制经济已经成为当地经济发展的主体,提供和创造的税收和就业机会比重越来越大时,厉以宁回答说,评价非公有制经济要从两个角度来看,一是企业的角度,二是国民经济整体的角度。从企业的角度看,既然允许民营经济进入过去禁止进入的领域,竞争必定会加剧,一些效益不好的公有制企业关停并转是正常现象,这和一些非公有制企业效益不好被淘汰一样。从国民经济整体来看,第一要毫不动摇地巩固和发展公有制经济,第二要毫不动摇地鼓励和支持引导非公有制经济发展。非公有制经济发展对公有制经济发展是有利的,非公有制经济进入竞争领域后,促使公有制企业产生了紧迫感,必须依靠技术创新、改革才能提高效率,这对长远发展公有制经济是有利的。此外,公有制的形式可以是多样化的,股份制是公有制的主要实现形式,民间资本的介入实际上意味着混合经济的形式正在发展。所以非公有制经济的发展,可以促进公有制经济的进一步巩固和加强。

9月27日,根据全国政协领导的批示要求,全国政协经济委员会邀请国务院研究室和国家发改委等文件起草组的负责同志座谈文件起草情况,"非公有制经济"专题调研组成员和部分经济委员会委员参加。委员们针对文件起草组介绍的《关于促进非公有制经济发展政策性文件框架思路》展开讨论,并提出了一些修改意见,大部分建议得到采用。11月12日,国务院研究室和国家发改委将征求意见稿发送到有关单位,厉以宁和经济委员会的相关委员再次通读全稿并就个别条文提出修改意见。

2005年1月12日,温家宝主持召开国务院常务会议,讨论并原则通过《国务院关于鼓励支持和引导非公有制经济发展的若干意见》,会议认为,公有制为主体、多种所有制经济共同发展是我国社会主义初级阶段的基本经济制度。毫不动摇地巩固和发展公有制经济,毫不动摇地鼓励、支持和引导非公有制经济发展,使两者在社会主义现代化进程中相互促进,共同发展,是必须长期坚持的基本方针。2月24日,国务院正式对外公布了《国务院关于鼓励支持和引导个体私营等非公有制经济发展的若干意见》(简称"非公经济36条"),按照党的十六大、十六届三中和四中全会精神及宪法修正案要求,着力消除影响非公有制经济发展的体制性障碍,确立平等的市场主体地位,明确提出了今后一个时期鼓励、支持和引导非公有制经济发展的总体要求,从放宽非公有制经济市场准入、加大对非公有制经济的财税金融支持、完善对非公有制经济的社会服务、维护非公有制企业和职工的合法权益、引导非公有制企业提高自身素质、改进政府对非公有制企业的监管、加强对发展非公有制经济的指导和政策协调等七个方面具体提出了促进非公有制经济发展的重要政策措施。这是中华人民共和国成立以来国务院出台的第一份以非公有制经济发展为主题的纲领性文件,让非公经济成为当年"两会"上和社会各界最受关注的话题之一。

2010年3月4日,在时任国务院总理温家宝出席的政协经济界、农业界委员联组会议上,厉以宁在发言中提出,"'非公经济36条'已经公布5年了,但是民营企业'非禁即入'的原则,仍未得到贯彻落实",对民营企业投资领域的行业准入问题不仅牵涉公平以及市场主体中的公平竞争,而且关系到保证市场规律配置资源的地位的前提下,如何避免政府陷入投资怪圈的问题。厉以宁提出,应明确划分政府、国有资本投资进入的边界,"所有竞争领域内的投资行为,政府都不应该主导,应该交由市场解决,市场、企业按照利润预期,决定自身的投资行为,然后自己承担风险"。温家宝当即做出回应表示,要着力解决民营资本在投资领域所遭遇的"玻璃门""弹簧门""旋转门"问题。

3月24日,温家宝主持召开国务院常务会议,研究部署进一步鼓励和引导民间投资健康发展的政策措施。4月底,由厉以宁牵头的全国政协经济委员会调研组就保障民间投资权益问题在广东调研,并在珠海召开了调研座谈会,根据各方意见,厉以宁主持起草了建议在国有企业和民营企业两者的关系问题上坚持一视同仁,做到权利平等、机会平等和规则平等,以及提高政府的公信力、严格依法办事的报告,得到了有关部门的高度重视。

2010年5月7日,国务院正式出台了《国务院关于鼓励和引导民间投资健康发展的若干意见》,该意见也被称为"非公经济新36条"。该意见提出要进一步拓宽民间投资的领域和范围,允许民间资本兴办金融机构,鼓励和引导民间资本进入基础产业和基础设施领域,推动民营企业加强自主创新和转型升级,鼓励和引导民营企业积极参与国际竞争,为民间投资创造良好环境等。这是改革开放以来国务院出台的第一份专门针对民间投资发展、管理和调控方面的综合性政策文件,既是应对国际金融危机、稳固经济可持续发展的基础的迫切需要,也是坚持和完善社会主义初级阶段基本经济制度、完善社会主义市场经济体制的长久之策。

"非公经济新36条"出台后,厉以宁为推动相关细则的早日出台,以解决好制约民营企业发展的市场准入、融资困局等问题,又连续两年开展了后续跟踪调研,为推动民营经济的发展做出了重要贡献。

四、对"三农"问题的调研与探索

"三农"问题与实现全面建成小康社会目标和把我国建设成富强民主文明和谐美丽的社会主义现代化强国密切相关。厉以宁长期关注"三农"问题,他经常在北大光华管理学院的课堂上对挤得满满当当的听课学生说,关注和重视"三农"问题是任何一个有家国情怀、有忧患意识和担当意识的青年学生所必须具备的优秀品质。

年届90岁的厉以宁至今仍坚持每年到农村调研,对"三农"问题格外关注。自2003年担任全国政协常委、经济委员会副主任至2018年初卸任全国政协常委以来,他多次深入辽宁、内蒙古、山东、河北、湖南、湖北、安徽、江苏、浙江、陕西、甘肃、四川、贵州等地区的农村调研,看村容村貌、察民情民意,并对研究解决粮食安全、土地确权、农民收入等问题倾注了大量心血与汗水。

2015年11月22日,"'中国经济的热点问题'学术研讨会暨厉以宁教授从教六十周年庆祝活动"在北京大学办公楼礼堂举办。那天早晨北京大雪,我和几位同学一起在办公楼外迎候厉以宁老师。8点40分,厉以宁身穿蓝色西服,披着风衣,戴着一条红色领带健步走入会场,全场师生掌声雷动。随后现场开始播放一段关于厉以宁从教生涯的纪录片,结尾时画外音说道"他是一位励志青年,至今笔耕不辍;他是一位文艺青年,以填写诗词为乐;他也是一位时髦青年,最近迷上了《琅琊榜》,这就是我们的厉老师,85岁的青年"。现场一阵惊呼和欢笑,无论是"85岁的青年",还是"琅琊榜"青年,都是大家对这位德高望重的师者的最可爱评价和最深厚祝福。我也不由得回想起了陪同厉以宁老师外出调研期间,晚上曾经陪同他观看热播剧《琅琊榜》的场景,听他对"江左梅郎"和"侠之大者为国为民"的点评,感悟他对历史和人物的品鉴与深读……

开幕式上,厉以宁以"中国双重转型之路为发展经济学增添了什么"为题做主题演讲。他指出,中国的发展历程既是由计划经济体制转为社会主义市场经济体制的"体制转型"之路,也是由农业社会转为工业社会和现代化社会的"发展转型"之路。厉以宁特别指出:由于物质资本、人力资本和社会资本的不平衡分配和占有,城乡收入差距在改革开放以后有所扩大,需要从土地确权、教育制度改革和社会垂直流动渠道畅通三个方面来缩小城乡收入差距,促进社会活力、公平和稳定。土地确权有利于农民获得财产性收入,促进专业化生产,使"合作社"得到真正的落实。现代教育制度需要着力于培养家庭农场主、熟练技工、各类专业人才和现代企业家四类人才。社会垂直流动渠道的畅通有助于克服职业的世袭化,这又要求我们进一步破除城乡二元体制和减少就业当中的"垄断"和"排外"现象。中国经济的双重转型不仅是经济的持续增长,而且也是社会的治理创新,它将使中国社会和经济跃升到新的阶段。活动结束后,厉以宁老师一边步出会场一边跟我们几个跟在身边的师生说:"与'琅琊榜'青年相比,我更愿意作一位'三农'青年。"

由于多年倾注心血于股份制改革、民营经济发展和农业农村问题,厉以宁有三个别名:"厉股份""厉民营""厉三农",但他最喜欢的还是"厉三农"。"厉三农"这个名字所蕴含的意义,远比一种经济现象更为丰富且充满感情。不仅因为他1969年10月与北京大学教职员工一千余人下放江西南昌鲤鱼洲,同农民一起生活一起劳动,更因为他深知农业、农村和农民在我国经济社会发展中的重要作用,因此对农村经济社会的发展和农民生活的改善一直保持着高度关注。厉以宁说,在鲤鱼洲他亲眼目睹了当地农民的穷苦,感到非常震撼。也就是在那个时期,他决心探索一条研究中国农业农村经济发展的新思路,并50年如一日地坚持和坚守,行走在研究解决"三农"问题道路上的厉以宁内心如年轻人般充满活力,奉献于"三农"问题的他有着昂扬向上的激情人生。

如今虽然年事渐高,但厉以宁深入农村调研的脚步却并没有放缓,反而愈发有了一种急促和紧迫感。2017年6月26日,在全国政协十二届常委会第21次会议关于"着力振兴实体经济"的专题小组会上,厉以宁讲述了自己两年前去汉中洋县调研时的一个发现。

朱鹮是世界最濒危的鸟类,有"东方宝石"之称,"朱鹮有一个特点,一辈子只结婚一次,无论公母,一旦对象死了,就永远不再找配偶"。当地为了保护朱鹮,不让农田施化肥、打农药,这使得洋县本就不发达的经济更加不易。但朱鹮对婚姻的专一启发了洋县人,他们抓住这一特色,大力发展旅游和特色农业,对外宣称是"结婚的好地方",每年都有很多人慕名来此结婚,很多金婚、银婚的夫妇也都过去旅游。同时,洋县充分利用当地生态资源发展特色有机农业,形成了以有机稻米、菜籽油、黄金梨等有机农产品的种植、加工、销售于一体的主导产业链。因为在农产品的种植生产过程中,采用优质品种且不使用化肥农药,洋县的有机农产品凭借过硬的内在质量和高附加值,"朱鹮生态有机产品"备受消费者喜爱,被各路客商抢购一空。此外,朱鹮的各种纪念品、玩具和旅店、农家乐也发展起来了,当地的经济因此受益。

厉以宁认为,我国自古以来就讲"物以稀为贵",对于发展特色农业来讲,也只有做到了"人无我有,人有我优,人优我反季节,人反季节我讲诚信",才能"特"起来。发展特色农业必须跟当地的自然地理环境结合起来,我国南北、东西各地的自然条件不同,如果不切实际地盲目模仿别人,只能落个劳而无功、浪费财力和人力的后果。发展特色农业是以追求最佳经济效益、最优生态效益和提高产品市场竞争力为目的,围绕市场需求、突出地域特色,以一两种特定生产对象或生产目的为目标,形成规模适度、特色突出、效益良好和产品具有较强市场竞争力的非均衡农业生产体系。比如汉中西乡县大力发展特色农业,主要靠种植有机茶叶、有机大米致富。因为是南水北调的重要水源地,县里限制办工业,老百姓就到茶园打工。当地的茶是非常有名的富硒茶,米是素有"黑珍珠"和"米中之王"美誉的黑米,茶园和稻田都不需要打农药,土壤也不需要施化肥,施用的是农家肥,所以茶叶和黑米都是味美质优价高,有机茶叶、有机大米特别是有机黑米、有机蔬菜源源不断地往外销。而且茶园依山临河而建,风景秀美,慕名而来旅游的人也逐年增多,这样旅游业也在逐步发展。西乡县发展特色农业,不仅解决了就业问题,还能逐渐富裕。

特色农业对提高农民收入是有效的,这样的农业发展才能有后劲。厉以宁说,他曾经到江苏去考察,发现一些地方在大批次地养鹅,就问养鹅有什么好处呢?对方说养鹅并不能卖很多钱,但是鹅肝很值钱,因为一个鹅肝的价钱比一只鹅还贵,鹅肝销售到欧洲去,不仅为自己的产品找到了销路,而且还增加了很多收入,所以当地就开始养鹅。

但农民进城打工和留在当地养鸡养鹅种蘑菇以后,还有谁来种地呢?厉以宁认为,种地的散户始终还是有的,但散户只是其中的一部分。将来经营农业的人一是种植能手。土地之所以向耕种能手集中,是因为采用了转包的形式、租赁的形式。比如在湖北孝感地区调研发现,农民进城打工,土地转包给种植能手,经营200亩以上农田的都能赚钱,200亩地一年种两季水稻,年产稻谷约40万斤,可卖40多万块钱,除了生产资料开支和雇工外,还有钱可赚。经营农田过千亩甚至万亩的,如果注重农业科技和采用机械化经营,产量会更高,赚的钱也更多,当然对种植能手懂技术、善经营、会管理的要求也更高。二是农民专业合作社。比如在山东、重庆等地的调研发现,除了玉米和小麦产区有自己的专业合作社外,种植大棚蔬菜的地方有大棚菜专业合作社,产西瓜的地方有西瓜合作社,产茶叶的地方有茶叶合作社,单个农民在市场经济中的地位始终是比较弱的,所以需要发展农民专业合作组织来打通生产、销售、加工、运输、贮藏渠道,这样产业链得到延伸,收入也可以提高。三是农业企业用高科技种田。比如鄂尔多斯就有农业企业投资改造沙漠种庄稼,苏北沿海滩涂也有企业改良盐碱地种水稻。这些农业企业有资本投入,也有高技术,不仅能带动当地的农民就业,城乡收入差别可以缩小,而且农业也能增产。

厉以宁在外出调研的座谈会上和北大的课堂里多次讲过"两个老鼠"的故事,那是他在一次外出调研时听到的。第一个"老鼠"的故事,讲的是农民外出务工,有了稳定的职业后,就把老婆和孩子都接走了。由于房子没有房产证不能出租,就让亲戚朋友帮忙代管房子。所谓的代管,也就是一把锁把门锁上,屋里长期没有人,就变成老鼠窝了。第二个"老鼠"的故事,讲的是农民两手空空进城,找了份工作,但是城里的房子贵,买不起也很难租到合适的,于是不少农民就租了城里居民楼的地下室住,有一份材料里讲,一个不大的地下室用纸箱板隔成16间,住了16户,网络上的说法称这些在地下室生活的人为"鼠族"。要消除这"两个老鼠"故事的发生,必须依靠土地确权,让农民的产权有保障，从而缩小城乡收入差距，让农民可以带资进城。

在担任全国政协常委、经济委员会副主任期间，厉以宁不间断地关注农村土地确权问题，每年都要就此问题带队去地方调研，并利用政协舞台，积极呼吁、建言咨政，为统筹城乡发展、解决"三农"问题寻找新的突破口。厉以宁认为，土地确权是改革中的一个重要问题。为什么土地确权重要？就必须从中国经济的非均衡谈起。非均衡分两类：一类是市场不完善条件下的非均衡，西方国家的非均衡属于这一类；另一类是市场不完善再加上缺乏市场主体的非均衡，中国的非均衡属于第二类。在计划经济时代，由于没有市场主体，导致产权是不明确的。所以中国的改革必须分两步走，第一步是产权改革。让产权明确、让产权界定，让国有企业成为真正的市场主体。改革开放后搞的股份制改革，就是要让国有企业首先成为产权明确的市场主体，这个任务进行得比较顺利。第二步是城乡二元体制改革。但消解城乡二元对立、改革户籍制度推动得还比较缓慢，城乡二元体制改革如果要继续推进，那么农村就必须要进行产权改革，首要的就是土地确权。因为农村的集体所有制在产权方面实际上是虚置的，名义上的所有者是农村集体经济组织，但事实上常是村镇官员代表村民做决定，跟广大农民没多大关系，这个弊端在实践中已经有不少显现。

土地确权怎么推进？厉以宁认为应借鉴林权制度改革的经验。2008年6月8日，在总结福建、江西等地集体林权制度试点经验的基础上，中共中央、国务院出台了《关于全面推进集体林权制度改革的意见》，提出集体林权制度改革是稳定和完善农村基本经营制度的必然要求，把集体林地经营权和林木所有权落实到农户，确立农民的经营主体地位，是将农村家庭承包经营制度从耕地向林地的拓展和延伸。林权证发到每个农户手中，把农民的积极性全调动起来了,农民开始自发造林并大力发展林下经济,种蘑菇、木耳,还有林下养鸡的人都富了。而且林权可以抵押贷款,农民的积极性一下就来了。所以,土地确权应把林权改革的经验落实到农田的承包中。农田承包主要有三权三证,承包土地的经营权、宅基地使用权、宅基地上盖的房子的产权。厉以宁讲,他在带领全国政协经济委员会调研组外出调研时,有村里的农民就跟他们说,城里的土地是国有的,城里人祖传的房子有房产证,新购买的商品房有房产证,但在农村土地集体所有制下,农民祖传的房子没有房产证,在宅基地上自建的住房也没产权证,这个事情他们既不理解也想不明白。

2012年11月下旬,厉以宁带领全国政协经济委员会专题组到浙江杭州、嘉兴和湖州市调研,了解到那里的土地确权工作几年前就已经开始了,当地农民兴高采烈,还有放炮仗的,情景和当年的土改一样,因为产权已经落实到户了。在随后召开的村镇座谈会上,农民说土地确权最大的好处是财产有保障了,土地流转加快了,外出打工时,土地既可以入股还可以出租。另外一个好处就是城乡收入差别明显缩小了,以嘉兴市为例,土地确权以前,城市人均收入和农村人均收入比是3.1∶1;土地确权后,城市人均收入和农村人均收入之比变为了1.9∶1。城乡收入差距的缩小引起了调研组的关注,在嘉兴平湖市召开的座谈会上,一位参会农民的发言揭开了谜底:一是土地确权后,农户放心地扩大了养殖业和种植业,家庭农场开始发展起来了。二是农民进城打工,放心地把土地就转包或出租给别人,或者入股到专业合作社,收入得到了固定增加。三是土地确权后,房子可以出租给他人从事商业或开店、开饭馆,这样就有房租可收。有了类似这样的财产性收入,所以农民的收入自然就提高了。

厉以宁认为,土地确权证明了农民的积极性是不可低估的,家庭农场就是在这个基础上发展起来的,通过合理的土地流转,土地经营权向种植大户集中,粮食生产向功能区集中,农业社会化服务有了更广阔的应用空间。随着土地规模化程度的不断提高,一批新型家庭农场主等农业产业主体正在逐步形成,每一个家庭农场就是一个小微企业,农民会自发地把家庭农场搞好,将来是种田不用愁、粮食安全有保障,而且农民增收也明显。所以,农村的土地确权,跟国有企业的产权明晰一样具有重大意义。

2011年11月,为切实落实中共中央、国务院《关于加大统筹城乡发展力度进一步夯实农业农村发展基础的若干意见》(中发〔2010〕1号),国土资源部、中央农村工作领导小组办公室、财政部、农业部联合下发了《关于加快推进农村集体土地确权登记发证的若干意见》,明确提出要进一步规范和加快推进农村集体土地确权登记发证工作。2016年12月26日,中共中央、国务院印发了《关于稳步推进农村集体产权制度改革的意见》,强调要积极探索农村集体所有制有效实现形式,创新农村集体经济运行机制,保护农民集体资产权益,增加农民财产性收入,让广大农民分享改革发展成果,调动农民发展现代农业和建设社会主义新农村的积极性。农村土地确权工作随后在全国逐步全面展开。

厉以宁很乐意听到人们称呼他为"厉三农"。他常说,"我和其他同志一起,都是农村改革深化的宣传者"。他认为,提高农民收入是当前最大的改革方向,中国的农业还大有前途,跟发达国家的农业已差不多走到顶点不同,中国农业的很多领域可以开发和提高,要依靠科技和创新使农业真正走向产业化、规模化道路,同时妥善解决农村劳动力转移就业问题。在这个过程中政府要加大对农业的投入,确保粮食安全和农民收入的稳步提高;加大对农民的教育培训力度,使农民成为有文化、懂技术、会经营的新型农民,大力培育新型职业化农民和新型经营主体;全面提升农村的基本公共服务和社会保障水平,防止农村走向衰败和萧条。这样农业增产、农民增收、农村发展才有根基,乡村振兴的步子才更稳健。

五、对扶贫问题的持续关注

在关注宏观调控和民营经济发展的同时,厉以宁还40年如一日地关注我国贫困地区的发展问题,即使年届90,也依然深入在连片贫困地区的乡村调研一线,为贫困地区的脱贫和发展鼓与呼,为精准扶贫积极建言献策。尤其让人印象深刻的是他30多年来情系毕节、帮扶毕节的足迹。

2015年3月6日,全国政协十二届三次会议举行第一场记者会。会议结束后,有位记者跑上台问厉以宁,怎么看"再减贫1000万人以上"这个目标?厉以宁回答,再减贫1000万人的工作,要做得很实很细,一是对有些已经脱贫但又返贫的地方,要给予特别重视,研究原因,对症下药;二是要大力发展职业技术教育,这样贫困地区的人就有本事赚钱了,要不怎么巩固扶贫的成果呢?

毕节是贵州乃至西部贫困地区的一个缩影。为改变毕节地区贫穷落后的面貌,1988年6月,国务院批复同意建立"毕节开发扶贫、生态建设试验区"。在中共中央统战部倡导组织下,一个由各党派知名专家学者组成的帮扶毕节发展的智囊团——"支援贵州毕节试验区规划实施专家顾问组"成立,时任民盟中央副主席的钱伟长任组长。

听厉以宁老师讲,自那时开始他就已经在关注毕节的历史和经济文化发展状况了,但第一次到贵州考察是在1994年。

当时的毕节地区是贵州省贫困问题最严重的地区,全地区8个县就有大方、纳雍、威宁、赫章、织金5个国家级贫困县和1个省级贫困县黔西,全区的贫困人口占总人口60%以上,很多地方人畜共居在低矮、潮湿、狭小的杈杈房内,有时大风一过,杈杈房只剩下几根树杈。与此同时,毕节的历史文化灿烂、自然风光旖旎,夜郎古国的神秘、百里杜鹃的芳菲、威宁草海的秀美却又少有人知。有感于此,他挥笔赋七绝一首:"隔宿无粮实可哀,空余景色逐人来。但求遍野花齐放,不信青山不聚财。"

2003年7月,厉以宁接任第四届专家顾问组组长,并将研究与解决中国城乡的贫富差距和贫困地区的脱贫问题作为自己的主要研究方向。在这以前10年,他担任了两届中国环境与发展国际合作委员会中方委员兼环境经济组组长,当时就多次到贵州贫困山区调研、考察。此后10年,根据毕节"贫穷、人多、生态恶化"的现实,厉以宁年年去毕节,带着问题去、带着办法去、带着专家去、带着项目去。

扶贫,要以平等的态度、以平等参与者的身份参加,不能高高在上;扶贫,要与当地的干部群众共同商量、共同讨论、共同研究,怎么把当地的工作做得更好,让当地发展得更快。这些话,都是厉以宁老师经常讲的。

他经常回忆起担任毕节试验区专家顾问组组长后,在毕节召开的第一次工作会议。当时他向与会的毕节干部提了三个问题:地方国有企业改革得怎么样?城市建设有规划没有?就业问题解决得如何?对方的回答是:"没动,没有,不行。"厉以宁当时就说,不管搞什么试验区,都必须推进地方国有企业改革,大力发展民营经济,要主动到发达地区去学习人家发展经济的经验,这样才能加快毕节发展的步伐。

为了培训当地干部的市场经济意识和能力,他担任院长的北京大学光华管理学院从 2004 年开始对毕节地区副县级以上干部进行培训，培训内容主要是市场经济、财务管理和农业扶贫等，每期培训 50 人左右，前后 6 期共培训干部 300 余名，为毕节地区的改革发展提供了人才支持。培训经费，是厉以宁向企业界募集的。

为促进当地教育事业发展，2004 年 7 月，他用自己获得的日本福冈亚洲文化奖奖金 300 万日元（合人民币 20 多万元）捐建宗琳小学。

作为经济学家，他深知贫困地区的高等教育对培养致富带头人、促进当地经济社会全面发展的重要作用。2004 年 3 月 21 日，他第一次来到毕节的最高学府——毕节师专，就与院方签署了"毕节师专北大光华管理讲座"的协定。随后，他要求北大光华管理学院的每一名教授、副教授，都要以不同的方式到毕节去，传授知识、考察项目、交流思想、体验生活。2006 年 4 月 20 日，毕节学院（原毕节师专）正式揭牌，厉以宁专门致以祝贺，北京大学光华管理学院董事长尹衍樑先生还在毕节学院设立奖学金，每年资助 300 名贫苦大学生，激励他们为毕节发展、为国家富强而努力钻研学问。此后 10 年，在毕节学院的教室里，多次留下厉以宁作学术报告的身影。展现出一位履职尽责的政协委员、一位德高望重的学者对贫困地区发展、对下一代成长的奉献与情怀。

从 1988 年算起，毕节试验区成立已经 32 年了。党中央高度重视试验区发展，由全国政协、中央统战部牵头并参与帮扶，各民主党派中央、全国工商联、毕节试验区专家顾问组等充分发挥优势，坚持不懈、全面参与毕节试验区经济社会各项事业发展。经过多年的倾情帮扶，毕节如今发生了历史性变化，从昔日一方水土难养一方人的地方，到人民生活、生态环境明显改善的跨越,闯出了一条贫困地区科学发展之路。

厉以宁认为,毕节试验区是一个综合性改革试验区,它的改革、试验、建设和发展,在推动毕节经济社会实现跨越式发展的同时,也探索积累了宝贵的实践经验,只要沿着既定的道路持之以恒地走下去,毕节必定会走向更加光明美好的未来。

至于贫困地区应该走什么样的发展道路,如何保证贫困地区的可持续发展,这是一个长期萦绕在厉以宁脑海中的问题。为了从理论和实践上研究解决这一问题,2005年11月,在学校的大力支持下,厉以宁领衔成立了北京大学贫困地区发展研究院,并出任院长,为的是贫困地区可持续发展研究有一个定期交流的平台。

经过半年的筹备和策划,2006年5月13日,首届中国贫困地区可持续发展战略论坛在天津滨海新区拉开序幕。在题为"论贫困地区的可持续发展"的主题演讲中,厉以宁认为,贫困与生态环境退化的恶性循环是造成贫困落后地区经济社会不可持续发展的重要原因。要从根本上消除贫困,就必须树立科学的发展理念,统筹当前利益和长远利益,正确处理经济效益、社会效益和生态效益三者的关系,使之形成相互促进的良性循环,实现贫困地区经济、社会、资源和环境的可持续发展。不同的地区,其人文历史状况、经济发达程度和自然条件差别很大,要多总结研究不同地区的脱贫致富经验,从中总结出一些带有规律性的东西来。

2008年9月19日,在贵州毕节召开第二届中国贫困地区可持续发展战略论坛。正是在这次论坛上,厉以宁提出扶贫一定要因地制宜,不能搞一刀切,全国一个模式是不行的,全国有近60万个行政村,应该按照自然条件、农民收入、集体积累等多种因素分类指导,该下山的就要下山,该进城的就要进城,像有些地方高山顶上住着最穷困人家,生活条件不好,公路也没有办法修上去,当地的生活还很困难,迁移下来是最好的解决办法。

2010年12月15日,第三届中国贫困地区可持续发展战略论坛在云南省昭通市举办,厉以宁作了题为"转变经济发展方式的几个问题"的主题演讲。他认为 GDP 总量固然重要,但结构更重要。以鸦片战争为例,当时中国的 GDP 比英国大很多,但是从结构上一分析,显然不一样。中国的 GDP 由粮食、棉花、茶叶等各种农产品,还有手工制造的各种产品,包括丝绸、瓷器等组成。而英国的 GDP 主要由钢铁、蒸汽机、各种机器设备比如火车轮船等组成。所以英国的 GDP 总量虽然不如中国,但是结构却符合当时技术前进的方向。再加上当时中国的人口结构主要由大多数不识字的文盲和少数只知四书五经的知识分子组成,对现代的经济管理、科学技术都不懂。而当时英国在工业化开始以后,义务教育逐渐普及,中学很发达,大学进一步发展,每年培养大量科学家、工程师、经济管理人员和金融管理人员,人口结构优于中国。最后战争的结果是 GDP 和人口总量都远超英国的清政府失败了。所以说必须要转变经济发展方式,重视经济结构的组成,人才强国首先强调的是人力资源结构要合理、人才的社会流动要通畅。他还讲到,在新一轮西部大开发过程中,贫困地区的扶贫工作应采取联网辐射战略,而不是梯度推进。连片贫困地区的扶贫,应在附近中心城市的带动下,由城市向农村逐渐辐射,并着重交通等基础设施建设,做好水利资源开发等,这样贫困地区才能尽快实现脱贫致富。

2013年11月3日,第四届中国贫困地区可持续发展战略论坛中,厉以宁将关注点放在城镇化过程中的问题上。他说,中国的城镇化应该由老城区加新城区加农村新社区三部分组成。老城区也叫棚户区,存在污染严重、人口拥挤等问题,应重在改造,改造成商业区、服务区和适合居民居住的居民区,同时保留明清时期的古建筑。新城区包括高新技术开发区、物流园区等工业园区,新城区依托新兴产业不断拓展。新社区也就是社会主义新农村,新农村建设修路盖新楼是一方面,但更重要的是要实现新社区的园林化,走循环经济道路,公共服务要到位,逐步实现城乡社会保障一体化,在这种模式下发展成为新城镇,这种新城镇也是城镇化一个组成部分。他还指出,城镇化建设一定要量力而行,不要急于求成。城镇化不仅要提高生产水平,还要提高教育水平,提高全民的综合素质;在农村人口城镇化的过程中,政府首先要考虑的是创造更多就业机会,要考虑如何发挥人们的创造精神,调动每一个人的积极性,通过创业和创新,释放更多发展红利。

在第五届中国贫困地区可持续发展战略论坛暨北京大学贫困地区发展研究院成立10周年开幕会上,全国政协原副主席张梅颖致辞,对厉以宁为中国贫困地区发展事业做出的贡献给予了高度评价。她说,一个学者能够带领团队十年如一日从事这样一项事业,正符合费孝通教授对学者的期许,其精神和品格尤为宝贵。

连续五届可持续发展战略论坛的举办,在总结中国贫困地区发展的经验教训,研究贫困地区发展的规律,探索贫困地区的可持续发展道路,形成关于贫困问题的跨学科交叉学术研究成果,为政府提供关于扶贫和地区发展的政策建议等方面取得突出成绩。作为论坛的主办单位,2009年和2014年,北京大学贫困地区发展研究院两次被北京大学评为校优秀研究机构。2016年10月17日,更是荣获了"中国扶贫·社会责任奖"。

此后,第六届和第七届中国贫困地区可持续发展战略论坛分别于2017年9月和2019年9月在安徽宣城、湖南益阳召开,厉以宁就总结贫困地区的可持续发展和可持续减贫方面的经验与挑战作了主旨演讲,强调要做好对贫困地区和欠发达地区实现跨越式发展的新一轮总体规划,多措并举巩固脱贫成果,迈出未来农村地区扶贫开发和可持续发展的新路子。

　　转眼间,跟随厉以宁老师从事应用经济学博士后研究已过9年,跟随厉老师外出调研也已逾10年。其间上厉老师的课,在厉老师指导下从事应用经济学研究,陪厉老师去外地调研,以及参加一些学术报告会和研讨会等,多次听到他在课堂上、论坛中、会谈时行云流水般地讲述中国经济社会的发展问题,也多次听到他在全国政协常委会的会议讨论和发言中以及全国政协经济委员会的宏观经济形势分析会上卷舒自如地谈对宏观调控、财政金融、农业扶贫、民营经济和城镇化建设等问题的看法与观点。听得多了,就会感到厉以宁老师心中有一团火在燃烧,他每次讲的虽然是经济发展中的一个个具体问题,但他更关心中国经济社会的可持续和高质量发展问题,想着的是如何在促进我国经济结构的转型升级方面做出理论新贡献。这段经历和感悟在我的人生中弥足珍贵,耳濡目染间,春风化雨、润物无声。厉以宁老师给我讲得最多的是四个经济学问题,一是正确认识非均衡的中国经济。非均衡性是研究我国经济的基本出发点,也是探讨经济体制改革理论的现实起点。二是重视道德调节在市场经济中的作用。由于存在着市场缺陷和政府失灵的情形,这其中的空白应该由道德调节来填充和弥补,在交易活动中如此,在非交易领域就更是如此。三是价格改革与产权改革相比,产权改革更重要,产权改革要通过股份制来实现。四是通货膨胀带来的危害与失业带来的危害相比,失业的危害更严重,因为在稳定中求发展比在发展中求稳定更现实。这些对我都是极好的教诲,给我留下了深刻的记忆。厉以宁老师几十年如一日地关注中国特色经济理论和分析框架的创建、关注中国经济社会的发展,谱写了一曲倾力中国特色经济和中国特色经济学的乐章,诠释着他的人生信念和追求,彰显着他的赤子之心和报国情怀。

参考文献

1. 厉以宁:《改革开放以来的中国经济:1978—2018》,中国大百科全书出版社,2018年版。
2. 厉以宁:《非均衡的中国经济》,中国大百科全书出版社,2019年版。
3. 厉以宁:《大变局与新动力:中国经济下一程》,中信出版社,2017年版。
4. 厉以宁:《中国经济双重转型之路》,中国人民大学出版社,2013年版。
5. 厉以宁:《经济与改革——西方经济学说读书笔记》,中国大百科全书出版社,2019年版。
6. 厉以宁、孟晓苏、李源潮、李克强:《走向繁荣的战略选择》,经济日报出版社,2013年版。
7. 厉以宁:《中国经济改革发展之路》,外语教学与研究出版社,2010年版。
8. 厉以宁:《超越市场与超越政府(修订版)——论道德力量在经济中的作用》,经济科学出版社,2010年版。
9. 厉以宁:《厉以宁改革论集》,中国发展出版社,2008年版。
10. 厉以宁、石军:《中国经济改革警示录》,人民出版社,2013年版。
11. 厉以宁:《国民经济管理学》,商务印书馆,2018年版。
12. 陈锡文:《中国农村改革研究文集》,中国言实出版社,2019年版。

(刘焕性,全国政协机关服务局)

耄耋之年的低碳情怀——厉以宁先生与中国低碳发展宏观战略研究项目

田成川

2009年联合国哥本哈根气候大会之后,气候变化问题在国内外的关注度陡然升高,成为各国经济社会发展需要认真面对的重大历史课题。在这样的大背景下,2012—2015年,国家发展改革委会同财政部等有关部门,组织开展了中国低碳发展宏观战略研究项目。该项目是我国低碳发展领域首次由政府主管部门组织开展的跨领域、多学科、系统性重大战略课题研究,共包括37项重大课题,承担单位集中了北京大学、清华大学、中国科学院、中国社科院、国务院发展研究中心、国家气候战略中心等38家权威研究机构,300余位教授专家学者参与研究,形成了一批具有重要影响力的研究成果。项目在科学阐述低碳发展背景和理论、分析和判断低碳发展面临形势的基础上,根据我国经济社会发展的总体战略部署,研究提出了我国到2050年低碳发展战略目标和总体思路,并分别从低碳发展基础理论、低碳发展重点领域、低碳发展政策体系、低碳发展实践案例四个方面,进行了专题研究,针对工业、能源、建筑、交通、节能、城镇化、林业、农业、消费等重点领域,提出了分领域的低碳发展基本思路、战略任务和政策措施,并围绕法律体系、制度体系、政策路径、重点行业、试点示范、能力建设、公众参与、国际合作等方面提出了推进低碳发展的重大政策建议。目前,项目成果已由人民出版社作为丛书正式出版发行。该项目作为我国低碳发展领域的重要开创性工作,对支撑和拓展气候变化国内外工作发挥了重要作用。特别是有关研究成果对我国确定碳排放峰值目标、制定应对气候变化国家自主贡献方案、支撑我国参加气候变化巴黎协定谈判、制定重点领域低碳发展战略和政策发挥了重大作用,同时对扩大我国低碳发展战略的国内外影响力、提升我国低碳发展战略和政策科研能力产生了深远影响。

这一我国应对气候变化领域标志性研究成果的形成,凝聚着诸多领导和专家学者的心血。其中,中国低碳发展宏观战略专家指导委员会主任厉以宁先生,对项目的发起和开展,发挥了重大作用。2011年的3月份,时年81岁高龄的厉以宁先生抱着建言献策、为国分忧的炽热情怀,向国务院领导同志写信,提出了开展中国低碳发展宏观战略专项研究的政策建议,3月25日,国务院领导同志将此信批转国家发改委和财政部,充分肯定这一建议,要求予以支持。

接到信后,国家发改委有关负责人对此高度重视,专门组织召开会议,讨论开展中国低碳发展宏观战略研究问题,并请国家发改委气候司负责同志专程赴北京大学,就这一项目的有关工作与厉以宁先生当面沟通,听取意见建议。厉以宁先生热情接待了国家发改委气候司一行,详细解释了开展中国低碳发展宏观战略研究项目意义、目的、必要性,认为这一项目的开展,对统筹国内国际两个大局,构建国家低碳发展总体战略和相关领域政策体系,加快转变经济发展方式,实现绿色低碳发展,具有重大意义,并提出了有关研究内容的初步设想,同时答应对这一重大项目的开展进行学术指导。

厉以宁先生的支持,增强了我们对开展好这一项目的信心。开展低碳发展宏观战略研究项目,是在当时国内外形势下,国家应对气候变化工作的一个重大战略决策。当时,应对气候变化工作在我国刚刚起步,基础薄弱,能力不足的问题突出,这一项目的实施,是对当时应对气候变化国内外形势的一个积极回应,是落实科学发展观、实现我国可持续发展的必然要求,也是我国积极应对全球气候变化、树立负责任大国形象的需要,并为开创应对气候变化工作新局面奠定坚实基础。

从国际看,哥本哈根气候大会之后,应对气候变化、加快低碳发展成为历史潮流,控制温室气体排放是大势所趋,我国面临着控制温室气体排放的压力,也面临着各国在低碳产业和低碳技术领域的竞争。一方面,我国在气候变化国际谈判中面临压力。由于气候变化国际谈判涉及各国核心利益和排放空间,各方围绕发展权和排放权的争夺十分激烈。我国正处于工业化、城镇化加快发展的历史阶段,温室气体排放总量大、增速快,国际社会对我国控制温室气体排放、承担更大国际责任的要求和期待不断上升,在谈判中日益成为焦点,我国已不可能像发达国家工业化时期一样无限制排放温室气体,必须采取有效措施,努力减缓温室气体排放增速。另一方面,发达国家利用气候变化问题,在产业发展和国际贸易等方面进一步挤压发展中国家的发展空间。特别是在后金融危机时期,为抢占新一轮经济科技竞争制高点和"话语权",发达国家一面利用自身技术和资本优势加快发展新能源、低碳节能等新兴产业,另一面借应对气候变化的名义,企图对发展中国家设置碳关税、"环境标准"等贸易壁垒。我国作为最大的发展中国家,将面临前所未有的挑战,如何顺应潮流,在实现经济社会发展目标的同时,履行好国际义务,需要加强研究,破解好这一难题。

从国内看,改革开放以来,我国经济实现了快速发展,但粗放型发展方式并没有根本转变,消耗了大量能源资源,高污染、高排放的问题十分突出,成为制约未来发展的一大瓶颈。我国人均能源资源不足,石油、天然气的人均剩余探明可采储量分别是世界平均水平的7.7%和7.1%,即使储量相对丰富的煤炭,也只有世界平均水平的63%,石油的对外依存度已超过了50%。这充分表明,在加快推进我国工业化和现代化的进程中,必须抓住应对全球气候变化的契机,将其作为经济社会发展的一项长期战略性任务,控制温室气体排放、大幅度降低能源资源消耗强度,处理好发展经济与应对气候变化的关系,切实提高我国可持续发展水平。同时,绿色低碳发展已是大势所趋,发展节能环保产业和低碳技术已成为国际经济技术竞争的新领域,积极应对气候变化,与我国推进节能减排、发展循环经济、保障能源安全和改善生态环境等政策取向是一致的,是加快转变经济发展方式、调整经济结构的重要内容,也是我国树立负责任大国形象、抢占国际道义和经济竞争制高点的重要途径。利用好应对气候变化的机遇,因势利导、趋利避害,加快发展节能环保和新能源产业,积极探索中国特色的绿色低碳发展之路。这不仅可以避免经济社会发展模式对碳排放的"锁定效应",而且可以通过大力开发低碳技术,加快对传统产业的升级改造,努力建设以低碳排放为特征的产业体系和消费模式,提高产品的国际竞争力,促进经济社会可持续发展,实现经济发展和应对全球气候变化双赢。

正是在这一大背景下,2011年颁布实施的"十二五"规划纲要,将科学发展作为主题,将加快转变经济发展方式作为主线,该纲要首次将应对气候变化作为重要内容纳入,明确了今后五年我国应对气候变化重点政策导向,要求以控制温室气体排放、适应气候变化影响、广泛开展国际合作为重点,充分发挥技术进步和制度创新的作用,逐步建立应对气候变化政策保障和技术支撑体系,明确提出"树立绿色、低碳发展理念"和"大幅度降低能源消耗强度和二氧化碳排放强度,有效控制温室气体排放"的重大任务。在低碳发展已成为国际潮流和各国共识的情况下,各国纷纷制定低碳发展战略和路线图,加快发展低碳经济和低碳技术,力图抢占未来国际竞争制高点。因此,无论从实现我国控制温室气体排放目标任务、促进经济发展方式转变来看,还是从适应未来国际竞争新要求来看,开展中国低碳发展宏观战略研究都已成为一项紧迫而重大的任务。

当时,国家发展改革委应对气候变化司一直在谋划推动这一重要工作。2011年初,国家发改委在向国务院报送的工作报告中就明确提出"开展中国低碳发展战略"研究的建议。厉以宁先生的信,对这一项目的开展发挥了重要的推动作用。为实施好这一关系经济社会发展全局的重大战略研究。国家发展改革委在认真研究的基础上,提出了项目实施方案,成立了由国家发展改革委、财政部、原交通部、教育部、原国家林业局等部门组成的项目领导小组,共同组织开展中国低碳发展宏观战略研究,还成立由北京大学厉以宁教授和国家气候变化专家委员会主任杜祥琬院士共同担任主任、数十位权威专家任委员的课题专家指导委员会，对课题的研究进行指导把关。

作为专家指导委员会的主任，厉以宁先生对项目倾情投入，不仅对项目总体设计进行把关，还不顾劳累，亲自主持了多场对课题招标单位的评选，并组织北京大学各个优势学科，组成多个课题组，重点承担了低碳发展宏观战略理论部分研究，创新性开展了低碳发展与经济增长、物价、就业、国际收支之间的关系研究，他还亲自牵头开展了"低碳发展宏观理论框架研究"课题的研究，形成了重要的创新性重大成果。

在项目各有关课题的研究过程中，厉以宁先生认真履行专家指导委员会主任的职责，多次参加各课题的开题、中期验收和结题验收会，对各课题的研究提出了诸多重要的指导性意见，他的认真负责的精神、高屋建瓴的观点和科学民主的作风，得到各课题组的高度赞扬，体现了一位德高望重的著名经济学家的风范。

（田成川，中华人民共和国生态环境部）

厉以宁金融学思想述评及对发展中国金融改革与理论的贡献

周小全　白江涛

2019年2月23日,习近平总书记在中央政治局就完善金融服务、防范金融风险举行的第十三次集体学习时指出,"金融是国家重要的核心竞争力","金融活,经济活;金融稳,经济稳;经济兴,金融兴;经济强,金融强。经济是肌体,金融是血脉,两者共生共荣。我们要深化对金融本质和规律的认识,立足中国实际,走出中国特色金融发展之路"。厉以宁教授是最具影响力的中国经济学家之一,在新中国现代金融体系发展的历史演进中做出了重要贡献,他是中国最早提出股份制改革理论的学者之一,参与推动国有企业产权制度改革,主持起草证券法和证券投资基金法,对中国金融改革产生了重要影响。厉以宁教授1955年至今从教65年,学术著作之多、研究领域之广泛在我国经济学界是少有的[1],其中他的金融学思想是一套内容系统、紧切现实、科学论证、实践发展的理论体系,对发展建设现代中国金融体系有重要的指导意义。需要说明的是,本文并不力求概述厉以宁教授的所有经济观点或研究领域,仅从金融学研究框架和路径的视角,对厉以宁金融学思想进行探讨和研究。

一、厉以宁教授金融学研究成果梳理

厉以宁教授的经济学研究成果非常丰富,包括了百余本著作和千余篇论文。其中厉以宁教授的专著和合著共44本(未包括厉以宁主编、厉以宁经济文集、散文集、诗词集等著作),包含涉及世界金融学理论、金融制度变迁和中国金融改革实践方面的论著有27册,占比高达61.4%。若以时间为轴,1979年至今,厉以宁教授的所有金融相关著作时间分布和研究阶段特征分析如下:

表1 厉以宁教授金融领域研究的三个阶段

阶段	时间	厉教授金融学术主要重心	阶段特征
第一阶段	1979—1986	经济金融学理论与海外经济金融演变历史	理论基础研究和经济史研究,侧重方法论
第二阶段	1987—1999	西方经济学和马克思政治经济学理论研究与中国经济模式和制度建设	经典经济学理论与中国国情结合

---

[1] 陆昊:"厉以宁经济学思想述评",《中国社会科学》,1992年第6期。

续表

阶段	时间	厉教授金融学术主要重心	阶段特征
第三阶段	2000 至今	中国金融制度与改革实践	借鉴海内外经验,依托金融学理论,探寻中国金融道路

来源:根据公开资料整理。

厉教授在不同时间段学术成果结构:第一阶段 1979—1986 年,该阶段特征为金融学理论研究为主导,为后续研究奠定理论基础;第二阶段 1987—1999 年,中国金融实践的研究成果所占比重增大,阶段特征为理论与实践结合,以理论为指导向中国金融实践研究倾斜;第三阶段 2000 年至今,阶段特征为世界金融史与中国金融实践结合,借助国际历史维度开展比较研究,并指导实践。

表2 厉以宁金融领域的 27 册主要著作及对应主题

时间	书名	类别	主题
1979	《论加尔布雷思的制度经济学说》	专著	经济学理论
1980	《宏观经济学与微观经济学》	合著	经济学理论
1982	《当代资产阶级经济学主要流派》	合著	经济学理论
1982	《二十世纪的英国经济——"英国病"研究》	合著	经济史
1983	《经济学常识(经济学说史部分)》	合著	经济学理论
1983	《现代西方经济学概论》	合著	经济学理论
1985	《简明西方经济学》	专著	经济学理论
1986	《微观宏观经济学的产生和发展》	合著	经济学理论
1987	《经济体制改革的探索》	专著	中国经济
1988	《国民经济管理学》	专著	中国经济
1989	《当代西方经济学说》	合著	经济学理论
1991	《走向繁荣的战略选择》	合著	中国经济
1991	《非均衡的中国经济》	专著	中国经济
1993	《怎样组建股份制企业》	合著	中国经济
1994	《股份制与现代市场经济》	专著	中国经济

续表

时间	书名	类别	主题
1994	《西方经济学基础知识》	合著	经济学理论
1996	《转型发展理论》	专著	经济学理论
1997	《宏观经济学的产生和发展》	专著	经济学理论
2003	《资本主义的起源——比较经济史研究》	专著	经济史
2007	《论民营经济》	专著	中国经济
2010	《工业化和制度调整——西欧经济史研究》	专著	经济史
2010	《西方经济史探索》	专著	经济史
2013	《中国经济双重转型之路》	专著	中国经济
2015	《西方宏观经济学说史教程》	专著	经济学理论
2015	《欧洲经济史教程》	专著	经济史
2017	《大变局与新动力 中国经济下一程》	专著	中国经济
2018	《改革开放以来的中国经济》	专著	中国经济

来源:根据公开资料整理。

在学术论文方面,我们以中国知网数据库(CNKI)为基础,筛选出"作者=厉以宁"的全部学术论文,时间跨度为1962年至2019年,共计1084篇。二次筛选"关键词=股份制"的学术论文共25篇,二次筛选"关键词=金融"82篇,其中涉及证券、保险、基金、银行的文章分布为6篇、3篇、29篇和43篇。

我们在梳理厉以宁教授公开发表的金融相关学术论文时,发现其金融思想的演进与深化可大致分为三个阶段(如表1、表2)所示:第一阶段,主要集中于金融学经典理论的研究和探索;第二阶段,参照海外金融实践和金融制度的历史演进开始结合中国特色社会主义市场经济的国情,探索适合中国自己的金融发展之路;第三阶段,从海外比较和制度研究中,结合金融业态,分别对证券、保险、银行、基金等业务和行业规制进行研究,并对中国金融业发展和金融制度改革提出建议。从三个阶段的分析中不难发现,厉以宁教授的研究根植经济金融理论,之后在不断汲取海外经验和中国国情的基础上,将理论研究与金融实践进行更紧密的结合,这符合学术研究的发展脉络和延展规律。

二、厉以宁教授对中国金融的贡献

厉以宁教授致力于将经典金融学思想与中国实践结合,尤其是针对当前中国经济下行压力增大、外部环境复杂多变的今天,提出了"金融如何适应新常态的问题",深刻揭示了当前中国经济的主要矛盾和问题,以及中国金融在助力实体发展和经济转型中发挥着的关键性作用。回顾厉以宁教授学术研究和实践历程,不难发现,早期老一辈经济学家能够在金融领域作出辉煌的成绩,离不开个人努力和经济社会背景,要结合国情研究中国金融,既需要有浑厚的经济金融学理论基础,又需要对中国经济和社会有深刻的了解,而厉以宁教授在这两方面都有极深的造诣。

(一)对金融理论思想的贡献

厉以宁教授对中国金融发展的理论贡献基于其对市场经济运行方式的研究,集中体现在将西方市场经济理论与社会主义的中国国情相结合,论证市场经济不是资本主义社会的特质,发展资本市场能够更好地服务于实体经济,这些思想开拓并丰富了中国市场经济理论体系。厉以宁教授对发展现代金融业的理论思想贡献具体体现在以下两个方面。

一是对新中国现代金融思想启蒙的贡献。新中国真正意义上的现代金融学起步,始于改革开放,此前中国经济思潮的主流是计划经济理论体系以及马克思主义政治经济学,将经济贡献归于劳动价值创造,对多元要素生产方式的解释较为模糊,微观宏观经济学、国际金融学等市场经济理论基础不足,资本要素运作和价值创造的理论系统是金融思想的基石,资本在市场供需关系下实现优化配置是金融实践的核心,毫无疑问没有改革开放就不会有中国特色社会主义市场经济体系,更不用谈现代资本市场和金融实践。厉以宁教授是改革开放初期参与中国市场经济道路探索的先行者之一,在经历了姓"资"还是姓"社"的激烈争论后,中国最终选择使用市场经济配置方式服务于社会主义经济建设,至此中国资本市场发展道路上的制度约束和思想羁绊被解除,现代金融思想之花开始绽放。

厉以宁教授为中国特色社会主义市场经济体系的建立做出了理论贡献,这也离不开他早年的求学阅历和研究积累。早年求学期间受到北京大学经济系陈岱孙(哈佛大学博士)、赵迺抟(哥伦比亚大学博士)、陈振汉(哈佛大学博士)、罗志如(哈佛大学博士)等多位经济学大师的指导和培养,毕业后又在经济系资料室潜心研究20年,汲取各经济学流派的思想,为构建系统完备的经济学理论体系夯实了基础,尤其是对各部门经济学的研究为探索资本市场运作原理发挥了重要的启蒙作用,西方金融学理论被引入用于解决中国问题,同时也推进了金融学理论在中国的创新发展,在改革开放初期厉以宁教授为学界打开了一扇了解西方经济学、金融学的窗口。

二是对中国资本市场发展理论的贡献。早期主流经济学派成长的土壤是西方的经济社会,改革开放后,我们要将引入的市场经济理论学说加上中国元素,探索中国经济金融发展的新路,这对既有的西方经济学流派而言存在着交锋和挑战,厉以宁教授在结合中国国情、研究中国特色社会主义市场经济制度的过程中做了大量工作。厉以宁教授擅长综合运用文化史、经济史、经济思想史等多种研究方法开展经济理论研究,例如《资本主义的起源——比较经济史研究》一书从史实出发,创造性地提出了制度分化和制度调整的理论框架,构建了解释资本主义起源和体制变迁的一个新的理论体系。从经济史的研究中,厉以宁教授发现不仅是劳动、资本、技术、土地等生产要素可以促进社会结构的转型,决定资源使用效率的经济制度和经济体制也在一个国家或社会转型发展中具有极强的驱动力,结合我国的情况,恰是在由计划经济体制向市场经济体制转型过程中赋予了中国经济高速发展的动能。这些研究成果拓展了发展经济学的理论边界,同时对于中国完善资本市场制度体系提供了借鉴,资本市场运行效率的高低不仅取决于生产要素,也取决于金融制度的合理有效性。沿着这样思路,对于改革开放初期所面临的转型期普遍存在的"经济理论匮乏"和"经济问题解决方案匮乏"的困境,厉以宁教授提出了要发展经济,兴办企业来缓解就业压力,要兴办企业不能只靠政府输血,更要借助股份制改革提升企业活力,实现自我造血功能,同时,企业要不断发展扩张就不能只依靠自有资金,还需要建设中国资本市场发展直接融资,这就需要成立证券交易所,还需要编纂证券法予以规制,厉以宁教授参与构建中国金融市场发展理论研究和制度研究的线索由此展开。

(二) 对金融实践与改革的贡献

厉以宁教授对中国经济改革最大的贡献,是在20世纪80年代改革开放的初期,就提出了在中国要积极引进企业股份制,此后的股份制改革加快了中国金融业的发展,1990年初沪深两市交易所建成标志着新中国股市的诞生,厉教授也由此被人们亲切地称为"厉股份"。

时间追溯到1980年,时任国务院副总理的万里召开全国劳动就业会议,厉以宁教授第一个向中央建言在企业实行股份制组织形式。股份制发源于西方资本主义萌芽期,在改革开放后的中国已经悄然兴起,但考虑到它脱胎于西方资本主义国家,欧洲国家曾借助股份制实现了资本主义的全球扩张,引入股份制在我国20世纪80年代是十分敏感的,国内围绕着股份制是姓"资"还是姓"社"的问题,争论十分激烈。在厉以宁教授看来,股份制是中国从计划经济体制转向市场经济体制的必经之路。他在回忆当年的争论时说:"不同意我观点的主要有三种人,一种是比较极端的人,认为我在搞私有化;一种是认为股份制不能解决问题,因为中国环境跟西方国家不一样,中国当时的经济体制还没有完全转型;还有一种人认为中国缺乏企业家。对于后两种意见,我都作了应答,主要是强调股份制实际上是一种新的公有制形式。"[1] 1986年9月,厉以宁教授在《人民日报》刊文,提出经济改革最好的方式是借助股份制改造国有企业和集体企业。董辅礽、萧灼基、王珏、冯兰瑞、蒋一苇等经济学家赞成厉以宁教授的观点,并站在一起为推行股份制奔走相告。从1980年首次提出到1990年沪深两市交易所建立,10年时间全国股份制企业已超1000家,至此中国现代意义上的资本市场基本架构初步建立,中国资本金融正式起航。

整体来看,厉教授在金融改革与实践方面的贡献有三个层面的意义:一是作为新中国社会主义市场经济体制下的金融改革设计师和践行者,厉教授凭借多年的经济金融理论研究积累和对海外金融实践案例的深刻理解,第一个提出在公有制基础上开展企业股份制改革实践,这在改革开放初期,乃至全世界范围内也是绝无仅有的创举,在党中央的高度重视和支持下,股改

---

[1] 厉以宁:"'厉股份'发出第一声",凤凰网,2010年11月30日,http://finance.ifeng.com/roll/20101130/2978460.shtml。

的顺利推进为新中国现代金融业的发展奠定了制度基础;二是作为新中国第一部证券法的起草人和第二部证券法的主要参与者,以动态发展的观点思考如何确保中国资本市场健康稳健运行的问题,"无形的市场"需要"有形的规制"保驾护航,证券法的颁布和修订为中国金融实践与发展提供了"法制之锚";三是作为金融去杠杆和金融风险防范的支持者和提倡者,金融发展的问题需要通过金融改革来化解,厉教授一直以来关注着资本市场存在的潜在风险和发展问题,并及时发表自己的学术观点,是中国金融改革与实践的"守望者"。

三、厉以宁教授对发展资本金融的认识

(一)将企业改革作为经济体制改革的抓手

改革开放使中国富强起来。经济改革如何"改",厉以宁教授为中央高层提出了自己的改革建议和思路,股份制改革是经济体制改革的重要组成,牵一发而动全身,提出股份制改革也只是开始,要构建一个多层次的资本市场为社会主义市场经济服务则是一个系统复杂的工程。

为何将企业改革和资本市场建设作为经济改革的抓手?金融业的发展对整个市场经济运行起到怎样的作用?回顾起这一段时期,当时厉以宁教授也曾面临着各种争论。例如:1986年春季,学界和政界有很多种经济改革方案,有的认为应将价格改革作为抓手,但厉以宁教授则旗帜鲜明地提出:"中国的经济体制改革可能因价格改革的失败而失败,而中国经济体制改革的成功必定取决于所有制改革的成功,也就是取决于企业改革的成功。"他认为,根据马克思主义的观点,内因是变化的根据,外因是变化的条件,价格是外因,企业所有制改革是内因,内因不改

革,外因起不了作用。同时,根据马克思主义理论,生产决定流通,因此放开价格只是流通领域的改革,只有产权改革,才能让企业成为真正的市场主体[1]。

企业改革运用股份制反映的是所有制改革,这是经济改革的根本,为公有制服务的股份制,摒除了姓"资"的嫌疑,多种所有制并存有利于提升企业效率并最终改造国有企业,巩固公有制地位,这背后的经济学原理是充分利用各种生产要素释放产能,肯定资本的价值和资本市场的作用。沿着这条思路,中国资本市场和金融业的成长与发展是真正推进经济改革的突破口和着眼点。正是出于这种考虑,厉以宁教授在1988年国家体改委组织的"三五八"改革方案中,正式系统地提出以企业改革为主线的中国经济改革思路,将规范的股份制作为所有制改革的目标模式,为中国资本市场和金融业发展开拓出一片沃土。可以说,没有经济体制改革就不会推动所有制改革,更不会有企业改革和股份制,也就不会有中国现在的资本市场。反过来说,正是因为有了中国资本市场的孕育才有效助力了经济改革的成功和改革开放的成功。

厉以宁教授认为资本市场对中国经济和社会发展的价值和贡献体现在五个方面:"第一,以资本市场为基础的现代金融体系推动了中国经济的高速成长。第二,资本市场对中国的企业改革起了很大的作用,它积极地推动了中国国有企业和民营企业的转型,建立了现代公司制度。第三,资本市场的发展改变了中国传统金融体系,四大国有商业银行在2004年启动的股份制改革和上市后,不仅市值在世界上名列前茅,而且完成了现代公司制度的构建。第四,它还培育了大批以资产管理为核心的诸

---

[1] 厉以宁:"中国改革开放是这样起步的",《北京日报》,2018年7月16日。

如证券公司、信托公司等非银行金融机构,由此,中国现代金融体系的架构初步建立。第五,资本市场开辟了直接融资渠道,扩大了利用民间资金和外资的融资新渠道,使我国的融资体系和融资方式日益完善。"[1]发展资本金融对中国的现实意义是巨大的。

(二)让资本金融服务于中国现代化

厉以宁教授认为要实现中国的现代化离不开资本金融的发展。对于金融服务于中国现代化,他认为应重视两个问题,一是城镇化的推进,二是自主创新和产业升级。发展资本金融市场可以补充财政的不足,资金供需矛盾交给资本市场去解决,可以形成对不可持续的土地财政和步履维艰的地方融资平台的替代,通过发行股票和债券筹集民间资金,可以加速中国城镇化的进程。新经济就是"技术进步+证券市场"。大力发展创投行业,给创业者注入资金,使其依靠资本市场做大做强,这是促进新兴产业发展的助推器,是中国成为创新型社会的关键所在。

资本金融作为供给方受投资回报的驱动,会产生两个服务方向:一是推进城镇化进程,这为建筑地产行业带来了机遇;二是将产业资本和金融资本融合推进产业转型和技术进步。在经济下行压力增大的今天,资本市场助力于孕育新动能,这一论断依然很有指导意义。

(三)新常态下的中国金融业转型

厉教授从中国经济转型切入研究当前中国金融业的转型。

---

[1] 厉以宁:"要重视对资本金融的研究","爱思想",2017年10月28日,http://www.aisixiang.com/data/106610.html。

他认为当前中国经济处于双重转型中,即一方面进行从农业社会向工业社会的转型,另一方面进行从计划经济体制向市场经济体制的转型。这两种转型是重叠的,转型期内,市场体制下经济运行机制不完善带来经济波动较大,是导致长期"投资冲动怪圈"的本源。产能过剩带来的危害已经显现,供给侧改革就是转型的抓手,既然"高杠杆+投资冲动"的模式不能持续,对应的深化金融改革的必要性也就由此彰显。厉教授认为深化金融改革的目标应当从总体目标、金融机构目标、金融结构目标三个方面着手[1],分别对应:宏观目标、微观目标和结构目标。这样一个系统化的目标体系整体体现了中国金融业改革的全貌和走向。金融业转型目标的三个层次具体是:

在宏观目标方面,金融体制以市场调节为第一次调节,以政府调节为第二次调节,两次调节体制的关系是:市场主导,政府调控。政府只做市场做不了和市场做不好的事。例如,金融的法律法规和规章制度的制定,金融监管,货币政策的制定和执行,货币发行,外汇管理,金融市场秩序的维护,有关金融的总体规划,政策性银行的建立和经营方针,这类工作就只能由政府去做,因为市场调节是做不了的,力所不及的。

在微观目标方面,主要是界定各商业性金融机构的目标及任务。商业性金融机构既要追求企业效益又要兼顾社会效益,这两者之间可能有些冲突,商业性金融机构必须善于协调,并能通过努力,做到二者兼顾。例如长期存在商业性金融机构对民企小微"三农"惜贷的问题,要克服这个矛盾,需要商业性金融机构努力降低成本,扩大服务领域,进而实现企业效益和社会效益

---

[1] 孙芙蓉:"新常态下的金融改革——访全国政协常委、著名经济学家厉以宁",《中国金融》,2014年第24期,第19—22页。

的兼顾。

在结构目标方面,金融体系中结构不协调相当突出:一是以银行业结构为例,国家控股的大型商业银行强大,政策性银行和中型股份制商业银行偏弱,而在基层,更缺少能在小城镇和农村开展业务的小型商业银行,以至于越向基层走,银行越少,金融服务越弱。二是从资金来源来看,民间资本相当充裕,但没有正常途径使它们从地下金融转为正规金融。三是银行体系需要以效率提高为目标展开重组,这种合并或拆分的重组,一定要由企业自愿参加,企业必须有自由选择权和决定权,而绝不能由政府策划和主持。四是要确定农村商业银行和村镇银行的地位,界定它们的主要服务范围,要扩大农村信贷、支持家庭农场和农民专业合作社进一步发展中的金融机构分工。五是探索城镇化推进过程中成立政策性的城镇建设银行。为了实现特定的城镇化目标提供中长期贷款以及为城镇化建设中的公共服务设施提供融资,以促进廉租房建设和环境治理等项目的完成,这与城镇化进程中的商业贷款不矛盾。

综上,从厉以宁教授的金融业转型三个层次的论述上看,金融业的转型大有可为,因为存在着经济转型过程中对金融业的新要求,所以金融业的转型目标也应与经济转型相匹配,在发展中发现的问题和矛盾,这是优化的方向,而其中的宗旨是提升金融服务实体经济的效率和能力。

四、厉以宁教授对各金融业态发展的建议

中国资本市场不断走向成熟,金融业态也逐步丰富完善,一个多层次的资本市场可以为实体经济提供各种专业化服务,在国民经济发展中起到重要作用,厉以宁教授对于证券、银行、基金、保险等各金融业态有深刻的见解。

（一）关于证券业的见解

厉教授对证券业的建议颇多，目前已有很多被中央采纳，有些则是市场自发实现并验证了他的观点。

首先，在对证券交易所布局方面，厉以宁教授早在1994年所著的《股份制与现代市场经济》一书中写道："目前国内只有上海深圳两地设立了证券交易所"，"今后，证券交易所是有必要也有可能增多的"。从他的观点中我们看到，厉以宁教授对于证券交易所的布局有四层考虑：一是，交易所的数量应随着上市公司的增多和区域经济的发展也相应增多，这是需求决定的，也是区域空间布局的考量；二是，要建立多元化、多层次的资本市场体系，为不同规模不同技术经济特征的企业找到相应的融资渠道，多板市场就是要满足这一差异化需求；三是，全国资金流往仅有两家证券交易所所在地，加剧了国内各地区资金分配的不平衡；四是，交易所之间存在协作和竞争关系，仅有两家限制了效率的提升。

今天来看，我们除了沪深交易所外，还在北京建立了全国中小企业股份转让系统公司，厉以宁教授认为完全可能将其改造为北京交易所。从功能上看，我们已经有了沪深主板、创业板、中小板和股转系统等多层次市场，2019年还在上海新成立科创板市场，一个多维的资本市场已然成形，各类市场并行不悖、错位发展，共同服务于企业的创业、创新和成长，这与厉以宁教授早年的论断相印证。

其次，在规范证券市场方面，厉以宁教授特别注意证券市场的规范和风险防控。他主持起草了证券法，对于中国股市存在的乱象，他认为主要有两个方面原因：一是群众热情高但缺乏专业知识，机构投资者少，市场行为不理性，对市场带来较大波动；

二是规制需要不断完善,打击证券市场违法行为,股市不是赌场,投资者的利益要充分保护。同时他还提到证券法要随着市场发展不断调整适应变化,警惕有法不依的行为,也不能过度依赖法律,忽视监管的作用,要对现有情况总结,及时出台配套监管措施。十年前厉以宁教授的观点至今仍有指导价值,2019 年年底修订的证券法颁布,加大了对证券违法行为的打击力度,完善了证券民事诉讼制度,取消发审改为注册制等。在积极落实退市制度方面,厉教授认为要迫使一些已经上市的落后企业或产能严重过剩的上市企业退出市场,从而迫使那些仍有希望在较短时间内致力于自主创新和产业升级的上市公司改善经营。上市公司质量关系到中国资本市场的信心,要留下好投资标的,要保护投资者利益,要营造价值投资的氛围和环境,只有严格执行退市制度,实现优胜劣汰,才能有利于 A 股市场长期发展,美国股市 10 年长牛就建立在完善的退市制度基础上。

第三,在宏观经济与市场研判方面,证券投资离不开宏观大势的判断,早在 2015 年时厉教授就提出"经济下行压力不可低估,一定要重视经济下行压力"[1],5 年前的这一论断已被市场论证,2016 年我国开始了供给侧改革,助推了上游原材料价格的行情,此后,2017—2019 年经济下行压力增大,抗周期板块的投资机会彰显出来。厉教授对宏观大势的判断对于投资者选择投资板块具有极强的指导意义。此外,结合当前资本市场开放,A股纳入国际投资指数因子,厉教授认为外资进入中国资本市场,投资国内企业是一个大的趋势,而外资注重价值投资,也给国内投资者带来很大启示。

第四,证券投行业务方面,厉教授从国际经验上看,"成也投

---

[1] 厉以宁:"经济下行压力不可低估",《新京报》,2015 年 9 月 23 日。

资银行,败也投资银行",要趋利避害,防控风险。金融危机爆发前后,不少投资银行脱离实体经济,专门从事金融服务。金融服务创新,一方面体现"以钱炒钱"资本运作模式能够带动资金服务于实体,另一方面,由于撬动杠杆,脱实向虚,必然存在风险。权衡利弊,关键是控制好杠杆,防范金融风险,同时也要避免金融空转,借助投行服务支持实体。近些年,我国证券投资银行业务发展很快,路径是向国外的投资银行学习、模仿。总的说来,中国投资银行业务无非有三大块:一是参与收购、兼并、重组;二是帮助企业到国内外资本市场融资;三是作为企业的战略投资者,帮助企业进一步技术创新,进一步开拓市场。整体来看,对于投行业务的评价,厉教授的观点是不能因噎废食,应在管控风险的基础上,积极开展投行金融服务与创新。

（二）保险业的三大前途

关于保险业,厉教授认为新常态下,正是我国保险业大发展的新时期。尤其是在中国广大的农村地区,他高度评价土地确权对开展金融服务、保险服务所起到的基础性作用。

厉以宁教授认为未来在农村保险、养老保险和旅游保险三个方面大有前途。首先是农业。厉以宁教授认为,第一步,土地确权是中国改革中最重要的一项改革,"三权三证"即土地承包权有承包权证,宅基地使用权有使用权证,宅基地的房子有房产权有房产证,保障农民权益并以权证的形式体现。第二步,在确权基础上,农民可以充分利用土地权益进行流转,唤醒沉睡的农地资源,农民可以选择进城,而把家中闲置的土地转包给种植能手、养殖能手,获取土地收益。第三步,要获取稳定的土地收益,就会产生对农业保险的需求,范围可以是农场主、动物、农作物,也可以是合作社。其次是养老产业。中国社会进入老龄化阶段,养老问题不能仅是以房养老或是养儿防老,而是购买养老保险,让保险公司养老。第三是随着生活水平提高,旅游相关的服务业兴起,旅游保险的空间也很大。

除了开展保险业务以外,对于保险资金的运用,厉以宁教授认为保险资金的安全性是第一位的,但也需要考虑其收益性,拓展投资渠道,借鉴海外保险业的经验。现今我国监管高层也在讨论进一步降低险资投资权益市场的比例限制,为保险资金的保值增值寻求新路径。

(三)对银行业改革的建议

关于利率市场化改革方面。利率市场化有助于优化银行业环境,厉教授认为,利率市场化对中国银行业的好处有三点:"一是使中国银行业同国际银行业接轨,提升中国银行业在国际市场的竞争力,并加速中国银行业与国际同行的合作,从而提升中国银行业在国际市场中的地位;二是使中国银行业的资源配置效率提高,资金可以得到充分的、有效的利用,这对于中国经济的进一步发展是有积极意义的;三是对中国银行业整体来说,抗风险能力增强了。因此利率市场化势在必行,从中长期看,利率市场化的好处尤其显著。"利率市场化改革在2019年明显加快,随着LPR定价机制的出台,货币传导机制疏通,降低了企业融资成本,提升了资本市场运行效率,同时对银行业的市场竞争力提出更高的要求。[1]

关于商业银行业,厉以宁教授认为要借助持续的改革提升市场竞争力,最可行的方案是"整体改制、分步到位",主要有三

---

[1] 孙芙蓉:"新常态下的金融改革——访全国政协常委、著名经济学家厉以宁",《中国金融》,2014年第24期,第19—22页。

步:一是加快国有商业银行的股份制改革。这样银行就能按自身规律做事,具体路径为,可以从多元投资主体的公司逐步成为上市公司,完成国有银行的股份制改革。与银行配套的机构,如信用卡公司、为银行服务的结算公司可单独上市。二是大力发展中小银行,包括民营银行。目前我国银行不能满足需要,外资银行主要在大城市展开竞争,我们国内商业银行要占领好广大的中小城市和农村。三是农村信用社改革。仿照城市信用社改造方法,把农村信用社改造为农村商业银行,一地一策,按照实际情况开展。四是提升银行服务能力,增强专业人员素质。

目前,国有商业银行改制取得显著成效,但坏账、呆账和不良资产等问题依然严重,商业银行防范信用违约风险的压力增大,厉以宁教授认为商业银行上市有助于缓解这一问题,借助权益市场和保险市场分散风险。此外,在宏观层面上,加强对地下钱庄和影子银行的整治、落实资管新规收缩表外融资等措施都有助于优化银行业生态。

(四)发展私募创投基金

在中国经济转型期,亟需新技术为核心的产能置换,这是经济实体转型升级的核心。要科技创新需要内外兼顾,但恰逢中国面临百年不遇之变局,外部环境复杂多变,以美国为代表的西方国家对技术封锁的力度明显增大,这就需要发挥国内创新潜能。发展创投基金就是要帮助拥有技术却资信度有限的民企小微获取融资渠道,进而实现新科技的孵化。在金融助力"双创",孕育新技术、新动能方面,厉教授认为私募创投基金的优势尤为明显,大有可为。

厉以宁教授曾任证券投资基金法起草小组组长,参与编写审议证券投资基金法。他明确提出要加快推进私募基金的发展,但同时也要对"乱集资"的现象提出专业的整治措施,在比较什么样的基金更适合作为创业投资基金时,他给出明确的判断,虽然公募与私募都适用于基金法,但针对创业投资基金,他更倾向于发展私募创投基金为主,由于风险与收益的不对称,所以公募的创业投资基金不易成功。他强调,私募与"乱集资"是有本质区别的,成立私募基金要在监管部门核准、备案;为了服务于"双创",私募基金可以承受更大的风险溢价,但同时也需要管控风险,而且需要建立完善的退出渠道,孵化有成长性的公司,还应注重适时回收成本获取收益,只有这样私募创投基金才有进一步发展的空间。

参考文献

1. 厉以宁:《二十世纪的英国经济——"英国病"研究》,人民日报出版社,1982年。
2. 厉以宁:《体制·目标·人——经济学面临的挑战》,黑龙江人民出版社,1986年。
3. 厉以宁、孟晓苏、李源潮、李克强:《走向繁荣的战略选择》,经济日报出版社,1991年。
4. 厉以宁:《非均衡的中国经济》,中国大百科全书出版社,2009年。
5. 厉以宁:《中国经济双重转型之路》,中国人民大学出版社,2013年。
6. 厉以宁:"中国改革开放是这样起步的",《北京日报》,2018年7月16日。
7. 厉以宁:《改革开放以来的中国经济》,中国大百科全书出版社,2018年。
8. Popper, K., *The Logic of Scientific Discovery.* Oxford: Routledge Classics, 1959.
9. Godfrey-Smith, P., *An Introduction to the Philosophy of Social Science: Theory and Reality.* Chicago: The University of Chicago Press, 2003.
10. Kuhn, T., *The Structure of Scientific Revolutions. 3rd edition.* Chicago: The University of Chicago Press, 1996.

(周小全,民生证券股份有限公司;

白江涛,上海海事大学)

厉以宁经济理论与电力行业混合所有制改革发展

童光毅

在中国四十余年的改革发展中,最为体现中国特色的是国有及其他公有制部门的所有制改革。厉以宁教授在此进程中发挥了重要的决定性作用。早于1984年,厉以宁教授已然坚持认为所有制改革是中国经济体制改革的关键,并作出了"经济改革的成功将取决于所有制改革,也就是企业体制改革"的前瞻性论断。同时,以股份制作为改造微观经济主体目标模式的政策主张,被称为最成功的改革之一,由此而享得"厉股份"的美誉。结合发展的需要,厉以宁教授也就国有企业的混合所有制改革作了深入的研究。厉以宁教授在《中国道路与混合所有制经济》一书中,强调了混合所有制经济的重要性,他指出,"支持并鼓励混合所有制经济的建立和发展是中国社会主义经济理论重大创新",并重点阐述了发展混合所有制经济的理论基础、现实意义和实施途径,将"混合所有制"定位为"新公有制",认为混合所有制是中国经济发展的必然趋势。本文以厉以宁经济理论为指引,结合笔者自身学习的心得体会,对电力行业的混合所有制改革作出了若干思考与探索。

一、如何理解电力行业混合所有制改革的动因与适用性

厉以宁教授将建立和发展混合所有制经济的理论基础,精辟地归结为"效率(资源配置效率)"。他认为,"就当前中国经济体制改革和经济发展而言,没有比提高资源配置效率更为迫切的了"。对于作为市场主体的国有垄断企业而言,要落实混合所有制改革,首先需要深入探析政策的内在出发点,也就是发现改革的动力因素,理解现阶段为什么要开展混合所有制,以及混合所有制在电力行业的适用性问题。

(一)混合所有制改革对国有垄断企业增效的关键动因

对于企业本身而言,改革最直接的动力要素就是提高企业效率,而混合所有制正是促进国有企业效率提升的有效方式。制度经济学认为,社会或企业制度具有一定的惯性,较大的改进甚至变革,往往需要借助外力的作用。混合所有制的实施引入的非公资本即是一种外力,在外力推动下,以及由此所带来的内部多元主体的相互作用下,国有企业的制度和机制才能得以有效变革和改进。

假设实行混合所有制之前,国企在一定时期内的效率恒定,

现引入非公资本作为新的产权主体,可以使产权得到进一步明晰。以产权中的收益权为例,非公资本入股后,依照产权制度拥有对所投入资本获取的利益的享有权,非公资本逐利的本性,使得产权激励功能充分发挥,从而促使公司形成有效率的契约安排和运作方式。在合理的公司治理结构下,这种基于产权的利益诉求经过协同效应和博弈机制,可以使得公司内部的一系列运行机制(包括制衡机制、激励机制、决策机制、分配机制等)得到优化完善。而公司运行机制的完善则会导致资源配置的优化。由企业资源的稀缺性可知,若实现资源配置的最优化,即以最小的成本把资源分配到最合适的位置上,则会有助于企业效率的提升。具体效率提升过程见图1。

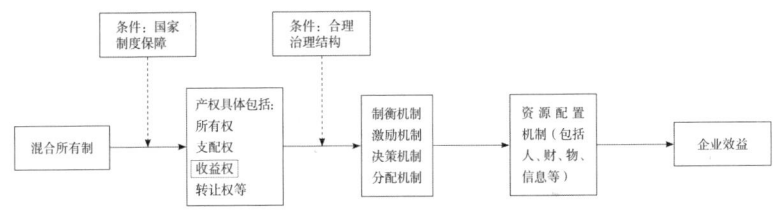

图1 效率提升过程示意图

(二)混合所有制在电力行业的适用性

关于混合所有制改革在电力行业的适用性问题,主要可从以下两个方面展开,即混合所有制与垄断、竞争两种市场结构的相容性,以及混合所有制与政府监管间的冲突。若混合所有制与市场结构相容,与政府监管的冲突亦可解决,则可充分说明混合所有制在电力行业具有较强的适用性。

1. 混合所有制与市场结构

混合所有制经济与市场结构的相容性可分为两个层面,一是宏观混合所有制经济与市场结构的关系,其主要体现为将市场结构从垄断转变为竞争。一般来说,宏观混合所有制经济改革是实现行业经济层面不同所有制主体的混合。由于宏观层面的改革是一个"弱化垄断,强化竞争"的过程,因此,在这里主要分析与垄断、竞争两种市场结构的相容性问题。

从实际来看,国有企业对行业或行业内某个环节的垄断,主要包括自然垄断和行政垄断两种类型。自然垄断与规模经济紧密相连,具备自然垄断属性的业务环节,同时具有一定的规模经济效应,因此,暂不宜实施宏观混合所有制经济;而政府及其所属部门利用行政权力直接从事基础设施建设和经营形成的行政垄断,通过放开准入、引入竞争可使其经营更具效率,改善服务质量,因此,适合实施宏观混合所有制,建立竞争机制,实现市场化。那么,对于电力行业来说,由于各环节的垄断类型不同,因此需区别对待。输配电环节具备自然垄断属性,可实现规模经济,所以暂不宜实施宏观混合所有制经济改革;售电环节因为不涉及电网等这些具有规模经济的公共设施的投资和建设,仅存在行政垄断,因此,宜进行宏观混合所有制经济的改革。同时,现行的"管住中间、放开两头"电力体制改革思路也正验证了这一结论。

二是企业微观混合所有制与市场结构的关系。企业微观混合所有制是对国有企业内部治理结构的优化,反映的是企业的一种内在状态或结构;垄断与竞争,是行业属性,反映的是企业与行业内其他企业的关系,是一种外在状态或结构。两者间并无直接关联,亦无直接的冲突。企业内部的混合所有制改革,只是对企业自身治理结构的优化,并不改变企业的垄断性或竞争性。综上所述,市场结构与混合所有制相容性的总结见表1。

表1　电力行业市场结构与混合所有制相容性

	自然垄断(输配电)	行政垄断(售电)
宏观混合所有制经济	不相容	相容
企业微观混合所有制	相容	相容

2. 混合所有制与政府监管的协调

首先,混合所有制改革通常并不影响国有资本对企业的控制力以及政府监管职能的发挥。一方面,在具备自然垄断性和关乎国计民生的行业,企业微观混合所有制改革所建立的股份制企业,都是由国家控股甚至绝对控股,并不影响国有资本对企业决策的影响力,有利于国家监管政策的落实;另一方面,国家对国有控股企业的监管职能和范围,均有相应的法律、法规,可以有效保护国有资本的权益。

其次,政府监管并不妨碍宏观混合所有制经济的实现,其主要是发挥对国有独资或控股企业的监督,以及对行业和国民经济的管理调控作用。电力行业的宏观混合所有制经济改革主要在售电环节实施,售电业务由国有控股企业和非公企业共同经营,公平竞争。在售电环节,政府监管主要集中在对电价定价上,这是为了防止售电企业通过隐形垄断进行非正常定价,并不会造成其市场利润低于社会平均水平。所以,售电环节的政府监管并不影响非公企业参与经营的积极性,不妨碍宏观混合所有制经济的实施。

最后,企业微观混合所有制的实现,需要平衡政府监管和混合所有制之间的冲突。从政府监管的角度来说,为了保障社会目标的实现,政府对国有控股的混合所有制电力企业的监管较为宽泛。而对于混合所有制企业中的非公资本而言,与政府监管行为在追求利润最大化的经济目标上仍存在不可避免的冲突,因此应在社会目标和经济目标之间制定一种平衡机制,保证企业获得应有的经济效益,同时实现一定的社会目标。而解决问题的关键主要在于以下两个方面:一方面,要通过产权结构多元化推动现代企业制度的改革,建立完善的企业治理结构,强化企业独立的法人地位,保证企业决策的独立性、连续性和完整性,使其成为真正独立的市场主体;另一方面,要明确政府监管的职权范围,完善政府监管制度。由以行政管理为主过渡到以依法监管为主,既避免管理"缺位",又不"越位",在保障企业经营独立性情况下,实现一定的社会目标。具体解决方案见图2。

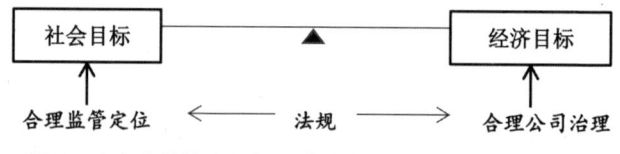

图2 政府监管社会目标和非公资本经济目标冲突的解决

二、电力行业混合所有制改革亟需解决的关键性问题

(一)国家政策层面亟待解决的问题

1. 产权制度与产权市场不完善,电力行业混合所有制改革举步维艰

完善的混合所有制企业产权制度,以及健全的产权市场是当前深化推进混合所有制改革非常重要的基础。然而,目前的产权制度和产权市场则仍有很多不完善之处,并为电力行业混合所有制的顺利推行带来了不可忽视的阻碍。其主要可体现为以下三个方面:一是产权主体多元化和多层次的目标达成问题。一方面,要摆脱国有股"一股独大",实现产权主体多元化仍困难重重;另一方面,混合所有制企业内部不同经济成分或产权主体难以形成统一整体,进而实现公私融合、利益共享、风险共担的

目标。二是财产组织的社会化和出资者责权有限化的真正落实问题。从混合所有制改革的实际来看,多为国有控股,或某一非公有制经济成分"一股独占",难以真正实现产权的社会联合,从而使资本的支配和使用社会化,出资者以所出资本为限承担有限责任也就异化为国有资本或某一非公有制经济成分以其财产为限承担债务责任。三是产权交易的市场构建问题。由于对公有制经济主体地位的误解等原因,对非公有制经济成分控制的混合所有制企业股票上市的种种限制,使其股权难以通过股票市场进行交易。

2. 政策法规不健全,无法为改革的顺利落地保驾护航

一方面,现有的政策法规无法保证不同所有制主体法律地位的平等与公平,发展混合所有制经济的法律环境仍有待完善。加强对各类市场主体的保护,严格依法行政,打击非法占有或损害市场主体合法权益的行为是混合所有制开展必须先行的规则体系。另一方面,电力行业的政策规定需进一步标准化、公开化、透明化,为参与市场的各方提供统一规范的标准,保护市场主体的合法利益,使电力行业混合所有制改革做到有法可依,保证混合所有制在电力行业的改革按预期目标推进。

3. 监管机制不到位,无法对电力行业的混合所有制改革形成有力支撑

就目前来看,监管机制仍需进一步健全与完善,其不足之处主要表现为以下两个方面:一是国有资产的监管机制不完善。目前,由于监管主体和监管制度的不完善,给国有资产的安全问题带来一定的隐患,也为深化混合所有制改革带来不小的困难。二是电力行业监管机制不完善,严重影响了电力行业混合所有制改革政策的有效落实。电力监管职能分散,多头管理的混乱为改革增添了难度。电力行业管理机构也缺乏有效的监督约束

机制,以及要配套的法律和制度保证。

(二)行业层面亟待解决的问题

1. 缺乏对行业原有资源的公允价值评估体系

科学准确评估资源的公允价值是推进混合所有制改革的先要条件,是有效保护国家财产安全,防范和杜绝国有资产二次流失的重要手段。对非公资本而言,科学准确评估资源的公允价值也是保障权益的一种必要措施,其中,构建系统的价值评估体系和应用科学的评估方法是最为关键的两个问题。同时,还应在产权流转以及资产监管方面加以建章立制,在最大程度上保证国有资产在混合所有制改制中的资产安全。此外,基于公允价值的股权分配比例也会影响决策权的分配和投资意愿,以及公司治理效果,从而决定着混合所有制改革的实质推行效果。

2. 无法对非公资本参与电力行业混合所有制改革形成有效激励

尽管非公企业通过参股公有制经济,可以使其克服自身管理模式的局限,并为非公经济的进一步发展拓展出更大的空间,但在混合所有制经济的基本政策已明确的背景下,非公资本仍踌躇不定,其主要是存在以下三个方面的担心和顾虑:一是电力行业的混合所有制改革是"分蛋糕"还是"甩包袱"? 这一顾虑将严重裹住非公资本参与电力行业混合所有制改制的脚步。二是混合所有制改革后,电力行业是否能发挥市场的决定性作用? 若完成混合所有制之后,国家对企业的行政干预仍无处不在,那么民营企业的灵活高效的机制将无法充分有效地发挥作用,同时国有资本的积垢也依然得不到清理改善。三是非公入股国有资本后,其在混合企业中的持股比例和角色定位不清晰,若无法给非公资本合理的股权比例,那么非公资本的独立经营机会将被剥夺,无法作为真正独立的力量与国有企业共同进行混合经营,仅仅沦为国有资本的附庸。

3. 如何把握行业混合所有制中外资混合的"度"

外资进入电力行业混合所有制的改革,不仅可为我国提供有益的经验借鉴,也可在一定程度上激活市场的活力,增强电力市场的敏感性。但考虑到电力行业关乎国计民生,产业安全问题也不容忽视,因此,如何在最大限度地实现资源有效配置的同时,控制引入外资的尺度,是防止"全盘外化",避免出现影响"产业安全"问题的关键,也是混合所有制改革过程中无法回避的重要问题。

(三)企业治理层面亟待解决的问题

1. 混合所有制企业内的股权结构

在电力企业混合所有制改革进程中,要使公有资本与非公资本真正"牵手"绝非易事,如何协调两者之间的利益,股权如何合理分配,是最为棘手的难题之一。具体而言,电力企业混合所有制改革中的股权问题主要包括三个方面:一是在入股资格上存在不同资本是否机会均等的问题,企业将面临选择股东类型的困扰。二是公有资本的社会福利最大化目标,与非公有资本的企业利润最大化目标存在本质的冲突,这使得股权集中度太低的情况下,将大大降低企业的决策效率和决策准确性。三是现行股权分布比例的政策导向是要降低国有、大股东的股权比例,甚至不需要国有资本控制的可采取国有参股形式或者全部退出,这使得企业感到进退维谷。

2. 对人、财、物、信息等资源的处置权属的界定

电力行业自身具有投资量大、周期性强、地域差异大等特点,完成混合所有制改制后,电力企业是否能够遵循市场要求,

按照现代企业制度的规则程序进行人、财、物、信息等企业资源的调配控制,是电力行业混合所有制能否有效推动国有企业市场化改革的基本条件。除此之外,结合国有企业和民营企业双方优势,摆脱传统的行政指令性调配,增强电力行业的灵活性和适应性,也是推动电力行业市场化改革的必然要求。

3. 企业社会责任和经济效益之间的平衡问题

电力企业具备的公共性特征,决定企业在追求经营绩效、利益最大化的同时,还不可避免地要承担一定的社会责任,在企业效益和社会责任双重目标的引导下,如何平衡是混合所有制改革进程中的重要问题。电力企业的社会责任和经济效益既密切联系、相成相生,又存在目标冲突的情况,尤其是混合所有制改革后,非公资本是完全的逐利属性,将会不可避免地与国有资本的双重目标发生冲突,特别是当国有资本不再占据控制地位或者在完全非公资本的企业中,这个问题应如何解决,成为电力行业混合所有制改革推行前不得不思考解决的问题。

三、"三位一体"的电力行业混合所有制改革对策

目前,关于电力行业混合所有制改革的道路仍处于初期的探索阶段,笔者针对前述亟需解决的关键性问题作出了尝试性的思考,以期为电力行业混合所有制改革提供一定的参考。

(一)国家政策层面的对策

1. 健全产权制度与产权市场,为"国—民"联姻铺路架桥

产权是现代企业制度的核心,产权市场和产权制度的建立健全是摆在深化混合所有制改革面前最首要的问题。一是建立现代企业制度,同时应结合国有资产管理体制改革,落实企业作为市场主体和法人实体应享有的各项权利,使之真正成为自主

经营、自负盈亏的法人实体和市场主体。此外,还要把维护出资者权益和维护法人财产权益有机结合起来,在国有资产管理机构督促和国有企业自觉努力的互动中,真正达到国有资产保值增值和企业可持续发展的目的。二是建立规范的产权交易市场,以形成统一、开放、竞争、有序的现代产权市场体系,建立体制合理、规则健全、竞争充分、通畅有序的现代产权市场。

2. 完善保障混合所有制企业合法维权的法律制度,
   改善改革环境

混合所有制经济的存在和发展,首先要建立保障混合所有制企业合法权益的法律制度,这样才能使投资者敢于跨地区、跨行业和跨国投资。其次要切实转变政府职能,建立合理的政企关系。政府必须为企业发展创造条件,要继续精简行政审批事项,提高服务质量和效率,逐步向"责任政府"和"有限政府"转变,优化各类企业投资和发展的环境。最后要注意产权交易风险,加强法律法规建设,针对混合所有制经济发展出台专项法律法规,并加快相关的行政法规制度的实施。

3. 健全完善电力行业混合所有制改革的监管机制

电力行业混合所有制改革的推行需要国有资产管理体系的完善作为保障,一是要进一步完善国有资产监督管理体制。国家对电力行业的监管体制要以"管资本"为主,加强国有资产监督管理,逐步构建"国资分类监管—资本投资运营—企业市场化经营"的分层监管体制。二是在优化国有资本布局的基础上,进一步完善分类监管,继续推进电力行业布局和结构的战略性调整,在竞争性领域逐步取消对国有企业的不当保护,在竞争中实现优进劣退,推动国有资本继续向重点行业和关键领域集中,向优势企业集中。电力行业的四大业务环节由于业务特点、行业竞争性以及国家战略地位等方面不同,因此要完善分类监管,区分不同环节的功能定位，实施差别化的监管方式和引导措施。三是要进一步健全国有资产审计体系，完善国有资产代理人绩效考评办法，引入专业的第三方审计师和人力资源咨询公司，加强国有资产监管能力。

（二）行业层面的对策

1. 建立系统科学的行业国有资产评估体系，减少改革后遗症

电力行业混合所有制改革的落实必须要有健全的国有资产评估体系作保障。具体而言，国有资产评估体系的构建应着重于，建立行之有效的国有资产评估管理框架体系，重视资产评估机构的选聘，以及加强国有资产评估项目的审核力度等三个方面。随着我国电力改革的不断深化，国有资产结构和布局调整的力度明显加强，国有企业重组、股权转让、增资扩股、对外投资以及收购非国有资产等经济行为日益频繁，资产评估在保护投资者合法权益、加强国有资产监督管理方面的作用会日显突出。

2. 打消非公资本入资电力行业的顾虑，鼓励非公资本投资

电力行业应积极引入民资、外资，达到"用1%带动99%"，实现国有资本的放大功能。针对解除在非公资本参股甚至控股混合所有制后的电力企业所产生的顾虑，主要应从以下三个方向着手：一是加快国有资本体制的改革。以资源配置效率的升降作为主要考核指标，国资委只管国有资本的运作，提高国有资本的资源配置效率。二是要加快国有企业管理体制的改革，把完善法人治理结构放在首位，企业在法人治理结构充分发挥作用的前提下，成为自行决策、自主经营的市场主体。三是在混合所有制企业建立过程中，国有股减持、退出、转让过程一定要规范化、公开化。

3. 根据业务环节特点，分别建立外资引入要求和规则

电力行业的混合所有制改革将逐渐、分步骤地打破电力行业的长期垄断格局，引入非公资本，调动各类产权主体的经营积极性。而在引入外商资本时，则应在一定程度上把握住外商引入的度，通过加强产业安全立法、增强电力技术的自主创新能力等方式，防止外资逐步形成对某些行业的垄断，削弱产业竞争力。

（三）企业治理层面问题解决的对策

1. 混合所有制企业内部建立科学的股权结构方案，完善治理结构

合理的股权结构是发展混合所有制企业的一个关键，也是推动国企完善现代企业制度的一个关键。股权结构是决定公司治理结构的基础，而公司治理效率的高低最终体现在公司经营绩效上。从股东类型来看，电力行业混合所有制改革的目的之一在于改变电力企业内部国有股一股独大、垄断市场、竞争机制不健全等现状。所以，混合所有制改革后的电力企业，在股东类型方面，必将更加丰富，民资、外资甚至一些战略投资机构的资本都可以进入电力行业，使电力行业和电力企业资本组成更多元，有利于各类股东的有效机制的充分调动，激发电力企业的市场活力。但另一方面，由于电力行业不同环节的自然垄断属性存在差异，因此，股东类型选择也应区别对待。

从股权集中度来看，主要有高度集中（控股50%以上）、高度分散（股东持股均在10%以下）、相对控股（部分股东持股在10%—50%之间）三种类型。电力行业不同业务环节的股权集中度也应有所区别，售电业务环节股权集中度适宜相对分散，配电和发电环节，股权集中度建议适度集中，而输电业务环节建议目前仍以高度集中为主。

从股权比例上来看,国家明确提出鼓励非公有制企业参与或控股混合所有制企业,这为电力行业混合所有制改革后,电力企业在股权比例的分配上提供了更宽泛的政策环境。特别是在发电、售电环节,应充分发挥民营资本的积极性,促进电力行业的改革。

2. 混合所有制企业内建立人、财、物、信息等资源的科学管理体系

改制后的混合所有制企业是由不同产权主体(既包括公有资本又包括非公资本)组建的新型企业,如何将管理体系整合,并在不同产权之间构建企业人、财、物、信息等资源的管理分配体系,是摆在混合所有制企业面前的重要问题。首先,在不同产权主体的权利分配上,改制后的电力企业内应严格采用现代企业管理制度和治理结构,从而实现各类资本的共同发展。同时,在公司治理机制层面,建立强制性的小股公共利益。然后,在财务管理分配体系上,应建立财权横向与纵向分配相结合模式的财务分配管理体系。具体包括,相互制约相互监督的内部财务制度、财务利益与财务责任"自主化"的财务决策,以及财务主体的自我监督机制等。最后,要更新观念,健全机构,明确责权,构建完善的内部授权管理体系,坚持制定制度、贯彻执行、考核评价三位一体,真正发挥内部控制在企业管理中的作用。

3. 加快建立职业经理人制度,实现电力企业的去行政化

去行政化是电力企业混合所有制改革中不可逾越的一环,逐步推进当大型国有企业与其他不同所有制成分组成混合所有制企业时,除极个别特大型央企外,政府和组织部门一般不要再任命企业董事长或总经理。此外,应推动所有权与经营权逐步分离,发展职业经理人专业经营管理机制。企业依法建立以合同管理为核心、以岗位管理为基础的市场化职业经理人使用办

法,通过建立健全职业经理人的激励和约束制度实现混合所有制企业的专业化发展。

4. 建立混合所有制企业内部社会责任和企业经营目标的平衡机制

作为独立经营的企业,改制后的混合所有制电力企业,对外要逐渐转变为独立的经营主体,充分积极参与市场竞争,按市场规则办事,弱化国家垄断和行政干预的影子,提高企业自身的生存能力。逐步建立和完善现代企业管理制度、企业的激励和约束机制,以及全新的企业经营者选拔使用机制,从而确保企业经营目标的实现。同时,混合所有制改制后的电力企业,还应同样承担着宏观和微观两个层面的社会责任目标,两方面的社会责任是我国特定经济环境赋予电力混合所有制企业的特殊使命,两者之间要努力平衡兼顾。

四、结语

电力行业是基础性产业,是国民经济的命脉。长期以来,我国的电力行业从"政企合一、国家垄断经营"到"集资办电",从"开放发电市场"到"国家电力公司的成立",从"厂网分开"到"电力市场化改革",每一步都凝结着电力体制改革的艰难与进步。这些改革在电力市场化进程中起到了承上启下的重要作用。

第一,实现混合所有制是电力行业改善现有问题的有效途径。历经四十余年的不断探索,我国电力市场化改革取得了重大的突破,但还有许多涉及体制改革问题尚待解决,以实现现有体制的根本性改变。发展混合所有制对国民经济的发展、电力行业市场的盘活以及电力企业内部的成长有重要意义:一方面,有利于强化公有制在电力行业中主体地位,促使电力行业健康发展;另一方面,可通过"鲇鱼效应",增强电力行业的竞争,提高行业效率,减少政府职能对电力行业的过度干预。此外,还有助于行业内企业建立完善现代企业制度,解决国有资本流动性差的问题。在电力行业中完成混合所有制改革,能使电力行业中的各种所有制资本取长补短,相互促进,以全面打通电力行业的市场化运行机制,实现共同发展。

第二,电力行业混合所有制改革要以外部混合所有制为主导,积极探索内部混合所有制。外部混合所有制主要包括股份制改制重组、调整股权结构、合作成立新公司、并购或参股私有或外资企业、上市募股等,而企业员工持股则是现阶段我国内部混合所有制改革的主要形式。以外部混合所有制为主导,积极探索内部混合所有制,可以盘活资本,将电力资源开发和使用列入规划以加入中国经济建设中。同时,还可以消除各方阻力,确定市场调节在电力资源配置中的决定性作用。

第三,混合所有制改革中应坚持国有资本为主导的原则,充分调动地方管理电力企业的积极性,因地制宜实施混合所有制改革,保障社会责任的履行,以实现帕累托改善为改革效果评估标准。混合所有制的实施,有助于协同国有资本和非公资本各自在资源配置机制上的优势,形成一种新的更高效的机制,产生协同效应,即"1+1>2"的效应。

第四,混合所有制改革是国有垄断企业建立适应市场经济的现代企业制度的有效途径之一,完善的公司治理机制有助于国有垄断企业成为独立、高效的市场主体。混合所有制改革是对公司治理机制的优化,使其能够根据市场需求进行合理的资源配置和产品生产。完善公司治理机制是现代企业制度的核心,符合社会主义市场经济体制目标。电力行业的混合所有制改革可以提高企业效益,非公资本参股,有助于推动企业产权制度、管理体系等现代企业制度的建立和完善。此外,通过多元股东之间的制衡,可以有效预防政府对企业过多的行政干预,增强企业经营独立性,提高运行效率,充分体现了合作伙伴带来的效益促进。

第五,电力行业可重点从售电端推进混合所有制改革实现效率提升,从输配电环节适度推进混合所有制改革放大国资功能。从电力行业各环节的资本需求来看,售电环节资本规模小,结构相对简单,评估难度小,能参与投资非公企业较多。从电力规划和国民经济安全来看,输配电环节的混合所有制改革可能需要国家制定一系列政策,担负更多的监管责任,要考虑和解决的问题更多更复杂。因此,电力行业可重点从售电端推进混合所有制改革实现效率提升。

实现混合所有制是公有制与市场经济相结合的有效形式和途径。现阶段,配电环节仍基本由电网企业一体化经营,适度推进混合所有制改革有利于凝聚更多的社会资本,有效放大公有资本对其他资本的辐射功能,提高国有经济的控制力、影响力和带动力,体现公有制的主体地位。

参考文献

1. 厉以宁:《中国道路与混合所有制》,商务印书馆,2014年。
2. 厉以宁、孟晓苏、李源潮、李克强:《走向繁荣的战略选择》,经济日报出版社,2013年。
3. 厉以宁、石军:《中国经济改革警示录》,人民出版社,2013年。
4. 厉以宁:《中国经济双重转型之路》,中国人民大学出版社,2013年。
5. 厉以宁:《厉以宁论文集2008—2010》,中国大百科全书出版社,2009年。
6. 厉以宁:"论新公有制企业",《经济学动态》,2004年第1期,第17—20页。
7. 厉以宁:《非均衡的中国经济》,广东经济出版社,1990年。
8. 厉以宁:"所有制改革和股份企业的管理",《中国经济体制改革》,1986年第12期,第25—28页。

(童光毅,国家能源局)

第四章 讲述中国故事

『山景总须横侧看』

国际讲坛上的厉老师

车耳

导语：自1978年改革开放以来，中国经济取得了惊人的连续40多年高速增长，打破了世界经济史上任何一个大国经济发展的纪录。中国现代化的进程的成功吸引了全球目光，它像一部天书一样，使得全世界的人都为之好奇，也使得几乎所有西方唱衰者的预言一个接着一个破产。但是，怎么读懂这部天书就成了个难点，如何解释"中国故事"就成为一种学问，由谁来讲述就成了一个课题。在这种背景下，文化部外联局启动了"发现中国"海外演讲计划，在2008年他们力劝改革开放亲历者、德高望重的厉以宁老师参与。老师欣然同意,之后就以 78 岁的高龄奔走于东方到西方、北欧至南非,6 年中飞行了几十万公里,完成了几十次讲演,获得来自学界、商界或者政界的各国人士高度评价。

一、台上的老师

多年以后,当我总结文化部组织的厉老师历次对外讲演时发现,我们走过的路线大致呈横着的 L 形状,L 长边是从东到西的,访问过的国家有日本、韩国、蒙古国、俄罗斯、德国、法国、英国和爱尔兰以及西班牙;短边是从北到南的,访问过的国家从北欧的丹麦到马耳他、埃及,再到南非和印度洋中的岛国毛里求斯。尽管我们路线不是正好顺着从东到西再从南到北,而是来回多次重复走的,比如我们是先去的法国,后去的蒙古国。但是从现在看,这个 L 形路线和现在中国政府大力提倡"一带一路"中的一些国家重合度较高,也是从亚洲到欧洲再到非洲。不经意之间,厉老师在文化部邀请下,从 2008 年下半年开始身体力行,以讲述中国故事的形式为几年后的"一带一路"倡议做了理论铺垫。

厉老师讲演小组第一次随文化部外联局出行是在 2008 年 11 月 9 日,一口气去了法国、埃及和马耳他三个国家,每个国家至少做两次正式讲演,还不算小范围会谈和采访,可见当地需求之迫切。第一场和第二场都是在法国巴黎,还在一天之中,相当紧凑,上午应邀在中国驻法国大使馆给中国外交人员和中国常驻法国商务人士讲演,晚上讲座则是在中国文化中心,那个由大块巴黎石砌成、古色古香又位于市中心、距离埃菲尔铁塔仅几百步之遥的建筑内。文化中心会场当时挤满人,还有人站着听讲,让我想起 20 世纪七八十年代的北大校园,到处都站着求知欲强烈的青年。

那是老师随文化部第一次对外宣讲，我事先准备了PPT幻灯片并提前几周就通过外联局发给组织者了，讲的是中国经济改革和对未来走势应对措施，幻灯片被翻译成法语，当晚又找了专业翻译讲一段翻译一段，我因为懂法语，觉得翻译得不错。那天晚上会议结束前后法国和中国的提问者十分踊跃，之后还拦着厉老师，要求合影留念的一个接着一个，老师被团团围住，很晚才休息。同一天做两场报告、其间相距几小时对一个年轻人说来都吃不消，何况一个年近八十的老年人。从那以后，我尽量避免这种密集的安排，也开始琢磨如何应对太过热情的听众。

下一站埃及首都开罗，在马里奥特酒店举办的讲座人数更多，黑压压一片，应邀与会的大多为埃及经济界的著名专家和高等院校的经济学教授，老师以"中国改革开放三十年"为题，从中国改革开放的意义、为什么选择改革开放道路、突破计划经济的艰难以及改革开放的三个阶段等方面，提纲挈领、深入浅出地介绍了中国道路。埃方经济界人士在会上争先恐后地提出了各种问题，如世界金融危机对中国经济发展的影响及中国的对策、中国在吸引外资方面的经验、中国的农业和农民存在的问题、对当时埃及政府把国有企业股份分给职工的看法等，老师予以了解答时，会场不时报以热烈的掌声，讲座持续了两个多小时。

几天之后，我们一行再次飞越地中海，在茫茫大海上飞了几个小时开始下降后我才从舷窗看清马耳他这个岛屿，跟辽阔海洋相比小得好像没有足够跑道降落似的。下来后发现其城市建筑由清一色地中海岩石砌成，黄色墙体衬托着蔚蓝色的大海，有一种诗情画意、海上仙岛的感觉。之后在那个极具地中海特色的商会大厅中，齐聚着中国大使和各国使节，马耳他财政部高级官员，金融界、工商界和新闻界人士，老师进行了那次三国之行的最后一次讲演。

老师总结了中国改革开放的历史背景及不同阶段的特点，阐述了积极推进社会主义新农村建设、集体林权制度改革及教育、医疗和社会保障等领域多项民生举措的时代意义，指出中国改革开放的成功昭示了社会主义与市场经济是可以结合的，以及中国将坚定不移地走中国特色社会主义市场经济道路的决心。

厉老师在之后历次讲座中，不拘一格，都聚焦热点和大众关心的问题。

那次在岛国毛里求斯，老师在讲座中从结构调整、通货膨胀、就业问题、自主创新、城乡一体化、中国经济发展的动力等六个方面展开论述。他首先介绍了中国改革开放以来经济发展的道路，指出虽然目前中国国内生产总值位居世界第二，但国内生产总值和人力资源的结构都还有待调整和优化。其次，他就当前中国经济存在的通货膨胀和就业问题进行深入分析，并提出了合理的解决方案。然后，老师在"十二五"规划的框架下，向大家重点讲解了自主创新和城乡一体化改革。在自主创新上，他以中国彩色电视机、胶片照相机等产业因缺乏核心技术和持续创新虽一度发展势头迅猛而最终失去市场竞争力的案例，阐明自主创新的重要性。在城乡一体化上，他引用重庆、成都城乡一体化统筹发展的试验区的例子介绍了中国城乡二元体制的弊端和急需改革的迫切性。最后，老师指出中国经济发展的动力和积极性蕴藏于民间，一直以来中国改革的目的就在于破除一切限制民间积极性的障碍和桎梏，政府的工作也在于发现和调动这种积极性，这也正是中国经济领域内当前以及今后很长一段时间内的工作重心。

那次南非之行，在著名学府斯坦陵布什大学进行题为"发现中国·中国经济发展走势"的讲座时,老师向听众介绍了中国改革开放以来经济发展的道路,尤其是近年来中国经济发展取得的成绩、经验和教训,以及在"十二五"规划指导下,当前中国经济发展趋势和目标。之后老师与听众就一些中国经济发展的热点问题进行了交流,并回答了南非听众所关心的问题。我们陪同老师还考察了南非的中国研究中心,这是南部非洲以至整个非洲大陆研究中国的专业学术机构,集中了一些南非著名学者,其研究成果受到各界的关注。

那次在西班牙首都马德里,将近两个小时的讲座中,老师就当时中国经济问题深入浅出地分析和讲解,介绍了当时中国的宏观经济形势及新一轮经济改革情况,谈到了顶层设计和信息、土地确权、收入分配制度改革、城镇化、国有企业和民营企业协调发展等问题。老师在演讲中一再强调,中国当时阶段进行国内生产总值的结构调整比单纯追求 GDP 数值本身更为重要,对环境的整治也更为重要。

历次演讲中,老师为听众展示出当时中国经济存在的问题,描绘出今后中国经济发展的蓝图。老师演讲一如既往地生动有趣,深入浅出,切中要害,现场听众兴趣满满,一结束就纷纷提问。每次讲演,老师都以高龄长途奔波动辄行程万里,一旦到现场后仍专注讲演的认真态度,以及耐心答疑的专业素养和道德风范赢得了各国人士的尊重和敬佩。

二、台下的长者

出访外国,最辛苦的当然是厉老师,因为他不仅要面对众多不同国家、不同民族和不同肤色的听众,让他们理解中国改革开放和经济增长的历程,听懂中国故事,也要应对专注度很高的记者以及他们那些难缠的问题。由于每次采访都是文化部和我安排，也都要参加，知道很多西方记者提问非常具有挑战性，需要有相当高的知识储备和很强的回应能力。此外，老师还要给每个使馆单独做一次讲座。我们去了那么多使馆，没有一个使馆不想借用厉老师难得到来的机会给使馆工作人员和各中国公司驻外代表做一次讲座，听听国内这位亲自参与改革的著名专家的分析，讲座之前或者之后大使还要单独会谈讨教一下。这些安排还不是所有日程，因为每个国家都有各种研究机构、大学、商会协会，这些机构都希望老师能够拜访并讲演一次。如此之多的需求时间冲突相互掣肘，我们只能以文化部外联局的意见为主做出合理和平衡的选择。

其实，那些看着令人羡慕的出国机会老师本来兴趣不大，老师青年时期因为国家持续动荡没有机会出国，人到中年又赶上中国改革开放大潮、教学和政策研究工作十分繁忙没时间出国。到后来有了出国机会则希望师母能同行，如果邀请方只请自己就不愿意去，于是很多只能请当事者本人的外访机会就让给了别人。我本人在法国工作十几年期间一再请厉老师夫妇参观访问这个文化底蕴深厚的国家，直到最后我快离开法国时厉老师才应承下来，那时已经老师 68 岁，师母 62 岁，都过了退休年龄。应文化部邀请出访演讲时则是 10 年以后的 2008 年年末，那时老师已经 78 岁，师母 72 岁了。

文化部外联局是政府机构，邀请专家出国必须遵照国家相关规定，同时派员陪同。那几年和我们联系的官员前后有多人，除了最初联系人时坚东处长、去机场专程送老师并参与策划的于芃局长、一直做日程安排的郑霞经理外，还得到时任文化部部长蔡武先生的大力支持。陪同我们出访全程的多位人士有参赞尹亚力、刘红革、王永健和胡晓女士，这几位参赞都分别担任过中国驻外使馆文化参赞、负责人或者中国文化中心主任，在每次出访路途中他们对老师和师母都照顾有加。有的参赞陪同不止一次，我本人则有幸陪伴老师和师母走了所有十几个国家。

文化部的出访讲演持续了6年，2014年下半年老师也从年近八十过渡到年逾八十，尽管后辈和学生劝他不要再出国旅行以免发生意外，但是老师对自己身体一直信心满满，每次获邀都欣然接受，尽管这种外访基本上是无偿奉献。在国内出行还会有讲座报酬，跟随文化部外联局的七次外访演讲报酬则是零。或许有些人不相信，老师每次对外宣讲都是义务式的，志愿者式的。因为老师是改革开放的亲历者和重大议案的起草者，所以他的演讲就更受外界重视，就更有说服力，也就更和金钱无关。许多人可能知道，也可能不知道的是，20世纪90年代中期之前国外演讲报酬远高于国内，而在90年代之后国内演讲报酬扶摇直上，之后开始高于国外，进入21世纪后中国人开始富裕，给讲演者的报酬有时候高得离谱，尤其是对难得来华的西方著名学者和前政坛领袖。

老师即使年逾八十，在这个绝大部分人安享晚年的年龄也是很忙的，大块时间有限，日程经常是排得满满的，给我操作文化部外访的空间很少，还都是在半年后。有时候老师会主动告诉我六个月后哪一段时间可以安排，文化部外联局都很配合，以老师定的时间为准。在国内那么多企业和各种机构排队等候老师去讲演的时候，老师对有偿邀请不为所动，反而对来自文化部的无偿邀请一直情有独钟，义不容辞，我想这中间一定有使命感和责任心。

外访演讲其实十分劳累，长途飞机需要过夜不说。按照国家后来的规定每个国家逗留不得超过四天，而我们去的西方国家和非洲路途遥远，光花费在路上就要两天时间，去南非来回飞行加上候机两天都不够，到当地以及回国都要倒时差，无论对谁都是一种考验。师母何老师睡眠不好,每次出行都提前多天开始准备,每到一地都要整理第二天的衣物。每次一到酒店房间我先测试一下各种设施是否良好,教会师母如何使用热水龙头再去我自己的房间。按照事先的约定,我的房间都是紧邻老师的,以便有任何问题随时敲门。往往在安排老师沐浴和休息后,师母何老师就开始收拾行李,天天手洗各种内衣袜子,常常忙到深夜,经常是住了两天后,她又得重新打包装箱。在这些零碎时间内,也充分保证了厉老师的睡眠,双方配合得天衣无缝,相得益彰。

实际上,我对老师生活习惯有比较深入的了解不仅来源自我观察,还得益于师母的指教,比如在安排讲座时不能过多、免得老师累到,平时走路速度不能太快,慢走多停,时间安排不能太紧张。我组织并陪同老师夫妇出国访问总共 11 次,去过 18 个国家,6 年中每次外访时老师身体状况始终不错,这都得益于生活上无微不至又形影不离的师母何老师。

更可贵的是关键时刻何老师能仗义执言,敢于提出批评或者建议,对所在国主办方各种拖延,说好时间却不遵守,还没有致歉之意的做法会直面批评。比如那次在剑桥大学的新书发布会上,我们按时到达,又站着等了很久,会议主办方也不开始,大家都站累了,希望尽早坐下,毕竟很多参会者都一大把年龄了,没有西方人那种站着聊天、没完没了寒暄的习惯。关键是英国人拖延很久都没有说明原因,也不告诉大家推迟到几点开始。

老师属于那种心脏功能强大、供血充分,因而无需体育锻炼等任何调动方式直接就可以进入角色那种体质。只要中午休息好,下午就会精神抖擞、神采奕奕。我多次和老师及师母探讨这个问题,因为自己正好相反,属于那种心脏功能不强,血液循环缓慢,所以必须要有相对激烈的活动,比如打球和游泳才能调动全身使自己兴奋起来。老师平时并不运动,却属于一到大场面就放得开,就会迅速达到状态的人,是那种越是大场合越不怯场、越能发挥的性格。讲台前的厉老师有开门见山直抒胸臆的习惯和驾驭复杂问题举重若轻的智慧,这不仅来自天赋聪颖,过目不忘,也得益于他多年养成的好习惯,多年的理论与实践积累,以及每天早晨必做的功课。即便在国外,连年轻得多的我都需要倒时差的情况下,每天早上敲门去吃早饭时,老师都已经坐在办公桌前多时了。他每天早上不到六点起来构思文章,差不多要写两千字,那几年天天如此,出国也不间断。

厉老师夫妇多次访问国外后,从不习惯到逐渐接受西餐,从比较排斥到逐渐适应生食,尤其看到对西餐情有独钟的我早上大吃奶酪和烟熏三文鱼,也从开始惊讶的目光到习以为常,后来在我建议下老师早上吃饭还主动拿奶酪这种比较有营养、多年前却从来不碰的东西。西方酒店早餐都比较简单,远没有国内那些大酒店选择多,还有几乎一半的食物又生又冷。以我们早上喝粥吃热食的胃适应西方人的食物确实需要勇气和适应期。最初几次出行师母和我还带上榨菜和豆腐乳备用,之后几次基本不带,面对生蔬菜和半生的鱼肉老师夫妇也能吃一些了。

我们出访了十几个国家,无论在哪个国家讲座,结束后总有热情的听众围上来,尤其是海外华人,从这一点上可以看出改革开放后祖国变得强大,所到世界各地,无论东西方,无论发展中国家还是发达国家,都会有相当规模的华人参会,很多人慕名而来,提问、递名片和来寒暄的听众和国内一样多,尤其是围着老师照相的。有的听众准备充分设计合理,让同行人在前拍摄,自己不动声色地随着老师走,看上去像同行者。还有的会见缝插针,让朋友拿着相机等待机会,一旦有空隙就凑过来突兀地站在旁边,离得很近,好像和老师是熟人一样。虽然老师一般不会拒绝对方合影的请求,我作为助手人员还是要谨慎小心,避免这样的事没完没了。

不过对陪同人员尤其是默默工作的当地司机,老师往往主动发出邀请,和他们一起拍照留念,与其聊聊家常,每次都在车上问清对方姓名后赠送其一本诗集,认真签下自己和师母的名字。那时候还没有微信这种有效的传输手段,何老师每次回国后都仔细整理、洗印再放大照片,分别装好,让我转给陪同人员每人一份。这些一生中可能只有这一次见厉老师这样大师机会的陪同人员都是非常感激。其实老师和师母一向如此,他们之间相敬如宾,也尊重他人的工作,无论他是高级官员、成功企业家还是普通的工作人员。

在陪同厉老师出访开会、座谈甚至吃饭时,不管面对大使参赞还是西方学界或者商界领袖,作为陪同人员,我也经常插话提问,提出自己的见解,同时活跃一下气氛,转移一下思路,这样也能让老师休息片刻。因为经常是当地国家人士提问讨教,问题一个跟着一个,老师对提问来者不拒,常常一次聚餐跟讲座一样一路讲下去很辛苦,饭也吃不好。有时厉老师主动提议让我讲讲,我也就不客气,当着老师面班门弄斧。相比之下,如果陪同国内领导出行就只有听讲的份儿,没有发表自己意见的机会,这恐怕也是学界和官场的一种区别吧。

说到官场和平民,那次在英国参观利兹城堡发生的一件小事让我感动。进停车场时我放下车窗,礼貌先告诉管理人员车上有八十岁老人(和国内说车上有领导的习惯完全不同),那个高大白人听后,其禁止通行的手势立即放下,还引导我们进入最靠近入口的车场,而其他英国参观者都是远远停车再步行过来的。停车后,我下去一看,倒吸了一口冷气:虽然买票处就在眼前,但是已经在入口的我居然没看到城堡!

我迅速查看后发现离城堡最近的距离也要步行至少800米到1公里,琢磨是否有其他办法时,这时有人告诉我还有专车可以乘坐。四处寻找后我看到真有辆中巴在入口另一侧,但车门紧闭驾驶座位上没人,旁边也没有写明这是老年人和残障人用车。再度询问后,当我确信这辆车可以把年迈的老师夫妇送进城堡时,一个脸红扑扑、身材矮胖、一头银发的英国老头突然出现在眼前,说他就是司机。

欣喜过望的同时,我告诉说同行的人还在排队买票,得等一会,他不要载着其他人先走了抛下我们,那样的话又不知等候多久,想到这里我就特意补充一句:我们的人一会就到,请他稍候片刻。然后他就不动声色说了让我感动的一句话:When you are ready, I am ready! 那意思就是什么时候都行,随时恭候! 本来我一向头痛和古板、说话句子长口音又语法复杂的英国人打交道,但英语有时就这么简单!

结果他说到做到,等了我们至少5分钟,等开门上车时,他又做了一件让我感动的事:只见他变戏法似的从车上拿下个两级踏脚凳,铝合金的,正好结合中巴脚蹬和地面之间将近一尺的距离,大腹便便的英国老头蹲下去认真将小凳放好,待厉老师夫妇拾阶而上后,他再弯下腰把小凳拾起,放回车内,关好车门再去另一侧自己驾驶座开车,下车时他也是重复同样动作。要是在一百年前人们看了,可能以为我们是他的领主。可是为我们这些陌生东方人服务,他丝毫没有低人一等感觉,让你觉得一切都那么自然和贴心。其实他自己也是年逾七十的老年人,估计还是志愿者,不在乎那点工资的。

英国人敬老、不计成本又绅士风度的待人接物方式让人有宣扬这种精神的冲动,我自己之后也身体力行。

三、陪同的功能

那是在 2008 年下半年，文化部外联局中国文化中心邀请厉老师去法国和马耳他演讲，因为这两个地方的中国文化中心都比较有规模。于是老师电话我，说文化部这个活动能带夫人，同时还能带一名助手，你对法国熟悉又会讲法语，就你去吧。我当然非常愿意陪同老师，兼当助手和翻译，所以当场就应承下来。因为我熟悉老师的生活习惯、理论体系和观点，这样在外联局组织和对外文化交流中心具体承办下，我就参与了前期准备、讲演稿的修改、协调飞机和酒店安排以及对外交流的各种会见。出行前需要一两个月时间进行各方面协调，厉老师没时间管具体琐事，师母也不干预，给我全权。文化部具体负责的人又不好贸然请示老师，就始终找我，不管是出现问题还是增减日程，于是我在不知不觉中就成了老师与文化部之间的纽带。除了会见当地人士等非常重要的事情需要呈报老师之外，其他具体行程都是文化部和我商定。

我的作用包括但不仅限于在出访前做好各项准备工作，比如国内报批文件的签署和送达，之后要办理签证，很长一段时间中老师、师母的护照都在我的办公室抽屉里，还有他们两人的签证照、简历、文章和翻译件。这些都是琐事，关键的是要协调和前方的安排。所谓前方是文化部派驻国外使馆的文化处和相对独立的文化中心，当时分布在海外的九个中国文化中心就是桥头堡、先头兵，所以称之为前方。对他们说来，在国内的文化部外联局和文化交流中心以至于整个文化部是广袤的大后方，我觉得这种称谓比较形象。

一般地讲，后方制定政策和策略，提供必要的物质和资金支持，前方提出需求并安排所有具体的行程。作为老师的代表，我和他们之间的博弈往往是文化部所有前方后方机构都是在做增量，而我则一直在做减量。为什么他们一直在做增量呢？因为他们希望充分利用厉老师的影响，每次出访多加任务，多讲演、多拜访、多吃饭，把日程排得满满的，以便充分满足各方面和各路人士的需求。为什么我要做减量呢？因为厉老师第一次接受文化部邀请出国讲演时已经年近八十，是一个安享晚年的年龄，以这个年龄万里迢迢出国讲演，还要一次次接受采访、拜会，放在谁身上都会吃不消，不仅何老师和儿女不放心，我们这些学生也不放心。所以每次我尽量减少讲座的次数，减少采访和拜访的次数，减少过多的午餐晚餐和应酬，合理安排时间和地点，和前方商定一个合理路线，保证劳逸结合。因为对我来说，老师的健康是最重要的。

几次磨合之后，文化部和我最后形成的共识是每次出访由当地文化中心或者当地工商界、学界安排一次公开讲演之外，还有一次在中国大使馆的内部讲座，再加上一次当地媒体采访。除此之外的见面都在午餐和晚餐上，不另行安排时间。后来为了保证老师充分休息，形成了早饭后躺一小会，之后出行讲演，午饭后保证午休，如果能回酒店最好，来不及的话就在文化中心找个房间休息，我知道老师只要午间休息好下午就一定有精神。如果再来不及，就将距离长的路线安排在下午，行车需要一小时左右那种，以便老师能够在车上小憩。我知道老师天生会休息，无论在哪里都能倒头大睡，我只要把每天上午尤其中午的休息时间排好，整个日程就会确保无忧。

同样是讲演，国内国外差别很大，老师在国内出行很多，无论到哪一个城市都会有学生陪同，因为弟子遍布国内，当一次讲座开始时不仅当地学生，附近城市的也会赶过去，加上当地组织者往往保护着前呼后应不在话下。但是一旦到了国外就不是我们的主场,再加上西方人节俭办会的习惯,迎送和一般陪同都没问题,但是在一场讲座上的安保和维持秩序的人力就显得有些薄弱,可以支配的人要少很多,维持秩序的人基本没有,而且全凭自觉,所以我经常是一个人顶几个人用。尤其讲座一结束,大批听众围上来之前,我要迅速走到台前,提醒老师演讲结束下来时注意台阶,不能一脚踏空失去重心。并且我要保护着老师分开众人,像保镖一样将老师迅速转移到附近一个僻静之处,或者进入事先准备好的房间,免得被过于热情的听众围上,回答无穷无尽的问题。我最担心的是被涌上来的人群碰撞,因为老年人尤其要避免摔跤。有几次我自己引导厉老师出会场分开众人时显得力薄势单,安排活动的文化部官员和当地组织者见状赶来增援我,企图留出通道,却把同样年迈的何老师忘在一旁,被大家拥来挤去,孤身影单,我一个人又不能同时照顾两人,于是向他们喊:"厉老师我负责,你们赶紧去照顾何老师!"

有老师在国内外名声的原因,也有演讲能力的原因,反正每次在国外讲座时台下听众都是人满为患,记得在埃及那次是一个挺大的礼堂,前几排坐满埃及的商界和政界人士。而在俄罗斯那次则是在莫斯科大学里,后到的学生络绎不绝,排到了走廊,还一个个伸着脖子听讲,这种情况让我想起80年代的北大礼堂,那时候厉老师讲座成了一道风景,慕名而来的学生常常把礼堂挤得水泄不通,不仅走道台阶上坐满人,大胆的学生还在厉老师鼓励下径自上台,在讲台上围成一圈又一圈,没想到这种盛况能在几十年后的西方世界出现。中国的影响力是惊人的,中国经济增长的势头是惊人的,通过厉老师娓娓道来的讲述,西方听众逐渐明白了其中的道理。

就像那些大场合中的保镖一样,我只是没有耳麦、不穿清一色黑西装、不戴墨镜,面朝台上而不是面朝听众而已。第一次经历这种场面还是在北大西门那个宫殿般的礼堂,那是 1979 年 8 月 27 日,我作为大二学生现场聆听美国副总统蒙代尔的讲演,第一次看到西方领导人的保镖,眼界大开。只见他们分站在所有入口处,清一色深色西装,有的还戴上墨镜显得很酷,而且全都是双手交叉放在身前,个个身高马大,人人面无表情。

虽然没有他们那么专业,我作为"临时保镖"一个人常常是在讲座接近尾声时静悄悄起身去台前侧面等候,面朝台上双手交叉等候老师下台阶,避免涌上来的人群挡住去路。虽然没有事前商量,后来我们之间默契配合得天衣无缝,老师肯定从我等候的台阶下来,我也肯定会将老师护送到人少空气好的地方。

陪同老师出行在外,我一向坐在副驾驶的位置,这样视野好,可以眼观六路耳听八方,尤其是到一个新的地方什么都不知道的情况下;此外副驾驶需要系上安全带,不适合老师坐;还有一个重要原因就是出于礼貌,我将后排座位让给当地陪同的参赞或者文化中心主任,让他们能有机会多和老师说说话,介绍一下当地情况。坐在副驾驶位置另一个好处就是可以像保镖一样到了地方后先跳下车来给老师和师母开车门,防止碰头,毕竟他们从一个仰坐的姿势到下车姿势无法轻易转换,而我年轻得多,行动敏捷,反应迅速。副驾驶座位还有个巨大优势就是可以根据情况指挥司机。我们遇到的司机基本上不是当地国家的专职司机,很多是文化中心聘请的,外语都还可以,但那时还没有车载全球定位系统,去哪里全凭记忆和查地图标明方向,碰到紧急情况这些人也只会按部就班,缺乏应对机制。

我们在蒙古国乌兰巴托一次回程中遭遇到大堵车,一个小时左右行进没有几公里,蜗牛一样。天气炎热大家头上都冒汗,空调也不凉快,人在车丛中走走停停快要中暑了,而且在行进路上无法如厕,司机依照惯性驾车一点点往前蹭,我于是让他拐出车丛,远离主路,向右前方绕行。司机不熟路,转出去不知道是哪里害怕走错,我又不是他领导,所以犹犹豫豫不肯拐。我就一遍遍向他解释,因为虽然不是当地人也不在当地工作,但大方向我是知道的,乌兰巴托这个城市高层建筑也不多,没有完全遮挡我们的视线。我低声告诉司机右拐后左行、之后再右拐还是我们前进的方向。以厉老师与何老师这么大年纪,穿着又多,尤其厉老师一向西装革履不肯轻易脱下,尽管他抗热,我不能眼看着有人晕在车中。

那次在我始终坚持并最后果断告诉司机右拐进入小路后,路况虽然不好,但车少多了,人心情也就平复下来,众人就没有那么焦急。这时候我的方向感发挥了作用,一次次建议司机如何拐弯,结果绕了一大圈不知名的地方,经过了狭小的胡同和农村一样的矮旧院落之后我们终于回到大路,目的地就在不远的前方,已经可以看到。开车的司机重新找回记忆,又开始识路,恢复自信,于是皆大欢喜。

四、学者的影响力

老师第一次应文化部邀请出国讲演是 2008 年,正是美国次贷危机深重的一年,与我们长期合作的所有美国投资人对此都深表悲观,认为这次危机深重、久远程度堪比 1929 年的大萧条。国内经济也受到严重影响,美国已经倒下了,中国会不会跟着倒下? 西方人对此充满疑虑,认为中国改革开放三十年高速增长可能会戛然而止,甚至会出现重大危机,中国崩溃论也甚嚣尘上。无论发达还是发展中国家,听众中那么多国家的著名学者、财经人士以及政界要客都想听听来自中国经济学者的看法。厉老师在这个背景下应邀出访,在几年讲演中始终对中国经济抱着乐观态度,也积极回应了世界各地对中国的质疑。多年之后回想起来觉得老师的分析是有道理的，老师的判断是正确的，因为中国经济在复杂的国际环境中又持续增长了十多年。

老师在之后多次讲演中都呼吁听众对中国的经济发展保持信心，正如人的身体一样，为了保证健康，有时打针吃药也是必要的。他表示中国经济出现的一些问题不少是前些年宏观调控引起的，而在这方面都在改善中。中国未来的经济增长将在内部调整的改革过程中完成。他也指出，目前国内投资的方向不能走老路，而是应该投向技术创新和能源环保、鼓励民营投资，以及加大基础设施环保工程等三个方面。他还从顶层设计、收入分配制度改革、城镇化发展、国有企业改革、避免所谓"中等收入陷阱"等五个方面详细介绍了中国未来进一步改革的目标。

在马耳他演讲后，财政部高级官员卡米莱利先生就代表马耳他政府感谢老师的报告，表示中国改革开放的成就令世人瞩目，中马传统关系友好，老师演讲将有助于进一步增进马各界对中国的了解，并促进两国经贸交流与合作。来宾普遍表示，厉教授的讲演坦诚开放，内容生动翔实，答问深入浅出，有助于他们对当今中国发展的历史、现状和前景有一个全面、客观的了解。

在毛里求斯演讲后举行的招待会上，大家纷纷表示，听了厉教授的演讲受益匪浅，意犹未尽。毛里求斯企业联合会主席达尔加先生表示，厉教授的演讲深入浅出，对当前中国经济热门话题做了很好的诠释，相当出色，令人印象深刻。

在德国著名港口城市汉堡，汉堡商会副主席布雷滕格罗斯在讲座开始前致辞时表示，当时不少媒体都不看好中国经济，但他认为中国经济发展的冷却和减速有利于长远的发展，这不是经济危机，也不是社会危机，经济改革的成功道路还很漫长，还有很多工作要做。他还说：中德经贸合作息息相关，中国吃得好，我们也过得好。中国打喷嚏，我们就会感冒。而在听完老师讲演后，布雷滕格罗斯先生则表示，厉以宁教授的讲座让他了解了中国当前的经济现状以及中国未来改革的发展方向，让他对中国未来的经济发展充满了信心。

老师一行随文化部安排的对外演讲持续了六年，走了十几个国家，每次都认真备稿，手写文字交给我转送前方，宣讲内容涉及中国经济改革、中国经济转型等广受关注的话题，在每次演讲介绍具体理论时，老师常辅以发生在人们身边的经济小故事为讲解元素，拉近了现场听众和经济理论的距离，加深了使馆、华人和当地民众对中国的认识和了解，改善了他们对中国的态度，消除了他们对中国的一些误解，增进了双方的友谊。同时，老师还针对文化部驻外中国文化中心发展规划提出了相关的建议，以进一步促进中国文化在国际上的传播。老师为在海外传播中国文化、讲好中国经济改革故事做出了重要贡献，成为了文化部对外交流中心的一个重要品牌。

在文化部海外讲学获得声誉后，厉老师还应邀在北京给来自海外的青年汉学家上过课，通过我安排的就有三次。这些人都是有一定成就，学习和弘扬中国文化多年的年轻学者，看上去大部分在三十多岁的样子，从世界各地会聚北京，有来自老牌发达国家比如法国，也有后起之秀比如加拿大，还有来自非洲和拉丁美洲的学者。最近的一次是2015年7月7日，这个日子我记得清楚，是因为我前一天刚刚从美国回来，还在倒时差中赶过去的，当然这是在我出国前就安排好的。自己由于承担起文化部和老师之间的桥梁作用，外联局各部门官员后来有事都找我协商，我再请示老师，安排具体时间。教授海外汉学家是老师对中国文化传播事业的另一种贡献，如果外访讲演是"走出去"的话，这种教授就是"请进来"，让世界各国有志于汉学的青年了解这个国家，了解其伟大的变革。

可能有人不知道海外汉学家有多么出色，比如法国老一代汉学家所做的敦煌研究世界领先，他们不仅拥有一手资料，还坚持终生，其研究成果和观点常常被中国学者引用。所以，引导年轻一代从事汉学研究对弘扬中国文化具有深远意义，否则后继无人。在中国影响力与日俱增情况下，在"一带一路"背景下，我们不仅需要自己独唱，还需要其他民族和国家的合唱，只有在合唱的情况下才能引起共鸣，才能引发更为广阔的回声。我们也不能做独行侠，而是需要众多的拥护者，需要那些了解我们文化的、热爱我们文化的东西方世界的年轻人。今天播下的种子明天可能发芽，今天授课他们是学生，明天就可能成为老师，今天的青年学者可能就是未来资深的汉学家。老师深知这一点，对这种授课邀请从来都欣然接受，只要在京就会大老远赶到上课地点，当然他的讲座也一如既往深受这些来自五湖四海学者的欢迎。

在 2010 年底，经过国务院批准的《驻外文化中心发展规划 2011—2020》草案列入国家发改委"十二五"期间报国务院审批的专项规划整体预案。在这个规划中，已经建成的海外中国文化中心有 9 个，筹建和商签中的有 15 个，计划内的有 25 个，总计 49 个。就是说还要在海外兴建 40 个中国文化中心。而在已经建成的 9 个文化中心中，老师和师母去过其中 8 个，只有一个西非的贝宁没有去。除此之外还去了几个尚未建立文化中心而需求又很迫切的国家，一共去过 12 个国家，出访 7 次。应该创下受邀著名专家中的纪录，也成了文化部对外演讲的一面旗帜。

在受邀就这个规划草案提建议、共商国是之后，厉老师以书面方式提出了以下三点建议。

首先，海外文化中心的工作应该加快而且重点进行。我们已经是个商品输出的大国，还将成为资本输出的大国，也应该有成为文化输出大国的雄心。一个伟大的国家必定有伟大的文化,而这种文化需要持久地宣传和长期渗透。各国中心就是这种中华文化输出的桥头堡。各国中心工作人员就是这个输出的排头兵。

其次,海外文化中心可在广袤的发达国家,比如美国、加拿大这些国家多设立几个,重要的国家比如法国也可以设立一个以上。因为文化传播还需要有面的扩大和集聚效应。同时应该重视西班牙语系和法语系国家的中心建设。

再次,海外文化中心应该位于当地好的区域、好的地段和高品位的建筑,逐步改变过去外国人对中国城廉价脏乱的印象。同时最好以购买产权而非租用为主,因为中心房产也是一种海外投资,其保值升值的功能可能比我们的一些商业投资更强。

这个提议之后又过了将近十年,时至今日,海外的中国文化中心已经达到三十几个,比之前翻了两倍,如果考虑到建筑期硬件和建设期软件配备都需要长周期的话,2010年后这几年的增长是相当惊人的。

五、大师的风度

厉老师有两部著作被翻译成英文版在全球发行,《非均衡的中国经济》由外语教学与研究出版社和施普林格出版社于2013年联合出版;另一本《中国经济改革发展之路》(海外版)由外语教学与研究出版社和剑桥大学出版社于2011年联合出版。这两部代表性著作的出版,为西方经济学界提供了一个审视中国经济奇迹和中国道路的缜密视角。为此,老师应外研社邀请在2012年春天参加了规模宏大的伦敦书展,还作为作者和参会嘉宾,在会场上发言并接受记者采访。那次参展的中国代表团人数众多,规格很高,时任国务委员刘延东,以及时任教育部副部长的郝平都到场了。两人见到老师后都快步向前致意,郝平教授之后和老师攀谈许久,他在北大读书时也是老师的学生。

2014年10月,老师应韩国世界知识论坛的邀请赴首尔,那是韩国一年一度的盛会,在会上演讲的都是世界上知名学者和政要,韩国时任总统朴槿惠在百忙之中到场致辞,参加的人包括法国前总统萨科齐以及瑞典前首相。老师被安排在萨科齐前总统之后、日本经济学家滨田之前发言。滨田先生是耶鲁大学教授、安倍政府主要经济智囊,被人称作日本"安倍经济学"的创建者。

当天晚宴上还有一个小插曲。由于晚宴场地受限的缘故,受邀参加者都是重要人物以及演讲者,我作为助手是没有资格参加的,聚餐结束后老师一见到我就很兴奋地说:"你猜我见到谁了?"

原来,老师恰巧与美国制度经济学家加尔布雷思之子小加尔布雷思同座,他也是一名经济学家。加尔布雷思是"二战"以后美国新制度经济学派代表人物,主张"二元体系"或者"二重结构",1973年曾经访问北大,老师还陪同过,对其印象深刻。老师于1979年在商务印书馆出版的第一本书就是《论加尔布雷思的制度经济学说》。韩国首尔那次晚宴很有戏剧性,两人寒暄后,记忆力惊人的老师说自己知道一个同名的学者是制度经济学派的,小加尔布雷思先生马上回答说:"他是我父亲。"于是和老师两人相谈甚欢。

世界知识论坛组织者是韩国财经界最有影响力的媒体《每日经济新闻》,董事长张大焕曾是韩国政坛重量级人物,自2000年互联网经济泡沫破裂之后论坛每年10月前后都在首尔举办,邀请与会者高达三千人,其中获邀进行主题演讲的都是世界著名经济学家、诺贝尔奖获得者、商界精英和国际政坛领袖,以及国际经济组织负责人。会议召集大家聚首韩国首都,共同探讨全球经济问题,寻求解决方案。这个大会也被韩国人称作"亚洲达沃斯论坛"。论坛期间,中国经济发展和挑战、国内经济改革深化等问题成为热点,老师在主旨演讲中强调了中国经济增长的可持续性,以及通过结构调整、国企改革、土地确权和城镇化战略,中国经济进入新常态的问题,一如既往地获得好评。那次我们在首尔大街上多次看到论坛广告牌,同车朋友很远就能看到老师的头像,以及旁边法国前总统萨科齐头像。

在陪同老师和师母总共11次国外旅行中,还有两次令人印象深刻的家宴。一次是2001年8月份在美国纽约曼哈顿上城的索罗斯家,另一次是2012年4月在英国伦敦市中心罗斯柴尔德家。索罗斯家那次是其主动要求,他的朋友通过耶鲁大学著名学者陈志武教授找到正在纽约工作的我,提出聚餐要求的。因为索罗斯在十几年远离中国后准备再度造访,希望重返前了解一下国内经济形势,正好听说厉老师夫妇即将来纽约,于是辗转找我。索罗斯先生很了解我服务的中信集团,也是中国当时最大的投资公司,知道我们公司在北京建国门外大街上的那个巧克力大厦,还清楚记得自己在其顶层曾经一度很有名气的"世界之窗"餐厅吃过饭。于是在一个炎热的下午,我和北大经济系研究生同班的王家卓教授一起陪同厉老师夫妇如约拜访了索罗斯先生在中央公园旁边的寓所。

去罗斯柴尔德男爵家那次是在华尔街拉扎银行当董事总经理的邓琨先生与男爵本人和其家族直接沟通多次后精心安排的。邓琨先生是老朋友,他在新兴市场领域的投资非常有名,曾经多次在全球基金经理排名中名列前茅。在他努力争取、多次沟通后,为我们增加了两个名额,因为我希望一同出访的外研社吴浩先生以及正好在伦敦工作的英国社会科学院院士、已经很有声望的经济学家孙来祥教授能够一起陪同老师师母去。

晚宴对号称美食家的我来说是观察中西方生活习惯差别的绝佳机会。在人称金融大鳄索罗斯家中的晚宴，喜欢西餐的我吃得挺好，老师可能没吃饱。因为席间索罗斯频频发问，老师时时作答，面对着上来的一道道美味佳肴，和上佳的法国红酒，却没多少时间动刀叉。而在罗斯柴尔德男爵家那次，由于事先安排得天衣无缝，有吴浩先生在旁协助，加上孙来祥教授倾力翻译双方对话，作为组织者的我之前忙碌，一旦到了饭桌上却没有多少事，除了听众人交谈之外，还能专注面前的食物。

这些金融家在投资领域过于关注、过于成功，而忽视了饮食，吃上都不讲究，也无特色，跟寻常百姓家一样。之后我也经常建议国人，无论私人还是官方机构请西方人吃饭不要花费太大心思，既不能铺张，更不能浪费。首先没那个必要，其次还得不偿失，千万不要用我们自己的评价标准来迎合外国人，尤其在宴请这个问题上。如果国内人之间还有些攀比的话，国际上反而没必要。因为大部分西方人，无论贵族还是一介平民都鄙视那种吃一半扔一半的浪费做法。同时也因为英美人的味蕾简单，崇尚天然，体会不了中餐那些稀奇古怪的食物和五花八门的味道，做了也白做。人家嘴上都会说好，心里却不以为然。

后来想起相隔十年多，这两次晚宴缘由相似，都是因为新书出版：2001年当时我陪同厉老师夫妇应邀做客纽约金融大鳄索罗斯先生家里，索罗斯是因为其《开放的世界》中文版首发仪式而去中国；十年后2012年的这一天，厉以宁老师是为了其论文集《中国经济改革发展之路》英文版发行仪式而应邀访问英国的。令人感叹的是十年之间，世界格局发生了多大的变化！

在这十年中，不仅是中国崛起更加强劲，西方世界针对中国的"阴谋论"也曾经甚嚣尘上，不过这次阴谋论的主角不是国家而是私人企业,手段也不是战争和军事较量而是货币,阴谋的幕后策划者就被认定是罗斯柴尔德家族。于是,罗斯柴尔德这个金融界一直隐蔽而神秘的名字在中国从名不见经传一下子异军突起成了公众人物。

250年前当第一代的梅耶·罗斯柴尔德开始创业时,也只是德国法兰克福的一个普通犹太商人。在中国还是"父母在不远游"的时代,目光远大的老梅耶英明地把五个儿子分别派往德国法兰克福、英国伦敦、奥地利维也纳、法国巴黎和意大利那不勒斯,让他们在这五个西方大国中生根开花。果然,在以后几十年的时间,这个家族已经是富可敌国,还曾主宰西方世界的金融业长达百年,他们被认为是用金钱征服世界的帝国,而且连续八代长盛不衰。而在那个时期,中国的豪门往往富不过三代。

为了给当天与这个神话般的帝国掌门人晚宴预热,厉老师在伦敦书展上发表演讲后我们直接驱车前往郊外沃德斯登庄园。因为庄园是罗斯柴尔德家族标志性产业,也是英国鼎鼎有名的建筑,其实那天还有去游览健伍花园或者丘吉尔庄园的选择,但被我们放弃了。因为想在会面前亲身体会一下这个传奇家族历史。那是四月的一天,伦敦还挺冷,乡村更冷。这个城堡处于维修期,大门紧闭不对外开放已经有些时日,但是听我们解释当晚会见男爵后,一位优雅的女管家破例打开大门,专门引领我们一行参观。那真是一个领地之大堪比皇室,原始家具和馆藏甚至多过巴黎南郊枫丹白露的巨大庄园。

晚上家宴是在伦敦市中心附近的斯宾塞宫,也是罗斯柴尔德家,大家都是初次见面,英中双方虽然混坐,却很少相互交谈,我注意到英方陪同人员都恭敬地等着罗斯柴尔德男爵发问,而男爵又谦虚听厉老师的解读,所以那天等于厉老师给大家又做了一堂有关中国经济形势的讲座。在男爵的提问下,厉老师讲到了中国经济改革、货币政策、面临的问题和中国企业海外投资等等。老师的讲述一如既往地逻辑严密、由浅入深且易于理解，我看到男爵坐在那里频频点头。

那天晚宴告别后，我们在车上稍微耽搁了一会，透过车窗我看到男爵手下负责全球投资的首席执行官西来姆先生也告辞出来，独自一人步行向那条"小道"。那条小道是我们之前早到发现而戏称的，因为是个又窄又矮的巷子，窄得只能容一个人通行。估计他想去某一站地铁，乘公共交通回家。尽管年近花甲，个头高大西装笔挺的西来姆先生步履矫健，姿态绅士，在微微细雨中活像柯南·道尔笔下的福尔摩斯，拿着个长把灰色雨伞，淡定而潇洒，大步流星走向伦敦的黑夜。

男爵本人在门厅和我们友好道别后没有再出来，我不知道他当晚是否会住在这个宫殿般的大房子中。可能他出行时也会乘坐私人飞机，也会有私人保镖，也会遇见前呼后拥的采访者，就像在中国那样。只是以我进出门前后的观察，斯宾塞宫门前小小的停车位置没有劳斯莱斯，没有宾利，没有我们能想象的任何豪华车辆。除了等我们一行人那辆面包车静静停在那里，事实上一辆车都没有，当然也没有国内豪宅和大酒店前那些盛装伫立、见到骑自行车的就眉眼增高竭力驱赶、见开好车的就眉眼降低行注目礼、大呼小叫的唬人警卫。事实上，你如果不经意路过，绝对想不到这里住着曾经左右世界金融界百年的大佬。

在会见老师一行之前，罗斯柴尔德男爵曾经到访过中国，在京期间曾经和国内那些优秀的高中生见面并发出一番评论，说过的话或许能让他们深思："中国最好的学生会去学习金融，而我的孩子选择了哲学。我认为哲学能让生活过得更明白。"也许正是这种对真理的执着追求，成就了这个家族百年不衰的神话，也让他们通过对真理的追逐得到了想要的一切。对目前"向钱看"的中国社会和浮躁的国内年轻人来说,这可能是最有价值、同时也是最智慧的忠告。

有意思的是,被人称作金融大鳄的索罗斯也重视哲学,他的《开放世界》和之前的许多文章和著作都充满哲学思考,在2001年夏日陪同厉老师夫妇应邀去他家里那个晚上我也仔细观察过,一个很深的印象就是面对的是一个智者和哲人,一个平和而有绅士风度的长者,就像后来见到罗斯柴尔德男爵一样。整个晚上,索罗斯都没有提及自己最熟悉的金融策略,那种让金融界津津乐道和让一些国家胆寒的对冲理念,而是谦虚地向老师询问中国经济发展的状况。他自己也多次在不同场合说过,如果不是后来进入金融领域,自己可能成为一个哲学家。

在我所见到的人中间,即便再有权也不会比罗斯柴尔德家族有权,因为他们曾经持续八代不衰,就像一个帝国一样在横跨两个世纪中影响世界金融业;在我所见到的人中间,即便再有钱也不会比索罗斯有钱,因为他手无寸铁,只带领一个团队用募集来的资金通过真正的"货币战争"就击败了曾经全球第一强权货币——英镑,从而击败了一个国家,那就是强大的英国!

哲学家都会举一反三,在面对真理还是财富、智慧还是权力这个问题上他们有与常人不同的途径:你当然可以像国内高中生那样梦想着直取财富和权力,尽管这样持续不了多久;你也可以像这些智者那样通过领悟真理和智慧,再去占有它们,那就有可能维系百年!

几年来国内一直在讨论世界一流大学,那种体现国际公认的水平、公认的地位、公认的学术成就和公认实践效果的学府。但是要成为一流大学首先要有一流的教授,就是那些对政治、经济和社会发展做出突出贡献的人才,并拥有在若干领域对科学和技术进步做出重大贡献、享有崇高学术声誉的杰出教授。就是需要更多的、像厉老师一样的既做得大学问，又能讲好大课，还能影响几代人的学者。这里援引一下 2017 年 12 月 8 日英国爱丁堡大学校长 Sir Timothy O'Shea 教授率团访问北京大学时，在光华管理学院授予厉老师爱丁堡大学荣誉教授授予仪式上的讲话：

"厉教授是享誉中国乃至世界的经济学家，自 1980 年开始，他对中国经济改革作出了卓越的贡献。他对经济发展的思考和建议事实上改善了中国人民的生活质量，提高了整个社会的发展力。"

他把厉以宁教授的贡献归结为两个大的方面：第一，通过比较研究中国和世界许多国家的经济实践，厉教授建立了中国经济的非均衡理论，并把它应用于解释中国的经济运行。他关于渐进式改革以实现经济稳定增长的观点便源于这一理论。第二，厉教授设计了一个在中国特定环境下的股份制理论，从 20 世纪 80 年代到 90 年代应用此理论为国家提供相关政策建议。考虑到当时中国的计划经济体制，政府和国有企业占主导地位，市场经济运行受到严格控制，厉教授在改革之初便提出通过股份制来对中国经济进行改革。时间的流逝越来越证明他的理论是完全适行的，因此已经被理论界和政策制定者广泛接受。厉教授的理论和政策建议，推动了中国这些年的改革和经济增长。

基于厉以宁教授的学术造诣、对中国经济改革发展的政策影响、在中国管理教育事业中的成就以及两院合作中的卓越贡献，爱丁堡大学决定授予厉以宁先生荣誉教授的称号。

六、结语

中国改革开放后四十年故事对世界是一个巨大的谜团，那么大的国家在那么长的时间实现了那么高速的增长：一个市场究竟有多少种机制才能让经济繁荣得这么持久？一种政策究竟有多大的能量才能为人类创造力提供那样大的释放空间？一个民族究竟有多强的斗志才能在世界舞台上这样持续几十年崛起？我们这些人有幸经历了经济史上一次伟大的时代，而厉老师为代表的那些经济学家还亲身参与了改革，参与了政策的制定和法规的起草，他们的讲述当然更有权威性，更有影响力，也就更让人信服。

七、附录

厉老师何老师出国访问按时间顺序记录如下：

1998年初访问法国、比利时、荷兰、卢森堡（车耳、黄伟业邀请与组织）

2001年8月访问美国纽约（车耳、王家卓邀请与组织）

2008年11月文化部组织讲演在法国、埃及和马耳他

2009年11月文化部组织讲演在韩国

2010年6月文化部组织讲演在日本

2011年6月文化部组织讲演在南非和毛里求斯

2011年6月文化部组织讲演在蒙古国

2012年4月外研社组织去英国书展和爱尔兰

2013年9月文化部组织讲演在德国和西班牙

2014年9月文化部组织讲演在丹麦和俄罗斯

2014年10月韩国世界经济论坛邀请去做主题演讲

说明：在海外陪同老师师母共计11次，总共走访了18个国家，包括法国、比利时、荷兰、卢森堡、美国、埃及、马耳他、韩国、日本、南非、毛里求斯、蒙古国、英国、爱尔兰、德国、西班牙、丹麦

和俄罗斯。其中法国和韩国分别去过两次,我自己组织过两次,去的是我常驻过的法国及周边荷、比、卢和美国;应老师要求陪同出访两次,一次是去英国书展顺访爱尔兰,另一次应韩国世界经济论坛邀请;最多的当属文化部邀请厉老师出国讲演7次,到访国家共12个。

(车耳,北京大学光华管理学院)

哪位经济学家为香港回归写了255篇文章？*

李旭鸿

2019年是香港回归祖国22周年。在香港有一家最负盛名、历史最悠久的中文报纸《大公报》，1902年在天津创刊，1948年在香港复刊。在1997年香港回归前几年，香港《大公报》专设"经济漫谈"，请一位知名经济学家主笔密集撰写反映内地经济改革发展的专栏文章，从1993年7月1日，直到1997年6月底香港回归祖国前夕，共刊发了此位经济学家为专栏写作的255篇文章。回顾香港回归祖国的历史，

---

* 本文曾摘编发表于香港《文汇报》（2019年12月16日）。

再阅读这些文章,令人百感交集、深受启发。

《大公报》为什么请经济学家写这些文章?

香港美国商会主席沃尔特·迪亚斯曾介绍,在1997年香港回归前,部分美国公司由于不看好"一国两制"而对香港前景产生担忧,选择离开香港。但后来很多离开的人后悔当初的决定,因为香港自从回归中国后取得了很大成功,而当初选择留在香港的外国公司受益匪浅。

1992年1月至2月春天的故事,邓小平视察南方后,当年10月中国共产党第十四次全国代表大会确立了社会主义市场经济的改革目标。因为1997年香港回归临近,香港社会对内地的经济体制改革非常关注,时任《大公报》社长王国华先生了解到,香港各界包括很多市民对内地经济改革与发展的很多问题看不明朗,就特别期望长期研究中国经济、亲身参与经济体制改革的知名经济学家,为《大公报》撰写专栏文章,通过每周一两篇漫谈文章,每篇大约1500字,聚焦一个主题或热点问题,为香港政商人士、专业中产、市民大众答疑解惑,消除对国家经济改革的误解和误读,帮助坚定对1997年香港回归祖国的信心。

新闻是历史的草稿。在香港工作,我曾到《大公报》的报史展厅中参观学习。创刊先行者"大公"二字阐释:"忘己之为大,无私之谓公。"《大公报》在记录了中国现代史的同时,也参与和推动了中国历史的发展。2002年,著名学者季羡林教授称赞"《大公报》的100年可以涵盖中国的20世纪,从第一期到现在就是一部百科全书式的中国现代史"。

在2019年8月香港的夏天,我在新界沙田看望了王国华社长,这也是我第一次见到王社长,向王社长请教《大公报》的辉煌历程,尤其是回归前请经济学家为香港社会开设经济专栏的历史。王社长儒雅博学,神清气爽,鹤发童颜。

这位经济学家就是厉以宁教授

2018年12月18日,党中央、国务院授予厉以宁教授改革开放40周年的"改革先锋"称号,颁授"改革先锋"奖章,并评其为"经济体制改革的积极倡导者"。在中国41年改革开放的征程中,厉以宁教授以他具有建设性的经济学著述奠定了他在中国学术界的地位。他对中国经济改革最大的贡献,是在20世纪80年代改革开放的初期,提出了在中国要积极引进企业的股份制度,他由此而得到了"厉股份"的尊称。

1993年5月,厉以宁教授应邀赴香港科技大学讲学,他多次讲道,"改革的成功取决于所有制改革的成功;而改革的失败,很有可能是因为价格改革的失败"。在港讲学期间,时任《大公报》社长王国华先生在与厉以宁教授会面交流时提出,专为他开设"经济漫谈"专栏。

厉以宁教授说,根据多年的研究与写作经验,在报纸上连载性的专家文章应该是最难写的,因为一方面受篇幅限制很大,每篇限定为1500字左右,每篇集中讲一个经济理论和热点问题的主题,要在如此短的篇幅内把一个问题讲清楚,还要让非经济专业背景的广大读者容易读懂,是很不容易的;另一方面,由于专栏文章是连续性的,需要不间断地写,需要不断有灵感,有的文章间隔刊发时间仅有1天(如1997年5月2日刊发《信托与社会保障体制改革》,而次日5月3日又刊发《消费要不要纳入计划》),而且要结合当前国家经济中热点问题来发表自己的观点,深入浅出地讲明白,自然也是一件难事。厉以宁教授在4年内连续写了250多篇,平均每年刊发60余篇,不可谓不勤快,也不可谓不辛苦。当然,最让厉以宁教授欣慰的是,文章刊出后,得到香港社会广大读者的好评,成为香港社会喜迎回归的特殊风景。

厉以宁教授对这些文章的历史贡献,非常淡泊,只是说"这使我感到欣慰,总算功夫没有白费",这为了香港回归祖国而写的250多篇经济文章,更凝结了当年一代经济学人对香港回归祖国的满怀期望和热烈期待。

厉以宁教授对香港与内地经济发展及联系,一直密切关注,正本清源、大声疾呼。时间再往前追溯,1989年1—2月,厉以宁老师应香港大学经济系张五常教授邀请,在香港讲学,其间遇到不少学术界、新闻界、企业界的朋友,很关心内地经济改革的前景,他们担心改革因为通货膨胀、经济秩序混乱而止步,也担心改革退缩回到传统计划经济的老路上,当然,也有很多人认为改革虽有困难、曲折,但总趋势是向前进。厉以宁教授认为,前两个担心的情况,是不符合内地当时实际情况的,停步不前不可能;退回到旧体制,更缺乏依据;而再次将改革推向前进,是唯一可以选择的道路,厉以宁教授从不悲观,也从未失去信心,经济改革过程中出现的问题,没有严重到足以阻挡改革潮流前进的程度;当然,当时通货膨胀需要抑制、经济秩序需要整顿,也是经济改革继续推进必须要做的。厉以宁教授在香港的各个场合演讲,都坚持上述观点。

这些文章都说了什么?

1998年5月,这些文章由北京大学出版社选编出版为《经济漫谈录》。所出版文章涵盖了市场经济体制、企业改革、企业经营管理、财政、金融、证券市场、抑制通货膨胀、就业、私营经济、收入差别、消费、环境保护、教育、社会发展共14个部分的内容。

这些文章在香港获得读者的广泛好评，在内地也属首次发表。本书对从事经济管理的领导者以及经济研究工作者无疑是有重要的参考价值。那么，这些当时面向香港社会各界的专栏文章都讲了些什么？

第一部分，"市场经济体制"相关文章。厉以宁教授着重介绍了经济改革的两种思路之争。经济改革已经确定大方向，当时在如何推进经济改革的主线上，众所周知，从1985年起形成和存在"以价格改革为主"还是"以企业改革为主"的争论，厉以宁教授是坚持企业改革主线论的，因为没有完善的市场主体，放开价格只能引起物价轮番上涨，而不可能建立良好的市场环境；价格全部放开是经济改革的最终成果，而绝不是经济改革的出发点或突破口。1988年夏天的价格闯关以及引发的群众性挤兑和抢购，证明了价格改革主线论的破产。厉以宁教授又客观地分析了企业改革主线论在实践中却迟迟不被决策部门接受或进度相对缓慢的原因：一是被姓"社"姓"资"的无休止争论纠缠，二是企业改革、经营机制转换与政府职能转变密切相关。厉以宁教授还论述了转型发展的双重任务、市场经济与国有经济能否协调、体制转轨时期的市长与市场、计划经济与无政府状态、论"市场无良心"与"市场无头脑"、微观经济活动的自发性、"以市场换技术"好策略、发展第三产业的动力与压力、市场与"消费者说了算"、地方政府在冲破计划经济过程中扮演的角色、乡镇企业自主投资的意义、区域分工与国际分工。

第二部分，"企业改革"相关文章。厉以宁教授在有关文章中着重强调了为什么如此强调股份制改革，他认为这是建立社会主义市场经济微观基础的有效途径。当时有日本经济学家认为，按照日本经验，在经济发展前期应以提高储蓄率和间接融资为主，股份制作为直接融资形式是经济发展到一定阶段才能够被重视。厉以宁教授认为,在中国实行股份制,转换企业经营机制是最主要原因,发行股票融资不是主要目的,因为日本企业主要为私营企业,而中国的公有制企业怎样才能做到政企分开、自主经营、自负盈亏?股份制是已知最有效的方式。

因此,厉以宁教授说,只要读者了解中国经济的现状,了解中国企业的现状,就会懂得为什么会强调股份制改革,也会懂得为什么这位日本经济学家的主张不符合中国实际。厉以宁教授还论述了股份制改造中的产权界定的五大困难及解决思路,提出了产权交易有利于公有企业、有利于公有经济。关于国有企业改革中"靓女先嫁"问题的论述,比喻贴切生动,尤其精彩、风趣幽默,"靓女不嫁,还能靓多久?假定能一直靓下去,那倒不要紧。如果预计靓的时间不多了,何不在靓的时候出嫁?"(见图1)还论述了国有控股公司的代理制、国有控股公司与军品生产、公司制与国有资产的保值增值、企业重组的商誉评估、破产企业的资产拍卖、非垄断性行业的主导、辨析公有经济为主的误解,乡镇企业的产权改革及其与廉政的关系,国有企业改革中承包制、股份制与租赁制的比较及租赁制局限性等。

图1 厉以宁教授文章"关于'靓女先嫁'的讨论"

第三部分,"企业经营管理"相关文章。厉以宁教授回答了当时很多企业经营管理中的具体热点问题:跨国经营的股权设置;中小企业参与国际竞争的五项途径;企业经营与资本利益;提高企业决策水平的体制改革与依靠专业咨询机构的方法;企业兼并过程中的冗员、生产资料闲置、债务困扰等"消化不良"及化解;资本密集型企业的出路在于体制创新和技术创新;产权交易前的资金投入可以帮助企业产权保值增值;从税收、信贷、技术上支持培育中国自己的企业兼并大户,使兼并成为生产要素重新组合和企业发展的新起点;国有企业内部的资产管理;分析产品质量低下的原因,提出要严格执行产品质量检查制和赔偿制是解决该问题的关键所在;前瞻性地探讨了从政府部门改为行业性总公司在维持和发展科研事业方面的局限性,提出了行业性总公司通过国家控股公司转化,采取四种方式解决尖端科技开发承担问题;行业协会在建立市场经济体制和切实转变政府职能的过程中,可以协助政府做好维护市场秩序的"指导、协调、约束、保障"重要的中介作用;在企业经营管理中,要注重对效率的正确理解。

第四部分,"财政"相关文章。简明扼要探讨了财税改革与促进经改、经济发展,税制改革与宏观调控、国债市场与宏观调控、财政预算赤字问题、政府补贴问题、地方财政状况恶化问题等。笔者曾长期从事财政税收改革相关工作,亲历了 2002 年至 2016 年的国家重大税制改革和税收立法,厉以宁教授在 1993 年 11 月撰写的《税制改革与宏观调控》,是厉以宁教授较少专门论述税制改革的作品,文章中提到的加快实行利税分流制、推行中央与地方的分税制,都在后来的国家财税改革中得到了实践,而增值税、个人所得税、资源税的改革设想至今仍在推进之中。可以说,厉以宁教授的文章极富指导和前瞻性。

第五部分,"金融"相关文章。厉以宁教授回答了当时金融工作中的重大热点问题,金融深化理论的启示,在发展中国家,金融活动存在两类约束,利率约束、信息约束,而信息约束比利率约束更严重地阻碍资本市场的正常化,所以要大力发展直接融资,并通过打开投资渠道,挖掘货币增长潜力;同时,还论述了货币供应是否正常的判断、完善存款准备金制度、积极发展公开市场业务、优化金融管理、国内资金供给不足、困难企业筹资的新思路、政策性银行有关问题、中国的民间信用问题、加快发展民营银行以及彩票发行的利弊得失等热点问题,很多观点意见都被20多年来的金融改革发展实践所证明。例如,厉以宁教授认为彩票发行要兴利除弊,要加强法律法规的制定与管理,"彩票发行的利,不是自然而然地就会来临的。彩票发行的弊,则是稍有疏忽就会发生。要使彩票发行的利大于弊,必须使彩票的发行与管理早日走上法制化的轨道"。后来在彩票发行中轰动全国的西安"宝马案"、福彩窝案等,证明了厉以宁教授经济学家求真务实、科学分析的预见性。

第六部分,"证券市场"相关文章。厉以宁教授回答了当时证券市场中的重大热点问题,证券市场的股权平等原则、场外交易、通过证券市场为基建融资、国家公务员能否购买股票、法人股市场的过渡性质、走向统一的证券市场、B股对内开放利大于弊、在香港第二上市为完善B股市场的另一对策、大力发展公共投资基金等热点问题。

第七部分,"抑制通货膨胀"相关文章。厉以宁教授回答了抑制通货膨胀的治标还是治本、"物价基本稳定"的含义、通货膨胀的多种原因、容忍一定的通货膨胀、对"软着陆"的深入分析等重大热点问题。

第八部分,"就业"相关文章。回答和解析了现阶段中国就业问题的特殊性、发展中国家"就业优先"问题、市场经济有助于解决就业问题、市场经济下的新型失业（如图 2 即个人职业选择性失业，对中国经济社会的研究，20 年后这种现象纷纷出现）、产权改革与就业优先、关于"适度失业率"的讨论、论效率与就业兼顾等重大热点问题。

图 2　厉以宁教授文章"市场经济下的新型失业"

第九部分，"私营经济"相关文章。回答和解析了私营企业与繁荣地方经济、个人投资的盈利目的、如何看待个人经营中的雇工、如何看待私营企业高收入、应当鼓励个人投资、个人非营利目的的投资行为、私营企业向公有企业的挑战、如何看待个人投资的亏损等重大热点问题。

第十部分,"收入差别"相关文章。重点解析了地区发展差别扩大的思考、缩小地区差别的选择、新的"借地造血"扶贫方式、收入分配协调的标志、机会均等与按效益分配、效率优先与兼顾公平的深入分析、让农民成为农产品的营销商、养殖业与农村致富等重大热点问题。

第十一部分,"消费"相关文章。厉以宁教授用 8 篇文章,论述了消费要不要纳入计划、社会平均消费水平、消费品滞销与科技投入、中国经济转型过程中特殊的社会集团消费的膨胀、民间储蓄黄金是好事的重点分析、对奢侈型消费的辩证分析、对"超前消费"与"早熟消费"的对比辨析、鼓励消费与消费者应及时得到补偿等热点问题。

第十二部分,"环境保护"相关文章。前瞻性、系统性地回答了经济发展中的环境保护问题,很有指导价值。系列文章旗帜鲜明提出了市场经济有利环保、不能"发展后再治理"、科学技术是宝贵的资源等观点,探讨了环境保护中的伦理学问题、"受益者分摊"原则、资源代际分配原则、资源代内分配原则、环境保护与就业等理论命题,并对城市饮用水的资源保护、牧区草场承包责任制、生态农业与就业等实践问题进行研究提出对策。

第十三部分,"教育"相关文章。厉以宁教授在经济漫谈中着重讲述教育问题,深刻地认识到教育在经济发展中的重要作用,深入浅出地论述了教育与扶贫工作,提出了建立教育银行的建议,并集中分析了必要性;当时,国内要求鼓励私人办学的呼声已经越来越多,厉以宁教授较早地从经济学方面来论证私人办学的必要性,教育可以以私人产品或者准公共产品的形式出现,受制于政府经费有限,教育全部成为公共产品不现实,某些等级或类别教育是适应特定需求的特定教育服务,如果所有教育作为公共产品让纳税人负担,既不合情也不合理,某些教育产品由私人提供比政府供给更有效率。

第十四部分,"社会发展"相关文章。厉以宁教授回答了重大热点问题:传统社会结构的阻力;计划体制与传统社会结构;农村劳动力外流以后;民工外出与观念更新;户籍制度改革的阶段性,现行户籍制度的弊端、应与市场经济相适应、自由迁移与自由职业,显然户籍制度改革的分步到位具有较大的可行性;社会救济制度的改革;信托与社会保障制度改革;农村养老保险的设想;建设农村社会服务体系的作用。

这些写作于 20 多年前的经济漫谈文章还有学术和实践价值吗?

认真研读这些富有特殊历史意义、珍贵学术价值的文章,深刻感受到了经济学泰斗的经世济民情怀、学贯中西的睿智、社会关注的敏锐、理论指导的前瞻,这些经过时间和实践检验的真知灼见,对现在依然在进行的重大热点改革,仍然具有指导作用。我们更充分感受到学者的睿智,纯粹的思想者,当年的文风质朴,开门见山,短小精辟,引人入胜、不忍释卷;看当年文章,对照此后相应的改革实践,好比欣赏精明侦探断案后真相大白的推理大片。

大家之所以是大家,是经得起历史验证、时间检验的,我们回到当时的情形去看,思想的光芒历久弥新。

对我们当下的启示

请允许我引用厉以宁教授的话语来表达读书后内心的振奋与收获的启示。

1989年1—2月厉以宁教授在香港讲学的一些报告,1989年5月汇编在香港商务印书馆出版,书名是《中国经济往何处去》。我怀着崇敬的心情多次诵读了厉以宁教授在前言中的话语,如今听来,振聋发聩,让我们感受到厉以宁教授对改革事业的坚守,对国家命运的深厚使命感,坚持真理的经济学家的强大信念,以及大无畏的改革精神!该书前言,厉以宁教授1989年2月作于香港大学,文中写道:

"中国经济往何处去?答案只有一个:继续改革,彻底改革。旧体制的苦,我们已经尝够了。不改革,只能使我们永远停留在贫穷、落后的境地。唯有继续改革,才能使我们摆脱困难、战胜困难。"

"我们这一代人已经豁出去了!我们一生中的'黄金岁月'在1957年至1978年这二十二年不堪回首的日子里被葬送了!改革与我们共命运。不管改革会遇到什么样的困难,既然我们已经把自己交付给改革事业,那么改革的命运就是我们这一代人自身的命运。还有什么可以顾虑的呢?"

本文写作完成于2019年9月30日傍晚的香港西环,第二天就是纪念中华人民共和国成立70周年的国庆节,谨以上述厉以宁教授的话语,与各位共勉。我们回顾当年艰难曲折的国家改革开放征程、香港回归祖国的峥嵘岁月和不平凡历史,让过去启迪未来。我们感慨,国家曾克服了多少艰难险阻;我们坚定,无惧风雨、继续前进;我们坚信,国家的明天一定会更美好!

(李旭鸿,中华人民共和国财政部、中央政府驻港联络办)

洙泗濠濮，松柏桐椿——献给厉以宁先生九秩寿辰*

吴浩

一

仍然记得我对北京大学最初也是最为深刻的印象，来自1998年5月我在徽州腹地休宁中学图书馆阅读《南风窗》杂志的惊鸿一瞥。彼时正值北大一百周年校庆，美国总统克林顿访问中国并在北大办公楼礼堂发表演讲为北大庆生。作为一个徽州县城没有见过世面的青涩男孩，第一次见

---

* 《洙泗濠濮，松柏桐椿——记厉以宁著作外译，并祝先生九秩寿辰》于2019年11月20日发表于《中华读书报》，并被《新华文摘》2020年第2期转载。

到铜版彩色新闻纸印制的精美杂志,无论是图像抑或文字都深深震撼了心灵。那一期的《南风窗》不啻北大校庆专刊,系统比较了北大清华的异同,还介绍了北大一百年来的风雨兼程,厉以宁先生的道德事功文章深深打动了我。我在心底默念:微斯人,吾谁与归?

彼时正值高一年级下学期,面临文理分科选择的烦恼——我的文科理科都还不错,选哪科都很有希望考上北大清华。但正因为这次邂逅,正是厉以宁先生人格魅力的感召,在1998年那个夏日的黄昏,我做出了人生的抉择——选择文科,报考北京大学,最理想的当然是考上光华管理学院,亲炙厉以宁先生的教诲。

2000年的高考,我考出了理想的分数,要先估分后报志愿。我毅然决然地报考北京大学,但对于具体专业的选择,却有着不同的声音。我矢志报考光华管理学院,光华在安徽招生的具体专业是金融——那时候互联网尚未普及,山区县城无论是老师还是家长对中国高等教育的高峰都是一头雾水。我特别敬重的教导主任也是全国特级教师,劝我不要报考金融,说金融有什么好,出来就是在银行干事情;我问那我报北大中文系呢,教导主任说中文系出来就是当秘书;父亲为我参谋,还是报国际政治吧,当个外交官挺风光。

我后来阴错阳差上了北大国际政治系,但做厉以宁先生门生的朴素愿望一直深藏心底。到北大报到后不久,厉以宁先生给大一新生做报告,早早去占位置听讲,没想到办公楼礼堂早已被挤得水泄不通。我挨着办公楼礼堂的墙根听完了厉先生一个多小时的报告,仍然记得厉先生引用《吕氏春秋》的典故,讲了"子贡赎人"和"子路受牛"的故事。厉以宁先生深入浅出地讲这两个故事,醉翁之意不在酒,意在探讨民营经济在改革进程中所面临的制度、观念、激励等多方面的因素。厉先生对中国现实问题的关切和中国传统文化的精通,给我留下了深刻的印象。

二

2006 年,我从北大硕士毕业,到北外机关工作。时任北外校长郝平教授出身北大,对厉以宁先生非常敬重。厉先生欣然答应北外的邀请,担任北外哲学社会科学学院名誉院长,并多次来北外做报告。2009 年春天,我从北外机关调到外研社工作,有幸主持厉以宁先生文集的英译出版。这部文集精选了厉以宁先生在 1980 年到 1998 年之间发表的关于中国经济改革与发展的 16 篇代表性著述,其中心指导思想是:改革与转型服务于经济增长与社会发展;经济增长和社会发展服务于社会普通公民的福祉。这些著述在发表时都对彼时的中国经济实践产生了广泛而深远的影响,代表了改革开放成功实践背后中国经济学派的理论贡献。也正因此,这部文集不仅是厉先生学术思想演变的写照,更展现了中国经济改革与发展的宏大历程。

外研社对英译厉先生这部文集非常重视,由著名翻译家凌原教授担任主译,并就其中的一些专业问题的翻译与北大光华管理学院蔡洪滨教授、周黎安教授等反复讨论磋商,并请澳大利亚专家对语言进行润色定稿。

2010 年 11 月,恰逢厉以宁先生八十华诞,厉先生这部经济学文集的英译版以《中国经济改革发展之路》(*Economic Reform and Development: the Chinese Way*)之名正式出版,厉先生的学生、英国社会科学院院士、伦敦大学亚非学院金融管理系首席教授孙来祥为文集作序。

为什么厉以宁先生对这部文集冠以"中国经济改革发展之路"之名?异曲同工的是,为什么为厉先生祝寿的学术研讨会也取名为"经济学理论和中国道路"？厉先生和我们谈道："我不用'中国模式'，因为'模式'往往是固定化的；我用'中国道路'，因为它更容易博采众长，中国改革开放所走出的道路，不仅借鉴了外国经验，也吸收了自己的经验教训，是'谁有优点就学谁'。"那正是"中国模式"的提法风靡一时之日，厉以宁先生保有经济学家的敏锐和冷静的头脑，坚持"中国道路"的提法。2012年秋，党的十八大报告中提出了"道路自信、理论自信、制度自信"三个自信的理论，厉以宁先生倡导的"中国道路"的理论范式为"道路自信"提供了学术参考。

《中国经济改革发展之路》英译版推出之后，很快受剑桥大学出版社青睐。剑桥大学出版社第一时间引进版权，收入剑桥大学出版社"剑桥中国文库"（Cambridge China Library）丛书。2012年4月16日，剑桥大学出版社专门于伦敦举办了该书海外版的首发仪式。我有幸随厉以宁先生、厉先生夫人何玉春师母和车耳学长等赴英国专门出席首发式。厉以宁先生在首发式上作了题为"双重转型和中国道路"的主旨演讲。厉先生在演讲中总结经济转型的"中国道路"："中国进行的经济转型实际上是双重转型。一是从传统农业社会向工业社会、现代社会的转型，另一是从计划经济体制向市场经济的转型。这两种经济转型在中国是重叠在一起了。二者同样重要，同样决定着中国的命运。"

我在泰晤士河河畔的会场聆听厉先生的报告。我想起了剑桥大学出版社曾经出版过的《剑桥中国史》系列和李约瑟博士主编的《中国科学技术史》系列，这两部中国主题的经典著作都是海外汉学家直接用英语写作。厉以宁先生的英译作品纳入"剑桥中国文库"出版，从中国学术著作对外传播而言，有着开创性的意义。厉先生的演讲和着泰晤士河的波涛，拍打着我的心灵，我也隐隐感觉到时代的脉动。

三

厉以宁先生关于中国经济体制改革的理论创新遍及多个领域,他在股份制改革、国有企业产权制度改革和证券法、"非公经济36条"以及"非公经济新36条"等经济法规的制定方面都做出了历史性的贡献。在2019年庆祝改革开放40周年大会上,厉以宁先生被党中央、国务院授予"改革先锋"称号并颁发奖章,誉为"经济体制改革的积极倡导者"。

在厉以宁先生撰写的皇皇巨著中,除了《中国经济改革发展之路》,厉先生还对《非均衡的中国经济》和《超越市场与超越政府——论道德力量在经济中的作用》两部著作颇为珍视。我向厉先生表态:"您有这个心愿,我一定努力做好另外两部书的英译出版,让国外读者能读到您英文版的三部曲。"

早在改革开放初期,厉以宁先生就提出用股份制改造中国经济的理论,被理论界和政策制定者广泛接受和采纳。在比较研究中国和其他国家经济的基础上,他发展了"非均衡经济理论",并运用这一理论解释中国经济的运行,得到国内外学术界的高度认可。《非均衡的中国经济》一书,就是厉以宁先生首次对中国经济发展"非均衡经济理论"的系统阐述。中国经济改革发展的成功实践,证明了《非均衡的中国经济》一书蕴藏的深刻的思想理论价值。《非均衡的中国经济》1998年被评为"影响新中国经济建设的10本经济学著作"之一,2009年入选"中国文库·新中国60周年特辑",厉以宁先生也因为这本书的贡献荣获"2009中国经济理论创新奖"。

在《非均衡的中国经济》中,厉以宁先生从中国的非均衡经济现实着手,以说明资源配置失调、产业结构扭曲、制度创新的变形等现象的深层次原因,进而合乎逻辑地提出中国经济改革必须构建具有充分活力的微观经济主体的政策主张。这部著作是厉以宁先生对于非均衡理论的重要发展和突破,也是其全部所有制改革理论的根基所在,厉先生的所有制改革优先理论和资源配置理论都是非均衡理论的合乎逻辑的延伸和拓展。正是在这个意义上,非均衡理论对中国四十年的经济改革影响深远。

经济学家亚当·斯密为世人所熟知的是其经典著作《国富论》,他在其中提出了"看不见的手"这一概念,对市场在经济资源配置中的基础性作用做了深刻的探讨。但这只是亚当·斯密的一面,他还撰写了另外一部著名的伦理学著作《道德情操论》。世人大多记住了《国富论》,而对《道德情操论》却知之甚少,至少要把这两者放在一起考量,才能帮助我们理解一个完整的亚当·斯密。无独有偶,厉以宁先生不但活跃在中国经济体制改革的前沿,撰写大量经济改革的著述,还以经济学家的视角来剖析习惯和道德在经济领域发挥的重大作用。《超越市场与超越政府——论道德力量在经济中的作用》凝聚了厉以宁先生这方面的思考。

在《超越市场与超越政府——论道德力量在经济中的作用》一书中,厉以宁先生首次将经济学的关注焦点由传统的交易领域引向非交易领域,引向对习惯与道德这一不可替代的第三种调节的重视。针对这个社会与经济生活中日益重要的问题,厉以宁教授以哲人的思辨和学者的笔触,从经济学与哲学视角,对习惯与道德调节在经济中的作用进行了深入的论述。作为超越市场调节与政府调节的第三种调节,由习惯力量或道德力量进行的调节在社会经济生活中的作用越来越突出。即使在市场经济中,习惯与道德调节不仅存在着,而且它的作用是市场调节与政府调节所替代不了的。厉先生不是从伦理学家角度来讨论道德和习惯问题,而是把习惯与道德问题纳入经济学的框架中加以研究。对社会经济生活中习惯与道德调节的研究，厉以宁先生堪称首开先河者。

这部《超越市场与超越政府——论道德力量在经济中的作用》，连同厉以宁先生的其他经济学论著一道，体现了一个真正的经济学家所应具有的终极关怀，并直指经济学研究的本质。海外有学者将厉以宁先生誉为中国的亚当·斯密，就《中国经济改革发展之路》《非均衡的中国经济》《超越市场与超越政府——论道德力量在经济中的作用》这三部代表作而言，我想，厉以宁先生是当之无愧的。

四

在《中国经济改革发展之路》英译本由外研社和剑桥大学出版社联合出版之后，我又主持《非均衡的中国经济》与《超越市场与超越政府——论道德力量在经济中的作用》两部著作的英译工作，并就其海外出版与施普林格出版集团商洽合作。施普林格是世界第一大科技和医学出版机构，它的 logo 是国际象棋中骑士的形象，彼时对出版中国主题的人文社科经典学术作品颇为看重。施普林格负责选题的资深编辑李琰女士是北大 1997 级社会学系学姐，我和李琰学姐就由外研社与施普林格合作出版厉以宁先生这两部著作的英译本很快达成共识。我们也继而想到，在这个合作的基础上，能不能扩展为策划一套以中华优秀传统文化研究和当代中国人文社科研究为主题的学术文库？这个想法也得到了双方高层的肯定。

我们很快发起了外研社-施普林格"中华学术文库"英文丛书的筹备工作。时任中共中央政治局常委、国务院副总理的李岚清对文库非常重视，还专门为文库篆印作为 logo。我们也邀请厉以宁先生作为文库的学术委员，厉先生对此欣然同意。

2012年8月29日,外研社-施普林格"中华学术文库"英文丛书正式启动。厉以宁先生与汤一介先生、乐黛云先生、陆学艺先生等诸位贤哲以耄耋之龄莅临现场并讲话,给我们莫大的鼓舞。我们把这套丛书对标的是商务印书馆策划翻译出版的汉译世界学术名著丛书。汉译世界学术名著丛书把各个学科的世界学术名著介绍给中国读者,开启民智,馨香长存,是当代中国学术史和出版史上的里程碑。

我们有这样的期许和愿景,就是希望外研社-施普林格"中华学术文库"英文丛书能够与汉译世界学术名著丛书比肩,成为在中外文明互鉴交流方面的出版"双璧",以开阔的学术视野和敏锐的学术意识,把中华优秀传统文化和现当代中国研究最有代表性的学术经典以英文的形式介绍给全世界读者,帮助世界读者了解和认识一个历史悠久、文化灿烂的历史中国,了解和认识一个改革开放、和平发展的当代中国。时至今日,外研社-施普林格"中华学术文库"英文丛书已出版著作38种,初具气象,没有辜负厉以宁先生等前贤的厚爱和期望。

五

中国读者有幸,世界读者有幸。

厉以宁先生以经济学理论阐释中国道路的学术著作,越来越多地被译成外文。迄今为止,由外研社译介的厉以宁先生经济学著作外文版已初具规模。《中国经济改革发展之路》《非均衡的中国经济》《超越市场与超越政府——论道德力量在经济中的作用》在成功出版英译版之后,相继输出《中国经济改革发展之路》的塞尔维亚语、西班牙语、阿尔巴尼亚语、法语、保加利亚语版本和《超越市场与超越政府——论道德力量在经济中的作用》的西班牙语和日语版本。

厉以宁先生这三部代表性的经济学著作译成外文之后,在国外产生了深远的影响。2015年12月14日,哈萨克斯坦总理卡里姆·马西莫夫、第一副总理巴赫特江·萨金塔耶夫一行访问北大光华管理学院,就中哈经济发展合作、中国经济转型与改革和"一带一路"等议题与厉以宁先生进行了深入的交流。马西莫夫总理曾在中国留学,是个"中国通"。没想到马西莫夫总理还是厉以宁先生的超级粉丝,一见面就拿出厉先生《中国经济改革发展之路》与《非均衡的中国经济》的英译版请先生签名,说曾反复研读,并受益匪浅。

为什么厉以宁先生的著作在国外读者中也深受欢迎?我想这与厉先生渊博的知识、深厚的学养、严谨的学风和对现实问题的关切密不可分。厉先生早年在北大求学的时候,陈振汉教授就谆谆教导:要想在经济学研究中取得成就,必须在经济理论、统计、经济史三个方面打好基础。厉以宁先生从负笈北大开始,就像海绵吸水一样如饥似渴地学习,系统研读马克思、哈耶克、兰格、凡勃仑、康芒斯、马歇尔、韦伯、熊彼特、凯恩斯等学者的著作。

厉先生1955年大学毕业留校工作,曾创作词作《鹧鸪天·大学毕业自勉》:

溪水清清下石沟,千弯百折不回头。
兼容并蓄终宽阔,若谷虚怀鱼自游。

心寂寂,念休休,沉沙无意却成洲。
一生治学当如此,只计耕耘莫问收。

厉以宁先生在北大经济系资料室埋头工作二十多年。他践行了词作里的志向,转益多师,兼收并蓄,在深入研习的基础上,翻译了外国经济史的多本著作,还撰写了关于希腊罗马拜占庭经济史的专著。厉先生数十年对外国经济史和西方经济学理论用功颇深,但他并非"言必称希腊"之辈,相反以高度的文化自觉和对中国现实问题的关切,形成系统的思考和研究。

厉以宁先生作为中国经济改革进程的重要亲历者与国有企业股份制改革理论的提出者,对中国改革开放的历程具有深刻的见解。他那些在不同程度上推动了改革的演讲和论文则是对历史转折处最生动直观的描述。厉以宁先生的经济学著作将有助外国读者对中国经济改革的发展路径和内在逻辑拥有更为清晰的理解和参考。正如厉先生 2012 年在剑桥大学版《中国经济改革发展之路》新书发布会上所作的主旨演讲中所总结的,中国改革开放以来的经济转型是一个双重转型的轨迹——从传统农业社会向工业社会、现代社会的转型,从计划经济体制向市场经济体制的转型。相信国外学界从厉先生"中国道路""双重转型"等充满智慧的理论创见中也会深受启发。

抚今追昔,距严几道先生将亚当·斯密《国富论》译成《原富》在中文世界流布,已将近两个甲子的光景。在这两个甲子的时间里,伴随着中国的富强和复兴,更多具有中国气派、中国气象的经典学术作品也走向世界,为全球治理提供中国方案和中国智慧,产生世界性的影响。

2012 年,我随厉以宁先生、何玉春师母和车耳学长访问英国爱丁堡时,曾专门寻访亚当·斯密故居,并合影留念。这真是一张具有历史意义的合影。厉以宁与亚当·斯密的相知相遇,是对两个甲子中中西学术文化交流的极好注解。我想起了厉以宁先生 1984 年的词作《菩萨蛮·黄山归来》:

隔山犹有青山在,彩云更在群山外。寻路到云边,山高亦等闲。　问君何所志,纵论人间事。寄愿笔生花,香飘亿万家。

六

厉以宁先生青年时期即从事诗词创作，他的诗词作品清新质朴，别开生面。我特别喜欢厉先生那些治史论学、饱含哲理的词作，还曾赧颜请先生亲手题写了三幅词作收藏。转眼即是厉先生九秩寿辰，我挑选了先生一百零八首诗词作品，请资深翻译彭琳女士翻译成英文，计划在先生寿辰之日出版。把准备英译的厉先生诗词数量定在一百零八首，亦有"何止于米，相期于茶"的美好祝福。

中国古典传统对何以长寿有着不同的解读。儒家讲"仁者寿"。子曰："知者乐水，仁者乐山。知者动，仁者静。知者乐，仁者寿。"（《论语·雍也篇》）道家讲"烟云供养"。明代书画家陈继儒感慨："黄大痴九十而貌如童颜，米友仁八十余神明不衰，无疾而逝，盖画中烟云供养也。"（《妮古录》卷三）黄公望、米友仁笔下的富春山居、米家山水一派道家气象，甚至黄公望本人也是不折不扣的全真道士。陈继儒认为黄公望、米友仁的长寿，是因为他们常常作画山水，烟岚云岫荡涤心胸。

我觉得儒家和道家二者的说法都可以解释厉以宁先生的长寿。厉先生关切民生、关心民瘼，在重大历史转折的关头践行知识分子的时代使命，是真真切切的儒家，"仁者寿"三个大字对厉先生而言是完全匹配的。

厉先生还寄情山水，胸中自有丘壑，他诗词里的每一道山每一条河都灵动着真情和哲思。以"烟云供养"来形容厉先生的胸怀自然恰如其分。前些日子，就厉先生诗词英译出版事，我专程去府上拜望先生。厉先生泡了一杯猴魁绿茶在家等候。何师母说厉先生就喜欢而且一直都喝我家乡黄山的猴魁绿茶。我想起西南联大的一代哲人都喜欢喝茶。汪曾祺先生《泡茶馆》一文探讨了泡茶馆对联大学生有些什么影响。答案是：可以养其浩然之气，保持绿意葱茏的幽默感，战胜恶浊和穷困。我来自徽州茶乡，酷爱喝茶，在人生最困顿的时候曾反复默念汪曾祺先生的这段话，"吾养吾浩然之气"，"保持绿意葱茏的幽默感"，云云。茶客与茶人有所不同，前者是消费者，后者可以是制茶者，但更是精神上的爱茶者。从这个意义上说，汪曾祺先生是茶人，我曾亲炙的赵宝煦先生是茶人，厉以宁先生亦是这样的茶人。茶人胸中自有丘壑，保有绿意葱茏的幽默感。真正好茶所生发之处，必然是高山之巅、烟云供养。

如何儒道兼济？朱光潜先生"以出世的精神做入世的事业"之语甚得我心。我曾创造性地把四条河流组成一个短语——"洙泗濠濮"，来诠释这个含义。

"洙泗"，即洙水和泗水，洙水在北，泗水在南，春秋时在鲁国地界。孔子曾于洙泗二水之间讲学，后世因此以洙泗代指孔子教泽，譬如"海滨洙泗""潇湘洙泗"皆此种含义。

"濠濮"，即濠水和濮水。《庄子·秋水》中有关于濠水和濮水的两则富有哲思的故事。一则是庄子与惠子濠上观鱼。"子非鱼，安知鱼之乐？""子非我，安知我不知鱼之乐？"这组洋溢着辩证法光辉的对话即出于此。另一则故事是写庄子在濮水边钓鱼，楚王派使者来请庄子去做官。庄子以神龟作喻，向使者发问："宁其死为留骨而贵乎？宁其生而曳尾于涂中乎？"众人的选择皆是"吾将曳尾于涂中"。后世往往将濠濮并列，寄托庄子《南华经》中遗世高蹈的情怀。北京北海公园的"濠濮间"与颐和园谐趣园中的"知鱼桥"等都出自"濠濮"的典故。

我一直倾慕朱光潜先生"以出世的精神做入世的事业"之风骨，把"洙泗"和"濠濮"视为志趣的两端，也正因此把书斋陋室取名为"洙泗濠濮"四水堂。洙水泗水濠水濮水四条河流，恰如我徽州老宅之四水归明堂。2020年春节,我以"洙泗濠濮"和"松柏桐椿"为镜像自撰联:"闻鹧鸪,熟读稼轩,歌洙泗濠濮;打草稿,搜尽奇峰,写松柏桐椿。"我突然发现这首对联完全可以拿来献给厉以宁先生的九秩寿辰。厉先生的词作颇类稼轩,多阕《鹧鸪天》余音绕梁,洙泗濠濮是先生风范;厉先生的经济学理念是经世济民,贵州毕节地区的脱贫凝聚着先生数十年的心血——正如先生2012年第七次赴毕节扶贫时创作的词作《踏莎行》:"积雪消融,山林甦醒,纵横百里黄花影。杜鹃绽放漫坡红,春风已过乌蒙岭"——先生为毕节扶贫攻坚一点一滴的进步而惊喜。从这个角度而言,厉先生耄耋之年仍坚持做田野调查,获取中国经济改革第一线的第一手材料,他与"搜尽奇峰打草稿"的石涛苦瓜和尚是旷代知音,松柏桐椿更是先生诗意人生的写照。

"当一条河伴随着你成长时,或许它的水声会陪伴你一生。"这是美国作家安·兹温格作品《奔腾的河流》中的名句,出自自然文学研究学者程虹教授的译笔。我非常喜欢这句译文。洙泗濠濮就是流淌在我心灵深处的四条河流,我能感受到它们的涓涓细流和滚滚奔腾。我读厉以宁先生的诗词,也经常会升腾起"洙泗濠濮"之感,先生精彩的词作常有水声相伴。比如,1968年作于昌平北太平庄的《破阵子》:"既是三江春汛到,不信孤村独自寒,花开转瞬间",东坡稼轩的豪气力透纸背。

我最喜欢厉先生1987年的词作《踏莎行》,先生彼时在北京大学图书馆整理手稿《非均衡的中国经济》,赋词抒怀:

戒律清规,闲人流语,随风吹过身边去。藏书楼里作忙人,楼高那管花飞絮。　　不计浮华,但求警句,愿将心血其中聚。清清流水出深山,须经沙石千回滤。

谨以此文献给厉以宁先生九秩寿辰。

（吴浩，北京外国语大学、丝绸之路研究院）

张梅颖眼中的良师益友——厉以宁[*]

张梅颖

2015年11月22日,这一天是厉以宁教授的85岁生日,北京大学光华管理学院以举办一场学术报告会的形式,向这位桃李满园、享誉海内外的老人从教六十周年致敬。为此,我拟了一副对联,以表达对一位有良知的知识分子深深的敬意:

"书生一介甲子一轮,立言立功,殚精竭虑,问计民瘼国运,策策皆厉;

---

[*] 本文刊发于2016年第4期《中国统一战线》杂志,张梅颖口述,刘丽整理。内容系张梅颖在2015年11月22日北京大学光华管理学院主办的"中国经济的热点问题"学术研讨会暨厉以宁教授从教六十周年活动的致辞发言。

桃李满园栋梁满堂,亦文亦诗,呕心沥血,嘉惠士子学林,字字以宁。"

"继承中国知识分子经世致用传统","毕生都奉献给教育事业","有风骨、不计个人毁誉",这是我眼中的厉以宁的形象。

一

我与厉教授的友谊可以追溯到20世纪90年代。

那时,我在北京大学肿瘤学院任副院长,厉以宁则自北大毕业后一直留校任教,时任光华管理学院院长。在北大定期召开的领导干部会议上,我与厉以宁教授经常能碰面。

给我印象最深的是,厉先生总爱在会上讲些小故事。他讲"龟兔赛跑",兔子虽然跑得快,但是遇到渡河的时候,最后还是乌龟驮着兔子过了河,他用这个故事告诉我们合作才能双赢;他用"三个和尚没水喝"的故事来比喻大锅饭产生的弊端;他引用孔子牵牛的故事,来说明多劳就应该多得的道理。我记得当时是90年代初期,厉先生希望通过这些生动鲜活的事例,深入浅出地阐述一些道理,来引导大家转变思想观念,正确看待改革开放中出现的各种问题和现象。厉教授的幽默睿智、举重若轻,由此可见一斑。

爱讲故事,是厉以宁的一个特点。

在他的学术文章里,也不乏小故事、顺口溜、俏皮话,这些来自民间、来自基层、来自群众的语言,虽朴实却反映着深刻的经济学原理。

我调到民盟中央以后,与厉先生共事的机会更多了。作为兼职副主席,厉先生对民盟怀有很深的感情,对工作尽职尽责。那时候,为了加强与地方组织的联系,主席会议提出民盟中央的主席、副主席在外考察调研时,尽可能接见一下当地盟组织的班子成员,给大家鼓鼓劲,有条件的最好做场学术报告。厉先生听到后很重视,以后每到地方,他都要专门挤出时间来,看望当地的盟员,很认真地准备学术报告。他的学术声誉和影响力,发挥了凝聚盟员的作用,深得广大盟员的爱戴。

还有一件事,更能体现厉先生对多党合作事业强烈的责任心,给我留下很深刻的印象。中央每年都要在中南海召开几次党外人士座谈会,听取大家对经济社会发展情况的意见,只要厉先生事先知道了,他都要主动找我们,把自己对当前经济形势的深入思考、调研的成果告诉我。而经常是厉先生对经济工作的建议,使民盟的发言能够把握当前的大局和重点,所提的建议具有很强的可操作性。

二

从厉以宁教授身上,我看到了许多民盟前辈所共有的民盟精神,而正是这样的精神和信仰,铸就了一个民主党派的灵魂并彰显了其魅力。

有着悠久历史和文化传统的民盟,素来不乏大家,张澜、罗隆基、梁漱溟、李公朴、闻一多、费孝通、钱伟长、丁石孙……一个个响当当的名字正如一面面旗帜,将民盟的精神薪火相传。

我曾在一篇文章里,这样记述民盟精神:

"耀邦同志一次与民盟的同志谈话时认为,民盟的传统一是热爱国家,二是学有专长,三是为人正派。耀邦同志所说,确实符合民盟的实际。我们现在也在思考和概括民盟精神,初步形成了三条:一是追求真理,坚持爱国主义的理想和信念,以天下为己任;二是正直正派,学有专长,甘于奉献;三是修德守身,淡泊名利,自尊自强。"

许多盟内同志都可以说是知识载体、良知代表。他们有操守,有涵养,有风骨,在道德滑坡、物欲横流之时不为所动,保持高洁品格,延续着中国知识分子的优秀传统。我认为,厉教授就是他们当中的一个突出代表。

民盟前主席费孝通教授是一位真正把学人话语转化为经世致用行动的典范。而作为费老好友,厉以宁也一直在追随前人脚步,无论是做学问、议政建言还是站在三尺讲台,他始终追求学以致用。

像民盟的众多学者大家一样,厉以宁教授不尚空谈,求真务实,不是坐守书斋而是走向民众,用知识、用思想去为改善群众的生活做事情。

改革开放以来,厉教授在我国经济发展的每个关键时刻都有声音,表现出一种令人折服的责任感。他总是站得高,看得远。

厉以宁有"厉股份"之称,这是因为他是我国最早提出股份制改革理论的学者之一。他提出了中国经济发展的"非均衡理论",并对"转型"经济有着深入研究和解说。

厉以宁一直推崇市场化改革,他认为现代企业和企业家正是市场化的主力,中国经济要想持续健康前行,就应该大力鼓励支持引导非公有制经济健康发展。2010年5月,国务院出台《关于鼓励和引导民间投资健康发展的若干意见》,俗称"非公经济新36条",厉以宁是这份文件出台的重要推动者之一,近年"两会"他也多次为民营经济鼓与呼。

"三农"、就业、城乡二元体制……事关社稷民生,厉以宁事事关心。

潮起潮落,厉先生大道直行。他站在经济全球化的高度,密切关注着国际经济形势变化,跟踪着国家发展过程的每一段、每一节、每一步。理论与实践结合,国内和国际结合,独立思考,融会贯通，形成主张，亮明观点，提出建议，为中国经济发展作出了卓越贡献。

应该说，作为中国公民，我们都是厉教授的经济思想转变为发展成果的受益者之一。

三

2000年，厉以宁70寿辰，他的历届学生三四百人从各地赶到北大，为厉老师举办了一场别开生面的诗歌朗诵会。厉以宁登台即兴朗诵了自己的《破阵子·七十感怀》，其中一句"处世长存宽厚意，行事惟求无愧心，笑游桃李林"，为人师表的自豪与自信溢于言表。

每天，为各种事情找他的人很多。找他的人经常碰到这种情况：厉以宁先生在上课。

厉先生刚进入民盟中央的时候，已是全国很知名的教授。不像有的知名教授那样，博士生都难得见上一面，厉先生一直不忘教师的本分，他非常重视本科教育，一直坚持给本科生上大课，这一点非常值得我们敬重。厉教授将全部心血毫无保留地奉献给了崇高的教育事业，直到现在，86岁的厉以宁仍然站在本科生大课的讲堂上。

60年不离讲台，诲人不倦、治学严谨，厉以宁为中国经济社会发展培养了一批又一批栋梁之材……

近年来，除了坚持上课，晚年的厉以宁并没有停下脚步，而是将目光锁定在了扶贫事业上。

2004年，厉以宁出任中央智力支边协调小组毕节试验区专家顾问组组长，并为毕节的干部做了脱贫致富的第一次培训。从那时起，厉以宁开始了扶贫解困的进一步深入实践。此后，他每年去一次毕节，在当地组织安排了20场培训讲座。至今，他已八旬高龄还多次带队实地调研,每到一地,都要深入农民家中和田间地头,了解农民生活,研究当地资源禀赋和发展思路。

2005年11月,75岁的厉以宁,发起成立扶贫研究机构——北京大学贫困地区发展研究院。时值我国即将进入第十一个五年规划时期,这也是我国根除贫困的关键时期,厉以宁此举,意义非凡。

这是身教,身教重于言教,大音希声。他的身"教",出于良知,重于泰山。

对于自己捐款或募资捐建的学校,厉以宁只关心一件事:把钱用在孩子身上,把钱在孩子身上用好。

有一次,当地负责具体事务的同志向他汇报情况,提出想在学校工程完成时办个简单的仪式,并印制其实只有两页的纪念册子。厉先生和夫人再三说:这些都无所谓,还是要把钱用在孩子身上,用在学校建设上。

参与扶贫是民盟的传统。

比如,厉教授重点研究和扶持的甘肃定西,费孝通教授就去过7次,他最后一次是93岁再上定西。记得2005年,民盟中央和北京大学联合在人民大会堂召开费老的追悼会,我们还在"追思",厉教授已经在踏着费老的足迹行动了。这是活生生的薪火相传的一幕。

我记得民盟的另一位前辈、北大教授冯友兰先生,曾说过这样一段话:"人类几千年积累下来的智慧真是如山如海,像一团真火。这团火要靠无穷无尽的燃料继续添上去,才能继续传下来。"千百年来,中国的思想家、文学家用学问、用诗文,也用做事做人传承着这团真火。

我不由感叹,当年冯老一代走了,费老一代接上;如今费老一代走了,厉教授一代又接上来。我作为民盟的后来人,能跟着这样的前辈学走路,学做人、做事,真是幸福。

四

2010年,在厉以宁80寿诞上,我自填一首词《采桑子·贺先生八十瑞寿》:"春秋沉浮忽八秩。知也艰辛,行也艰辛。经邦济世暖生民。高标见疾多毁誉。穷亦率真,达亦率真。铁肩道义起鸿文。"

"高标见疾多毁誉。穷亦率真,达亦率真",正是对厉以宁教授耿介豁达性格的真实写照。

2007年左右,网络上关于厉以宁的流言蜚语铺天盖地。我看在眼里急在心里,立即写了一篇文章为老友正名,还跑去北大看他。结果,他如往常一样,正在给本科生上大课!厉以宁的夫人何玉春拉着我的手,笑着说:"你急什么,他一点不着急。他说'他们爱说什么说什么'!"

参得透,看得淡,望得远——这就是厉以宁。

尤为难能可贵的是,每当经济形势最困难、最复杂、最关键的时刻,厉先生都能迎难而上,慷慨直言,切中要害,有预见性地提出主张、方案和对策,形成及时、宝贵的决策参考意见,并在有争论的情况下勇于担当,为民众福祉国家利益而坚持一家之言,不计个人名利,不畏流言蜚语。而在事后证明自己的主张往往是正确的时候,他已经去超前研究下一个全局性、战略性的大问题了。

一家之言,万家之福,国家之利,天下之益。

生活中,厉先生唯一的消遣爱好,就是填词作诗,这是老一辈知识分子的雅趣和文化修养。诗言志,歌咏言。观其作品,其恬淡品性、襟怀操守、敏锐洞察,都可管窥一二。

1955年毕业前夕,厉以宁写下《鹧鸪天》自勉:"溪水清清下石沟,千弯百折不回头。兼容并蓄终宽阔,若谷虚情鱼自由。心寂寂,念休休,沉沙无意却成洲。一生治学当如此,只计耕耘莫问收。"这也成为他一生治学所遵循的座右铭。

厉以宁留校后不久即被打入冷宫,下放到经济学资料室当资料员,时间前后长达20年,其间也曾经历"文革"、"下放"等磨难,但厉先生始终乐观豁达,从未意志消沉。正如他所作《七律·从教50周年暨75岁生日自叙》:"多年劳累非虚掷,往事堪思一笑中。鬓白不为闲话扰,加鞭纵马对西风。"

力推中国的改革事业,是厉以宁教授一生的政治抱负。一首80年代初所作《七绝·无题》,即可察其心志:"隋代不循秦汉律,明人不着宋人装。陈规当变终须变,留与儿孙评短长。"

厉先生的许多改革建议和学术观点,都曾饱受争议、批评、压力,但他始终旗帜鲜明,坚持学术良知,不怕风险,表现出很大的学术勇气。他在《六十自述》里写道:"几度险情终不悔,一番求索志难移,此身甘愿作人梯。"

他的学术和理论来自中国经济发展的实践,又回到经济发展实践中去,为经济和社会发展服务。他著书立说,发表了大量文章,都是针对经济发展现实中的重大问题提出对策的。在对策成为政策后,他紧跟实践,做调查,看效果。

"不联系中国实际,经济学是没有出路的。"厉以宁是这样说,也是这样做的。1996年,他曾写下《相见欢》表达联系实际、深入群众的重要性:"边城集镇荒丘,大山沟,多半见闻来自广交游。下乡怨,下海恋,下岗忧,了解民情不在小洋楼。"直到现在,厉以宁仍然坚持每年参加调研和社会实践,他用自己坚实的脚步丈量着发展中的中国社会。

2000年,厉以宁在听两岁的小孙女厉莎背诵唐诗时,即兴写了一首《南歌子》,最后一句是"日后成才,最贵在无私"。这是厉以宁对小孙女的殷殷期待和教诲。人生"最贵在无私",是他做人做事的准则,他用自己的行动实践着这样的诺言。

厉先生的亲身经历,证明了一个道理:因为无私,所以客观;因为客观,所以公正;因为公正,所以往往得到真知。这是知识分子服务社会的最大优势。因此,厉先生无论是在人大参与立法,在政协建言献策,还是在民盟参政议政,他都能一如既往地发光,发热。

他虽然无意使自己成为一个榜样,却为我们树立起一个知识分子用知识服务于国家进步的表率。

(张梅颖,第十届、十一届全国政协副主席,
原民盟中央第一副主席)